Dieter Podlech

GU Naturführer

Heilpflanzen

Die wichtigen Heilpflanzen Europas kennenlernen und bestimmen

Mit Tips für die Anwendung zu Hause

GU GRÄFE UND UNZER

Heilpflanzen bestimmen – leicht gemacht

Der *GU Naturführer Heilpflanzen* ist für alle an der Heilpflanzenkunde Interessierte maßgeschneidert: Handliches Einsteck-Format, strapazierfähiger Einband und nur 300 Gramm Gewicht machen ihn zum idealen Begleitbuch beim Heilpflanzen-Sammeln, auf Wanderungen und auf Streifzügen durch die Natur.
Abgebildet und beschrieben sind im GU Heilpflanzen-Führer die wichtigen Heilpflanzen Mitteleuropas und des Mittelmeerraums.
315 naturgetreue Farbfotos, am natürlichen Standort aufgenommen, zeigen die charakteristische Wuchsform der Pflanze mit allen wichtigen Pflanzenteilen.
70 botanische Zeichnungen verdeutlichen Details wie Blütenform, Stengel- und Blattform.
Leicht auffaßbare Beschreibungstexte informieren über alle wesentlichen Erkennungsmerkmale wie Aussehen, Blütezeit, Standort, Verbreitung und über ähnliche Arten. Sie enthalten außerdem Angaben über die Inhaltsstoffe, die Anwendung in Medizin und Homöopathie sowie Tips für die Anwendung zu Hause.
Besonders leicht gemacht wird das Bestimmen durch den bewährten *GU Kennfarben-Code:* Die abgebildeten Heilpflanzen sind nach Blütenfarben geordnet und stehen in entsprechenden Farbfonds. Signalfarbene Griffmarken, die auch außen am Buch deutlich zu sehen sind, erleichtern das Auffinden der gesuchten Blütenfarben. Der erste Schritt bei der Bestimmung in der Natur ist also die Wahl der Farbgruppe; der zweite besteht darin, die gesuchte Art anhand wichtiger Erkennungsmerkmale wie Blüte, Frucht, Blätter, Wuchsform aufzufinden.
Als weitere praktische Bestimmungshilfen enthält der GU Heilpflanzen-Führer Zeichnungen von Blatt- und Blütenformen, von Blütenständen, Früchten und Fruchtständen. Im Anhang findet der Leser eine *Kleine Pflanzenkunde, Rat fürs Sammeln, Aufbereiten, Anwenden* von Heilpflanzen, außerdem eine Übersicht über wichtige *Wirkstoffe,* den *Heilpflanzen-Sammelkalender* und das *Heilpflanzen- und Beschwerdenregister.*
Mit diesem GU Naturführer in der Tasche wird es auch dem botanisch unerfahrenen Heilpflanzenfreund leicht gemacht, Heilpflanzen zu bestimmen. Er lernt ihre Heilwirkungen und Anwendungsbereiche genau kennen und erfährt so, welchen Wert eine jede Pflanze als Heilpflanze besitzt.

Die Farbfotos auf dem Umschlag

Vorderseite
Oben: links Wacholder, Mitte Hirtentäschel, rechts Arnika.
Mitte: links Augentrost, Mitte Ringelblume, rechts Echter Salbei.
Unten: links Beinwell, Mitte Echte Kamille, darunter Linde, rechts Engelsüß.

Rückseite
Oben: links Stiefmütterchen, Mitte Eibisch, rechts Weißdorn.
Mitte: links Baldrian, Mitte Johanniskraut, rechts Boretsch.
Unten: links Fieberklee, Mitte Schlafmohn, rechts Mistel, darunter Sandstrohblume.
Buchrücken: Polei-Minze.

Blattformen **Einfache Blätter**

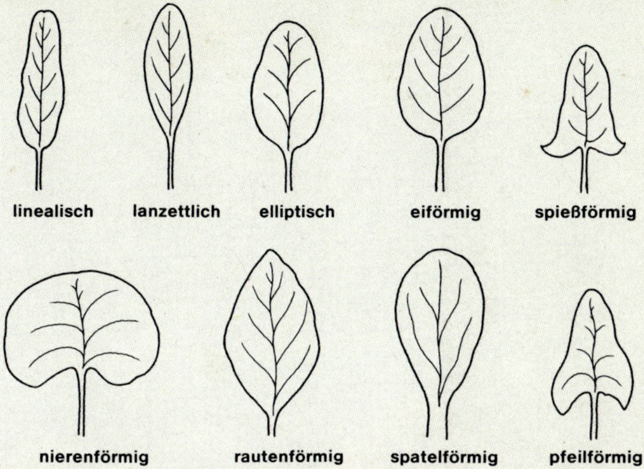

Hinweis und Warnung

Im *GU Naturführer Heilpflanzen* werden die wichtigen Heilpflanzen Mitteleuropas in Naturfarbfotos und detaillierten Beschreibungen vorgestellt. Symbole neben den Heilpflanzen-Namen im Steckbriefkopf zeigen an, ob die Heilpflanze zur Selbstbehandlung durch Laien geeignet ist – in diesen Fällen finden Sie im Text einen *Tip für die Anwendung zu Hause* –, ob die vorgestellte Pflanze giftig oder tödlich giftig ist, geschützt oder gefährdet und welche Teile einer Pflanze arzneilich genutzt werden (Erklärung der Symbole → Seite 6). Vor der Gefahr einer Verwechslung mit giftigen oder unwirksamen Doppelgängern wird im Text gewarnt.

● Von den Heilpflanzen, die zur Selbstbehandlung geeignet sind (durch das Symbol »Teetasse« gekennzeichnet), dürfen Sie nur jene sammeln, die weder geschützt oder gefährdet sind, noch giftige oder unwirksame Doppelgänger haben. Beachten Sie bitte die Warnungen im Text!

● Zur sicheren Bestimmung von Heilpflanzen müssen Sie jedes einzelne der beschriebenen Erkennungsmerkmale und die dazugehörige Abbildung mit der Pflanze, die Sie gefunden haben, genau vergleichen. Stimmt auch nur ein Merkmal nicht überein, müssen Sie davon ausgehen, daß es sich bei Ihrem Fund nicht um die beschriebene und abgebildete Heilpflanze handelt.

● Sammeln Sie sparsam und nicht zuviel an einem Platz, damit die Pflanzen und ihre Bestände nicht zu stark beeinträchtigt oder gar zerstört werden.

Heilpflanzen nach Blütenfarben bestimmen

Um Ihnen ein schnelles und sicheres Bestimmen zu ermöglichen, sind die in diesem Buch vorgestellten Heilpflanzenarten nach Blütenfarben geordnet. Farbfotos und Beschreibungstexte stehen in entsprechenden Farbfonds, signalfarbene Griffmarken kennzeichnen bereits von außen die Farbgruppen Blau, Gelb, Rot, Weiß und Grün.

Die fünf Farbgruppen

Blaue Griffmarke: In dieser Farbgruppe sind alle Pflanzen zu finden, die in den Farben Hellblau bis Dunkelblau und Blauviolett blühen.	Seite 8–27
Gelbe Griffmarke: In dieser Farbgruppe sind alle Pflanzen zu finden, die in den Farben Hellgelb bis Orange blühen.	Seite 28–77
Rote Griffmarke: In dieser Farbgruppe sind alle Pflanzen zu finden, die in den Farben Rosa bis Dunkelrot, Purpur und Rotviolett blühen.	Seite 78–125
Weiße Griffmarke: In dieser Farbgruppe sind alle Pflanzen zu finden, die in den Farben Weiß oder Cremefarben blühen.	Seite 126–191
Grüne Griffmarke: In dieser Farbgruppe sind alle Pflanzen zu finden, die in grünlichen und bräunlichen Farbtönen blühen.	Seite 192–239

Ausnahmen von der Regel

Die meisten Heilpflanzen können Sie nach ihrer Blütenfarbe eindeutig einordnen. Mit Hilfe der Blütenfarbe, also der Farbe der Kronblätter, sind auch jene Pflanzen zu bestimmen, deren Kelchblätter farblich ebenso auffällig sind (Beispiel: Echte Nelkenwurz, Seite 38. Drei Besonderheiten, die nur in wenigen Fällen zutreffen:

- Änderung der Blütenfarbe während der Blütezeit (Beispiel: Geflecktes Lungenkraut, Seite 16).
- Schwankungen in der Blütenfarbe – vornehmlich in den Bereichen Rot/Blau (Beispiel: Wilde Malve, Seite 92), Rosa/Weiß (Beispiel: Hasenklee, Seite 86), Hellgelb/Weiß (Beispiel: Zweihäusige Zaunrübe, Seite 154).
- Auftreten von zwei verschiedenen Blütenfarben (Beispiel: Gemeiner Beinwell, Seite 102).

Erklärung der Symbole:

- Teetasse – dieses Symbol zeigt an, daß die vorgestellte Pflanze zur Selbstbehandlung geeignet ist.
- tödlich giftig
- giftig
- geschützt
- gefährdet oder in ständigem Rückgang begriffen

Symbole der Pflanzenteile, die als Droge verwendet werden:

- Wurzel
- Rinde
- Kraut
- Blatt
- Blüte
- Frucht
- Samen

Die Systematik innerhalb der Farbgruppen

Innerhalb jeder Farbgruppe sind die Pflanzenarten in immer gleicher Reihenfolge gemäß ihrer Zugehörigkeit zu größeren systematischen Einheiten (Gattung, Familie) angeordnet.

Die Naturfarbfotos

Alle Farbfotos sind am natürlichen Standort der Heilpflanzen aufgenommen; sie zeigen:

- das typische Erscheinungsbild der Pflanze an ihrem natürlichen Standort,
- die typische Wuchsform der Pflanze zur Blütezeit,
- Stengelblätter und, wenn sie für das Erkennen wichtig sind, Grundblätter der Pflanze.

Pflanzen sind Individuen, deren von Erbanlagen bestimmter Bauplan durch Umwelteinflüsse, beispielsweise Standortbedingungen, verändert sein kann. Deshalb ist eine völlige Übereinstimmung der gefundenen Pflanze mit der Abbildung nicht immer gegeben.
Farbfotos und Beschreibungstexte sind einander auf einer Doppelseite zugeordnet; das Farbfoto und der dazugehörige Steckbrief tragen dieselbe Nummer.

Die Steckbriefe

In den Beschreibungstexten der vorgestellten Heilpflanzen, den Steckbriefen, finden Sie wichtige Angaben, die Ihnen – in Ergänzung zum farbigen Bestimmungsfoto – das Erkennen ermöglichen. Nach dem deutschen Namen der Pflanze finden Sie den lateinischen Namen, außerdem ist der Name der Pflanzenfamilie angegeben.
Das **Aussehen** einer jeden Heilpflanze ist detailliert beschrieben. Neben der Farbe sind Form und Anordnung der Blüten die wichtigsten Bestimmungsmerkmale, aber auch Stellung und Form der Blätter sowie die Gestalt der Frucht sind zur Bestimmung sehr wichtig. Ist bei einer zur Selbstbehandlung geeigneten Heilpflanze, die auch gesammelt werden darf, der als Droge genutzte Teil die Wurzel, muß die Heilpflanze anhand ihrer oberirdischen Teile bestimmt werden! Nur die der eindeutig bestimmten Heilpflanze anhängenden unterirdischen Teile dürfen gesammelt werden! Die

Blütezeit einer Pflanze variiert nach Wetterbedingungen und Standort; deshalb umfaßt sie eine relativ große Zeitspanne (die Monate sind in römischen Ziffern angegeben). Die Angaben über den **Standort** dienen lediglich als Orientierungshilfe, weil die meisten Arten viele unterschiedliche Standorte besiedeln können. Unter dem Stichwort **Verbreitung** sind jene Gebiete genannt, in denen die Arten wachsen.
Die wirksamen **Inhaltsstoffe** jeder Heilpflanze sind angegeben. Unter dem Stichwort **Anwendung in Medizin und Homöopathie** werden die häufigsten Anwendungen genannt. Diese Angaben sind, ebenso wie jene unter dem Stichwort **Weitere Verwendung** lediglich als Information, nicht aber als Empfehlung für eine Selbstbehandlung gedacht.
Ähnliche Arten unterscheiden sich von den abgebildeten Arten meist nur unwesentlich; sie sind in gleicher Weise wie die abgebildeten Arten als Heilpflanze zu verwenden.
Verwechslungen betreffen Arten, die zwar ähnlich aussehen, aber keine Heilpflanzen oder giftige Pflanzen sind. Bei einer Verwechslungsmöglichkeit mit giftigen Pflanzen finden Sie immer eine Warnung im Steckbrief.
Ein **Tip für die Anwendung zu Hause** wird nur für jene Heilpflanzen gegeben, die vom Laien gefahrlos selbst angewendet werden können. Bei diesen Heilpflanzen finden Sie im Steckbriefkopf das Symbol »Teetasse = ☕«. In der Regel sind Tee-Rezepte empfohlen; welcher Pflanzenteil genutzt wird, ist mit Hilfe von Symbolen im Steckbriefkopf oder – wenn es sich um einen bestimmten unter mehreren möglichen Pflanzenteilen handelt – im Tee-Rezept angegeben.

Die botanischen Zeichnungen

Zeichnungen innerhalb der Beschreibungstexte zeigen entweder wichtige Merkmale als Ergänzung zu den Farbfotos oder die Unterscheidungsmerkmale von ähnlichen Arten. Außerdem enthält dieser Heilpflanzenführer Zeichnungen von Blattformen, Blatträndern und Blütenständen (vordere Umschlaginnenseite und Seite 1), ferner von Blütenformen und Früchten (Seite 256 und hintere Umschlaginnenseite).

Im Anhang: Zum Nachschlagen

Die *Kleine Pflanzenkunde* (Seite 240) vermittelt botanisches Grundwissen und erläutert die in den Steckbriefen verwendeten Begriffe. Exakte botanische Zeichnungen ergänzen diese Erklärungen auf anschauliche Weise. *Tips für das Sammeln, Aufbereiten, Aufbewahren* und *die richtige Anwendung der Heilpflanzen* finden Sie auf Seite 243. Der *Heilpflanzen-Sammelkalender* (Seite 246) zeigt auf einen Blick, wann die Heilpflanzen gesammelt werden sollen. Ein *Heilpflanzen- und Beschwerden-Register* (Seite 248) hilft beim schnellen Auffinden von Heilpflanzen und von bestimmten Beschwerden.

1 Echter Safran

Crocus sativus
(Schwertliliengewächse)

Ausdauernde, 8–30 cm hohe Pflanze. Knolle ziemlich groß, niedergedrückt-kugelig, von netzfaserigen Blattscheidenresten umgeben. Blätter aufrecht oder abstehend, schmallinealisch, bis 3 mm breit, grün, mit einem weißlichen Mittelstreifen, am Rand und unterseits am kielig hervortretenden Mittelnerv rauh bewimpert. Blüten einzeln aus der Knolle entspringend, am Grund von 2 spreitenlosen Hochblättern umgeben, mit der langen dünnen Blütenröhre zum Teil im Boden steckend, mit einem hellvioletten, dunkler oder heller geaderten Perigon. Perigonblätter 6, schmalelliptisch, innen am Grund bärtig. Staubbeutel gelb. Griffel fadenförmig, etwa 10 cm lang; Narben lebhaft orangerot, tief dreispaltig, nach oben zu allmählich keulenartig verdickt, ganzrandig oder schwach gekerbt, Narbenschenkel 2,5–3,5 cm lang. Fruchtet nie. Blütezeit: IX–XI. Standort: Nur kultiviert. Verbreitung: Wild unbekannt.

Inhaltsstoffe der ausschließlich verwendeten Narben: Glykosidische Farbstoffe, die in eine Farbstoff- und eine Bitterstoffkomponente zerfallen.

Anwendung: In der Homöopathie bei Blutungen, als Beruhigungsmittel und gegen Depressionen.

Weitere Verwendung: Als Gewürz und Färbemittel von Backwaren.

2 Blauer Eisenhut

Aconitum napellus
(Hahnenfußgewächse)

Ausdauernde, bis 1,5 m hohe Pflanze mit einer knollig verdickten Wurzel und einem kräftigen, meist unverzweigten Stengel. Blätter über die ganze Stengellänge verteilt, gestielt, bis zum Grund handförmig 5- bis 7teilig; Blattabschnitte tief in linealische Zipfel zerteilt, der Mittelabschnitt häufig stielartig verschmälert. Blütenstand traubig- oder rispigverzweigt, wobei die Endtraube deutlich länger ist als die Seitentrauben. Blüten gestielt, tiefblau. 5 Blütenblätter, ungleich, das oberste als »Helm« ausgebildet, dieser breiter als hoch. Frucht 3–5 mehrsamige Bälge. Blütezeit: VI–VIII. Standort: Gebirgswälder, Hochstaudenfluren, Bachufer. Verbreitung: Mitteleuropäische Gebirge.

Ähnliche Arten: **Rispiger Eisenhut,** *Aconitum paniculatum* (Blattabschnitte breiter, Blütenstand rispig, Blütenstiele mit abstehenden Haaren, Helm länger ausgezogen), an ähnlichen Standorten. – **Gescheckter Eisenhut,** *Aconitum variegatum* (Blattabschnitte breiter, meist rispiger Blütenstand, Blütenstiele kahl, Helm hoch, zipfelmützenartig), an ähnlichen Standorten.

Inhaltsstoffe: Aconitin und ähnliche Alkaloide.

Anwendung: In der Medizin als lokal schmerzstillendes Mittel. In der Homöopathie bei fiebrigen Erkrankungen, Neuralgien, Herzstörungen.

Wichtig: Tödlich giftig, nicht sammeln! Keine Selbstbehandlung!

1

2

3 Leberblümchen

Hepatica nobilis
(Hahnenfußgewächse)

Bis 15 cm hohe Pflanze. Grundblätter zahlreich, oft überwinternd, mit langen, krausbehaarten Stielen, oberseits grün, kahl, unterseits braunrot bis violett, langbehaart bis kahl, 3teilig mit breiten, eiförmigen Abschnitten, am Grund tief herzförmig. Stengel mehrere, langbehaart mit je 1 endständigen Blüte. Stengelblätter 3, sitzend, bis 1 cm lang, eiförmig, ganzrandig, den Perigonblättern der Blüte dicht anliegend und scheinbar einen Kelch bildend. Blüten 2-3,5 cm breit, mit 5-10 blauen oder rosa, selten weißen, schmalelliptischen Perigonblättern. Staubblätter zahlreich. Früchtchen behaart. Blütezeit: III-IV. Standort: Laubwälder, Gebüsche, meist auf Kalk. Verbreitung: In weiten Teilen Europas; in Gebieten mit kalkfreien Böden selten oder fehlend.
Inhaltsstoffe: Protanemonin, Anthocyane, Flavonoide, Gerbstoffe.
Anwendung: In der Homöopathie bei chronischer Bronchitis, Entzündungen im Rachenraum sowie bei Erkrankungen der Leber.
Wichtig: Leberblümchen sind geschützt. Nicht sammeln!

4 Gemeine Kuhschelle

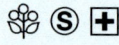

Pulsatilla vulgaris
(Hahnenfußgewächse)

Bis 30 cm hohe, behaarte Pflanze. Grundständige Blätter 2-6, nach der Blüte erscheinend, gestielt, mehrfach gefiedert mit bis 2 mm breiten, linealischen Abschnitten. Stengelblätter 3, am Grund verwachsen, mit 15-25 linealischen Abschnitten. Blütenstiel 1-2 cm lang, sich später verlängernd. Perigonabschnitte 6, 3-4 cm lang, rotviolett. Frucht behaarte Nüßchen, die den bis zu 5 cm verlängerten behaarten Griffel tragen. Blütezeit: III-V. Standort: Trockene Rasen, meist auf Kalk. Verbreitung: Mitteleuropa.
Ähnliche Arten: **Berg-Kuhschelle,** *Pulsatilla montana* (ähnlich der vorigen, aber Perigonabschnitte 2-3 cm lang, dunkelblauviolett), an ähnlichen Standorten in den mittel- und südeuropäischen Gebirgen. - **Finger-Kuhschelle,** *Pulsatilla patens* (Blätter 3zählig mit fingerig zerteilten Abschnitten), in Ostdeutschland und Bayern.

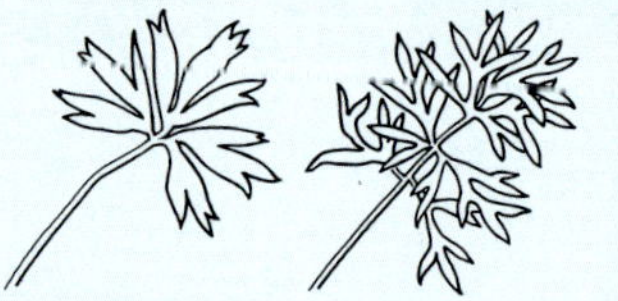

P. patens P. vulgaris
Blätter

Inhaltsstoffe: Protanemonin, das beim Trocknen in das weniger giftige Anemonin übergeht, Saponine, Gerbstoffe.
Anwendung: In der Homöopathie bei Depressionen, Migräne, Magen- und Darmleiden, Erkältungen, Hautausschlägen.
Wichtig: Die Pflanzen sind **giftig** und geschützt. Keine Selbstbehandlung! Nicht sammeln!

3

4

5 Wohlriechendes Veilchen

Viola odorata
(Veilchengewächse)

Ausdauernde, bis 10 cm hohe, spärlichbehaarte bis kahle Pflanze ohne Stengel, mit bis zu 20 cm langen, oberirdischen, sich bewurzelnden Ausläufern. Blätter gestielt; Nebenblätter 1- bis 4mal so lang wie breit, mit einzelnen Fransen; Blattspreite rundlich, zerstreutbehaart bis fast kahl, am Grund mit enger Bucht. Blüten mit einem im unteren Teil behaarten Stiel, duftend. Kelchblätter lanzettlich, spitz, 5–7 mm lang, am Grund mit einem Anhängsel. Kronblätter dunkelviolett, selten weiß, zu 5, das unterste Kronblatt mit einem kurzen, nektarführenden Sporn. Frucht eine mit 3 Klappen aufspringende Kapsel. Blütezeit: III–IV. Standort: Lichte Laubwälder, Waldränder, Gebüsche. Verbreitung: Im Mittelmeergebiet heimisch, durch Kultur weit verbreitet und vielerorts eingebürgert.

Inhaltsstoffe: Saponine, ein Glykosid, das Salicylsäuremethylester abspaltet; in den Blüten wohlriechendes ätherisches Öl.

Anwendung: In der Homöopathie bei Ohrenschmerzen, rheumatischen Erkrankungen, Asthma und Keuchhusten.

Tip für die Anwendung zu Hause: Bei Bronchitis und Husten: 2 Teelöffel Droge mit ¼ l kaltem Wasser ansetzen, zum Sieden erhitzen und 5 Minuten ziehen lassen. 2–3 Tassen täglich, mit Honig gesüßt.

6/7 Saat-Lein, Flachs

Linum usitatissimum
(Leingewächse)

Einjährige, 30–80 cm hohe, kahle Pflanze. Stengel meist aufrecht, nur im Blütenstand verzweigt. Blätter wechselständig, schmallanzettlich bis linealisch, bis 4 cm lang, spitz. Blüten einzeln an den Enden der kurzen bis langen Seitenäste. Kelchblätter 5, lanzettlich, zugespitzt, 5–7 mm lang, mit weißem, bewimpertem Hautrand, 3- bis 5nervig. Kronblätter 5, blau, verkehrteiförmig, 12–15 mm lang. Staubblätter und die 5 Griffel blau. Frucht eine rundliche Kapsel mit 5 Fächern. Samen flach, glänzend, braun, 5–6 mm lang. Blütezeit: VI–VIII. Standort: In Mitteleuropa nur kultiviert. Verbreitung: Nur als Kulturpflanze bekannt.

Inhaltsstoffe: Schleim, Pektin, fettes Öl mit viel ungesättigten Fettsäuren, Blausäureglykosid Linamarin.

Anwendung: In der Medizin als mildes Abführmittel, auch für den Dauergebrauch, außerdem bei Entzündungen im Magen-Darm-Trakt. Äußerlich zu heißen Breiumschlägen bei Furunkeln, Drüsenschwellungen und Geschwüren. Leinöl bei schrundiger Haut, Ekzemen, Gürtelrose.

Tips für die Anwendung zu Hause: Bei Verstopfung morgens und abends je 2 Eßlöffel zerquetschte Leinsamen einnehmen. Bei Furunkeln und Geschwüren heißen Leinsamenbrei auflegen. Bei schrundiger Haut und Gürtelrose mit Leinsamenöl (Apotheke) einreiben.

5

links
6
rechts
7

8 Sumpf-Kreuzblume

Polygala amarella
(Kreuzblumengewächse)

Ausdauernde, 5–15 cm hohe Pflanze, fast kahl. Blätter wechselständig, dort meist rosettenartig gedrängt, wo die Stengel beginnen aufzusteigen, schmal verkehrteiförmig, am Grund stielartig verschmälert; die oberen Stengelblätter kürzer und schmäler als die unteren Blätter. Blütenstand traubig, endständig, 10- bis 40blütig. Blüten kurzgestielt, in der Achsel sehr kleiner, hinfälliger Tragblätter. Die beiden seitlichen Kelchblätter (Flügel) kronblattartig, elliptisch, 2,5–4,5 mm lang, die übrigen 3 klein. Kronblätter 3, die unteren gefranst. Frucht eine abgeflachte 2samige Kapsel. Blütezeit: V–VII. Standort: Wiesen, Quellfluren, feuchte, lichte Wälder. Verbreitung: Nord- und Mitteleuropa mit Ausstrahlungen in das Mittelmeergebiet.

Ähnliche Art: **Bittere Kreuzblume,** *Polygala amara* (Blüten größer, Flügel 5–8 mm lang), meist auf trockenen Böden in mitteleuropäischen Gebirgen.

Inhaltsstoffe: Bitterstoffe, Saponine, wenig ätherisches Öl und Gerbstoffe.

Anwendung: In der Medizin in Blutreinigungstees.

Tip für die Anwendung zu Hause: Zur Blutreinigung und bei Husten: 2 Teelöffel Droge mit ¼ l kaltem Wasser ansetzen und zum Sieden erhitzen. 2–3 Tassen täglich, bei Husten mit Honig gesüßt.

9 Kleines Immergrün

Vinca minor
(Hundsgiftgewächse)

Ausdauernde Pflanze mit langen, unterirdischen Erdsprossen, die an den Knoten Wurzeln und Büschel von Stengeln tragen. Sterile Stengel niederliegend, lang, an den Knoten wurzelnd. Blütentragende Stengel aufrecht, bis 20 cm hoch. Blätter gegenständig, lederig, immergrün, sitzend, lanzettlich, bis 5 cm lang, unterseits dunkler, oberseits heller grün, kahl. Blüten einzeln in den Blattachseln, 1–2 cm lang, gestielt. Kelch mit 5 0,4–0,5 cm langen Zipfeln. Krone 2–3 cm breit, hellblau, mit kurzer Röhre und flach ausgebreiteten Zipfeln. Frucht aus 2 nur am Grund zusammenhängenden langen, schmalen Teilfrüchten bestehend. Samen zahlreich. Blütezeit: IV–V. Standort: Laubwälder, Gebüsche; auf Kalk. Häufig als Zierpflanze angebaut. Verbreitung: Fast ganz Europa, nach Norden zu seltener; Kaukasus, Kleinasien.

Inhaltsstoffe: Alkaloide (Vincamin, Vincin, Vincristin), Gerbstoffe, Flavonoide.

Anwendung: In der Medizin bei Durchblutungsstörungen, vor allem des Gehirns. In der Homöopathie bei Blutungen und nässenden Hautausschlägen.

Wichtig: Wegen der Gefahr von Überdosierung und damit verbundenen Vergiftungserscheinungen keine Selbstbehandlung!

8

9

10 Geflecktes Lungenkraut

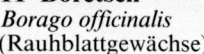

Pulmonaria officinalis
(Rauhblattgewächse)
Bis 35 cm hohe Pflanze, rauhbehaart. Grundständige Blätter bis 15 cm lang, schmaleiförmig, am Grund plötzlich in den Stiel verschmälert, oberseits mit hellen Flecken; Stiel meist kürzer als die Spreite bis ebensolang. Stengelblätter wechselständig, elliptisch, sitzend. Blüten kurzgestielt. Kelch glockenförmig, tief 5teilig. Krone röhrig, nach oben zu trichterförmig mit 5 runden Zipfeln, rot aufblühend, dann nach Blau verfärbend. Staubfäden fast sitzend, in der Kronröhre eingeschlossen. Blütezeit: III–IV. Standort: Laubmischwälder, Gebüsche. Verbreitung: Mitteleuropa.
Ähnliche Art: **Dunkles Lungenkraut**, *Pulmonaria obscura* (Blätter oberseits ungefleckt, Blattstiel der Grundblätter 1- bis 2mal so lang wie die Spreite), an ähnlichen Standorten, im Norden bis Südskandinavien verbreitet.
Inhaltsstoffe: Schleimstoffe, Saponine, Gerbstoffe, Vitamin C, Mineralstoffe, Kieselsäure.

Tip für die Anwendung zu Hause: Bei Husten, Heiserkeit, Halsschmerzen und Verschleimung der Atemwege: 2 Teelöffel Droge mit ¼ l kochendheißem Wasser übergießen und 10 Minuten ziehen lassen. 3mal täglich 1 Tasse, mit Honig gesüßt.

11 Boretsch

Borago officinalis
(Rauhblattgewächse)
Bis 80 cm hohe, einjährige Pflanze, rauhhaarig. Blätter wechselständig, am Grund rosettig genähert, oval, bis 10 cm lang, am Rand oft unregelmäßig gezähnt, am Grund verschmälert in einen geflügelten Blattstiel, der bei den oberen Stengelblättern etwas am Stengel herabläuft. Blütenstände vielblütig, oft weit ausladend, fast doldenartig. Blüten auf 2–4 cm langen Stielen, nikkend. Kelch tief 5teilig, seine Zipfel 1,5 cm lang, zur Blütezeit ausgebreitet, später zusammenneigend. Krone mit einer sehr kurzen Röhre und 5 radförmig ausgebreiteten, fein zugespitzten Zipfeln, 2–3 cm breit. Im Inneren der Kronröhre stehen 5 lanzettliche weiße Schuppen, die deutlich aus der Röhre herausragen und einen auffälligen Kontrast zu den blauen Kronblättern bilden. Früchte 4 einsamige, nußartige Teilfrüchtchen mit warziger Oberfläche. Blütezeit: V–IX. Standort: Auf nährstoffreichen Böden, an Wegrändern, in Unkrautgesellschaften, in Weinbergen. In Mitteleuropa kultiviert und zuweilen verwildert. Verbreitung: Im gesamten Mittelmeergebiet.
Inhaltsstoffe: Schleime, Stärke, Gerbstoffe, Saponine, Flavonoide, Mineralstoffe.
Anwendung: In der Homöopathie bei Depressionen, nervöser Herzschwäche.
Verwendung als Gewürz: Zu Salaten und Gemüsen.

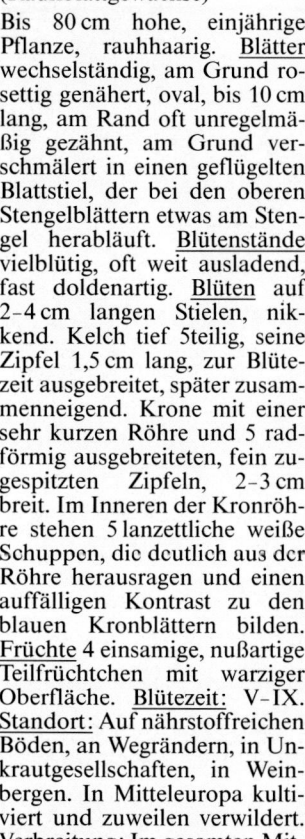

10

11

12 Mönchspfeffer

Vitex agnus-castus
(Eisenkrautgewächse)

Ein 3–5 m hoher Strauch. Blätter gegenständig, langgestielt, meist 5- bis 7fach handförmig geteilt; Blättchen lanzettlich, spitz, oberseits dunkelgrün, unterseits dicht weißfilzig. Blüten klein, in reichblütigen, unterbrochenen, ährenartigen Blütenständen, zu vielen fast quirlartig in der Achsel von kleinen Hochblättern stehend. Kelch glockenförmig, 5zipfelig. Krone trichterig, schief 2lippig, 6–9 mm lang, außen behaart, mit einer 3lappigen Unterlippe und einer 2zipfeligen Oberlippe. Frucht eine 3–5 mm große, außen fleischige, rötlichschwarze Steinfrucht. Blütezeit: VI–IX. Standort: Flußufer, feuchte Standorte; stets in Grundwassernähe. Verbreitung: Im gesamten Mittelmeergebiet, auch als Zierstrauch angepflanzt.
Inhaltsstoffe: Ätherisches Öl, Saponine, Iridoidglykoside.
Anwendung: In der Homöopathie bei Störungen der männlichen Potenz.
Verwendung als Gewürz: Die scharf schmeckenden Früchte als Pfefferersatz.

13 Echte Salbei

Salvia officinalis
(Lippenblütler)

Halbstrauch, dicht spinnwebig-filzig behaart, aromatisch duftend. Stengel bis 70 cm hoch, fast stielrund. Blätter gegenständig, gestielt, schmalelliptisch, am Rand sehr fein gekerbt, unterseits feinrunzelig. Blüten zu 4–8 quirlig in ährenartigen Blütenständen. Kelch röhrig bis glockig, 5zähnig. Krone 2–3 cm lang, deutlich 2lippig. Blütezeit: V–VII. Standort: An trockenen Hängen, vielerorts kultiviert; in Mitteleuropa nur verwildert. Verbreitung: Mittelmeergebiet.
Inhaltsstoffe: Ätherisches Öl, Gerbstoff, Bitterstoffe, Flavonoide.
Anwendung: In der Homöopathie als schweißhemmendes Mittel und bei Entzündungen im Mund und Rachen.
Verwendung als Gewürz: Zu Suppen, Gemüse, Braten.

> **Tip für die Anwendung zu Hause:** Zum Gurgeln bei Entzündungen im Mund- und Rachenraum: 1–2 Teelöffel Droge mit ¼ l kaltem Wasser ansetzen und zum Sieden erhitzen.

14 Wiesensalbei

Salvia pratensis
(Lippenblütler)

Bis 1 m hohe, behaarte Pflanze. Stengel 4kantig. Grundblätter in Rosetten, länglich, langgestielt, unregelmäßig gekerbt. Blüten in entfernten, armblütigen Scheinquirlen. Krone 3 cm lang, sichelförmig gebogen. Blütezeit: V–VIII. Standort: Trockenwiesen, Wegränder. Verbreitung: Mittel- und Südeuropa.
Inhaltsstoffe und Anwendung: Ähnlich wie bei Echte Salbei (13), aber nicht so wirkungsvoll.

> **Tip für die Anwendung zu Hause:** Wie bei Echte Salbei (13).

12

links
13
rechts
14

15 Rosmarin

Rosmarinus officinalis
(Lippenblütler)

Immergrüner, bis 2 m hoher Strauch. Blätter gegenständig, in den Blattachseln gestauchte Kurzsprosse. Blätter fast sitzend, schmallinealisch, mit nach unten umgerollten Rändern, oberseits grün, unterseits graufilzig. Blüten in 5- bis 10blütigen, an den Kurzsprossen sitzenden endständigen Scheintrauben. Kelch glockig, 2lippig, bräunlichgrün. Krone blauviolett, selten weiß, deutlich 2lippig; Oberlippe etwas zurückgebogen, 2teilig, Unterlippe mit großem, gestieltem Mittellappen und kleinen, vorgestreckten Seitenlappen. Staubblätter 2. Blütezeit: I-XII. Standort: Macchien, trockene Stellen in Küstennähe. Verbreitung: Mittelmeergebiet.

Inhaltsstoffe: Ätherisches Öl, Harze, Gerbstoffe, Flavonoide, Bitterstoffe, Rosmarinsäure.

Anwendung: In der Medizin äußerlich als Einreibung oder als Badezusatz bei Rheuma, Gicht und Durchblutungsstörungen.

Weitere Verwendung: Als Gewürz.

Tips für die Anwendung zu Hause: Bei Erschöpfungszuständen, besonders nach Infektionskrankheiten: 1 Teelöffel Droge mit ¼ l kaltem Wasser ansetzen und langsam zum Sieden erhitzen. Morgens und mittags 1 Tasse. Als Badezusatz 50 g Droge mit 1 l Wasser zum Sieden bringen und 30 Minuten ziehen lassen.

16/17 Echter Lavendel

Lavandula angustifolia
(Lippenblütler)

Stark verzweigter Halbstrauch, 20–60 cm hoch. Blätter gegenständig, schmal, etwa 8mal so lang wie breit, die unteren beiderseits weißfilzig, die oberen graugrün. Blüten in entfernt stehenden Scheinquirlen in einem ährenartigen Blütenstand. Hochblätter eiförmig, begrannt. Kelch breitröhrig mit sehr kurzen Zähnen, grauviolett. Krone 1 cm lang, außen filzigbehaart, 2lippig, mit längerer Oberlippe und kurzer Unterlippe. Staubblätter 4, in der Kronröhre eingeschlossen. Blütezeit: VI–VIII. Standort: An trockenen, warmen Hängen. Verbreitung: Westliches Mittelmeergebiet bis Griechenland.

Ähnliche Art: **Spik-Lavendel,** *Lavandula latifolia* (Blätter nur 4- bis 6mal so lang wie breit, alle silbergrau behaart, Hochblätter linealisch), an trockenen Hängen des westlichen Mittelmeergebietes.

Inhaltsstoffe: Ätherisches Öl, Gerbstoffe.

Anwendung: In der Medizin als Beruhigungsmittel für das Zentralnervensystem; bei Migräne, Erschöpfung und nervösen Herzbeschwerden (als Tee und Bad).

Verwendung: Das Öl beider Arten wird in der Parfumindustrie verwendet.

Tip für die Anwendung zu Hause: Wie bei Rosmarin (15).

links
16
rechts
17

18 Ysop

Hyssopus officinalis
(Lippenblütler)

Stark aromatisch riechender Halbstrauch mit bis zu 1,5 m langen, verzweigten Stengeln. Blätter gegenständig, fast sitzend, schmallanzettlich, beiderseits dicht mit Öldrüsen besetzt. Blüten sehr kurz gestielt, in 3- bis 7blütigen, stark einseitswendigen Scheinquirlen, die zu langen Scheinähren vereinigt sind. Kelch röhrig, mit lanzettlichen, begrannten Zähnen. Krone 8–12 mm lang mit kahler Röhre, 2lippig, mit sehr kurzer, fast flacher, außen behaarter Oberlippe und mindestens doppelt so langer 3lappiger Unterlippe. Staubblätter 4, die Krone weit überragend, Griffel weit aus der Krone herausragend, noch länger als die Staubblätter. Blütezeit: VIII–X. Standort: Trockene Fels- und Schutthänge auf Kalk. Verbreitung: Mittelmeergebiet, in Mitteleuropa gelegentlich aus Kulturen verwildert.

Inhaltsstoffe: Ätherisches Öl, Gerbstoffe, Bitterglykoside.

Verwendung: Als Gewürz zu Kalbsbraten, Bohnen, Suppen und frischen Salaten. Als Zusatz in verschiedenen Likören.

Tip für die Anwendung zu Hause: Als schleimlösendes Mittel bei Husten und Entzündungen der Atemwege sowie bei Blähungen und Verdauungsbeschwerden: 2 Teelöffel Droge mit ¼ l kaltem Wasser ansetzen, zum Sieden erhitzen und 5 Minuten ziehen lassen. 2 Tassen täglich.

19 Gundermann

Glechoma hederacea
(Lippenblütler)

Ausdauerndes, etwas unangenehm aromatisch riechendes Kraut mit langkriechenden und an den Knoten wurzelnden Stengeln. Blühende Triebe aufrecht, bis 20 cm hoch, 4kantig, fast kahl bis dichtbehaart. Blätter gegenständig, gestielt, rundlich bis herz- oder nierenförmig, am Rand grobgekerbt, fast kahl bis ziemlich dichtbehaart. Blüten kurzgestielt, paarweise oder zu 3 in den Achseln der oberen Blätter. Kelch 4–7 mm lang, 5zähnig und schwach 2lippig, oft violett überlaufen, kurzbehaart. Krone 1–2 cm lang, blauviolett bis rotlila, 2lippig, mit fast flacher, gerader, vorne ausgerandeter Oberlippe und 3teiliger Unterlippe mit einem größeren, behaarten Mittelabschnitt. Blütezeit: IV–VII, IX. Standort: Feuchte Laubwälder, Gebüsche, Waldränder, schattige Wiesen. Verbreitung: Europa (ohne die Arktis und die mediterranen Gebiete); Kaukasus, Sibirien.

Inhaltsstoffe: Bitterstoffe, Gerbstoffe, ätherisches Öl, Saponine, organische Säuren, Vitamin C.

Verwendung: Als Gewürz; als Zusatz zu Frühlingssalaten und Gemüsen.

Tip für die Anwendung zu Hause: Bei Appetitlosigkeit, Durchfällen sowie bei Husten und Verschleimung der Atemwege: 1–2 Teelöffel Droge mit ¼ l kochendheißem Wasser übergießen und 5 Minuten ziehen lassen. 2 Tassen täglich.

18

19

20 Echter Ehrenpreis

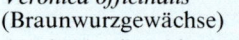

Veronica officinalis
(Braunwurzgewächse)

Ausdauerndes, bis 20 cm hohes Kraut. Stengel bis 30 cm lang, behaart, niederliegend, am Ende aufsteigend, mit aufrechtem Blütenstand, an den unteren Knoten wurzelnd. Blätter gegenständig, kurzgestielt, breitlanzettlich bis eiförmig, weichbehaart, am Rand feingezähnt. Blütenstände traubig, gestielt, in den Achseln der oberen Blätter. Blüten 1–3 mm lang, gestielt. Kelch 4teilig, drüsigbehaart. Krone ausgebreitet, 4lappig, 6–7 mm breit, blaßlila, selten weiß, mit dunklen Adern. Frucht eine seitlich zusammengedrückte, verkehrtherzförmige Kapsel, 3–4 mm hoch und breit, drüsigbehaart; Griffel etwa so lang wie die Frucht. Blütezeit: VI–VIII. Standort: Trockene, lichte Wälder, Waldränder, magere Weiden, Heiden; meist auf kalkarmem Boden. Verbreitung: Europa; Nordasien, Nordamerika.
Inhaltsstoffe: Gerbstoffe, Bitterstoffe, wenig ätherisches Öl und das Glykosid Aucubin.

Tips für die Anwendung zu Hause: Bei Verdauungsstörungen, Durchfällen, bei Husten und Erkältungen sowie zum Gurgeln bei Entzündungen im Mund- und Rachenraum: 2 Teelöffel Droge mit ¼ l kochendheißem Wasser überbrühen und 10 Minuten ziehen lassen. 3 Tassen täglich.

21 Teufelsabbiß

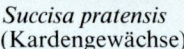

Succisa pratensis
(Kardengewächse)

Ausdauernde, krautige Pflanze mit einem kurzen (»abgebissenen«) Erdsproß. Stengel 20–80 cm hoch, im oberen Teil dicht und kurz anliegend behaart, nach oben zu meist verzweigt. Grundständige Blätter gestielt, lanzettlich bis elliptisch, ganzrandig, behaart oder kahl; Stengelblätter gegenständig, zu wenigen, sitzend. Blütenstände langgestielte, kugelige Köpfchen, am Grund von lanzettlichen Hüllblättern umgeben, 1,5–2,5 cm im Durchmesser. (Zwischen den Blüten stehen kleine, lanzettliche »Spreublätter«.) Blüten sitzend. Kelch mit einem ausgebreiteten 4zähnigen Außenkelch und 4–5 schwarzen, etwa 1 mm langen Borsten. Krone blauviolett, 4zipfelig. Frucht 5–7 mm lang, 4kantig mit 8 Furchen, behaart. Blütezeit: VII–IX. Standort: Flachmoore, Streuwiesen, Magerrasen. Verbreitung: Europa; Westsibirien, Nordwestafrika.
Inhaltsstoffe: Saponine, Gerbstoffe.
Anwendung: In der Homöopathie bei Hautleiden.

Tip für die Anwendung zu Hause: Als schleimlösender Sirup bei Erkrankungen der Atemwege: 2 Teelöffel Droge mit ¼ l kaltem Wasser ansetzen, zum Sieden bringen und 1 Minute kochen lassen. Soviel braunen Zucker hinzufügen, wie sich darin auflösen kann, sowie 2 Teelöffel Honig. 3- bis 5mal täglich 2 Teelöffel.

20

21

22 Kornblume

Centaurea cyanus
(Korbblütler)

Ein- bis zweijährige Pflanze mit bis 80 cm hohem, kantigem, weißfilzigbehaartem, im oberen Teil verzweigtem Stengel. Blätter meist schmallanzettlich, die unteren gestielt, gelegentlich fiederteilig, zur Blütezeit meist schon vertrocknet, die oberen sitzend, ungeteilt. Körbchen einzeln an den Enden der Zweige. Hülle eiförmig. Hüllblätter grün mit schwarzem, 3eckigem, unregelmäßig gefranstem Anhängsel. Kronen blau, 5zipfelig, die randständigen vergrößert und strahlend. Früchte 3,5 mm lang, mit einem aus 2–3 mm langen, rostbraunen Borsten bestehenden Pappus. Blütezeit: VI–X. Standort: Getreidefelder, Ödplätze. Verbreitung: Europa; infolge von Saatreinigung und Unkrautbekämpfung immer seltener.

Inhaltsstoffe: Schleim, Farbstoffe, Gerbstoff, Bitterstoffe.

Anwendung: In der Medizin früher bei Appetitlosigkeit und Verdauungsstörungen sowie als harntreibendes Mittel. Heute meist nur als Schönungsdroge in Teemischungen.

Ähnliche Art: **Berg-Flockenblume,** *Centaurea montana* (Pflanze ausdauernd; Stengel geflügelt; Blätter breiter, die oberen am Stengel herablaufend; innere Blüten des Körbchens asymmetrisch röhrenförmig, violett, die äußeren vergrößert, blau), in Wäldern und Gebüschen. Verbreitung: Gebirge Europas. Inhaltsstoffe und Anwendung: Wie bei Kornblume (22).

Wichtig: Die selten gewordene Kornblume sollte nicht gesammelt werden!

23 Wegwarte

Cichorium intybus
(Zungenblütler)

Ausdauernde, sparrig verzweigte Pflanze mit Milchsaft. Stengel bis 1,2 m hoch, kantig. Grundblätter lanzettlich, meist fiederteilig, unterseits zerstreut rauhhaarig. Stengelblätter klein. Blütenkörbchen einzeln in den Achseln von Hochblättern, 3–5 cm breit. Hülle walzenförmig; äußere Hüllblätter kurz, abstehend, innere aufrecht. Kronen alle zungenförmig, hellblau. Früchte hellbraun, 2–2,5 mm lang mit sehr kurzem Pappus. Blütezeit: VII–X. Standort: Weg- und Ackerränder, Ödland, Weiden. Verbreitung: Fast ganz Europa; Vorder- und Mittelasien, Nordwestafrika; in vielen anderen Teilen der Erde eingeschleppt.

Inhaltsstoffe: Bitterstoffe, Cholin, Gerbstoffe.

Anwendung: In der Homöopathie als Anregungs- und Kräftigungsmittel bei Appetitlosigkeit, gegen Blähungen, Leibschmerzen und Völlegefühl.

Weitere Verwendung: Aus der fleischigen Wurzel von Kultursorten *(var. sativum)* wird durch Rösten Zichorien-Kaffee gewonnen. Die Blätter können als Gemüse, jung auch als Salat verwendet werden. Die Blätter der *var. foliosum* als Salat und Gemüse (Chicorée).

Tip für die Anwendung zu Hause: Bei Appetitlosigkeit und Völlegefühl: 1 Teelöffel Droge mit ¼ l kaltem Wasser ansetzen, zum Sieden erhitzen, 2–3 Minuten kochen lassen. 2–3 Tassen täglich.

22

23

24/25 Spargel

Asparagus officinalis
(Liliengewächse)

Ausdauernde Pflanze, 30–100 cm, in Kultur bis 1,5 m hoch, kahl. Stengel aufrecht, verzweigt. In den Achseln sehr kleiner, weißer Schuppenblätter stehen jeweils 3–6 stielrunde, nadelförmige, bis über 2 cm lange und 0,5 mm breite Sprosse, die meist für Blätter gehalten werden. Blüten meist zweihäusig – auf einer Pflanze entweder nur weibliche oder nur männliche Blüten. Blütenhülle glockig-trichterig mit 6 Zipfeln, gelblich; die der männlichen Blüten 5 mm lang, die der weiblichen Blüten deutlich kürzer. Frucht eine erbsengroße ziegelrote, bis 8 mm dicke kugelige Beere. Blütezeit: IV–V. Standort: Sandige Äcker, Dünen, Wegränder, Weinberge, Flußufer; häufig angebaut. Verbreitung: Mittel- und Südeuropa; Nordafrika, Vorderasien.

Inhaltsstoffe: Asparagin, Arginin, Asparagose, Saponine, Flavonoide, Zucker, Fett, Vitamine.

Anwendung: In der Medizin in Tees bei Blasen- und Nierenleiden.

Weitere Verwendung: Die unterirdischen Triebe als beliebtes Gemüse.

> **Tip für die Anwendung zu Hause:** Bei Harnverhaltung sowie bei Blasen- und Nierenentzündung: 2 Teelöffel Spargelwurzel mit ¼ l kaltem Wasser ansetzen und zum Sieden erhitzen. 2- bis 3mal täglich 1 Tasse. **Wichtig:** Die Behandlung nicht über 1 Woche ausdehnen!

26 Osterluzei

Aristolochia clematitis
(Osterluzeigewächse)

Ausdauernde Pflanze mit bis 1 m hohen, unverzweigten Stengeln. Blätter wechselständig, gestielt, rundlich bis eiförmig, vorne spitz, am Grund tief herzförmig ausgerandet, oberseits mattgrün, unterseits hellgrün, mit vom Blattstielansatz aus strahlenförmig verlaufenden Hauptnerven. Blüten in Büscheln in den Blattachseln, kurzgestielt, zur Blütezeit aufrecht. Blütenhülle zygomorph, 3–5 cm lang, am Grund bauchig erweitert, nach oben hin röhrenförmig, oben in eine Lippe ausgezogen. Frucht eine hängende, birnenförmige Kapsel. Blütezeit: V–VI, zuweilen nochmals im Herbst. Standort: Weinberge, Gebüsche, Mauern, lichte Wälder; auf Kalk. Verbreitung: In Mitteleuropa in Weingebieten verwildert und eingebürgert, Mittelmeergebiet; Kleinasien, Kaukasus.

Inhaltsstoffe: Aristolochiasäure, ätherisches Öl, Bitterstoffe, ein antibiotisch wirkender Stoff.

Anwendung: In der Medizin früher gelegentlich bei Infektionskrankheiten. In der Homöopathie früher bei Frostschäden, Akne, Ekzemen, Durchblutungsstörungen, Menstruationsstörungen, Darmerkrankungen.

Wichtig: Der Hauptwirkstoff, die Aristolochiasäure, hat krebserregende Wirkung. Die Anwendung wurde vom Bundesgesundheitsamt verboten. Deshalb nicht sammeln! Keine Behandlung!

24

links
25
rechts
26

27/28 Lorbeer

Laurus nobilis
(Lorbeergewächse)

Bis 20 m, meist aber erheblich niedrigerer immergrüner Strauch mit schwarzer Rinde. Blätter bis 1 cm lang gestielt, lanzettlich, 5–15 cm lang, dunkelgrün, lederig, wechselständig. Blüten zu mehreren in Büscheln oder kurzen Trauben in den Blattachseln, zweihäusig – auf einer Pflanze nur weibliche oder nur männliche Blüten. Perigon aus 4 gelblichen Blättern bestehend. Männliche Blüten mit 10–12 Staubblättern, die am Grund meist 2 Drüsen tragen. Weibliche Blüten mit einem Fruchtknoten und 4 sterilen Staubblättern. Frucht eine schwarze, eiförmige, bis 2 cm lange Beere. Blütezeit: III–IV. Standort: In wärmeliebenden mediterranen Wäldern. Verbreitung: Küsten des Mittelmeergebietes; oft angepflanzt und verwildert.
Inhaltsstoffe: Ätherische Öle, fettes Öl, Bitterstoffe.
Anwendung: In der Medizin heute nur noch das Öl aus Blättern und Früchten äußerlich bei Geschwüren. In der Tiermedizin als Eutersalbe, bei Verstauchungen und Zerrungen.
Weitere Verwendung: Die Blätter als beliebtes, appetitanregendes Gewürz für Bratensaucen, Kartoffeleintöpfe, Fischmarinaden und eingelegte Gurken.

29/30 Berberitze, Sauerdorn

Berberis vulgaris
(Sauerdorngewächse)

Bis 3 m hoher, dorniger Strauch mit hellgrüner bis hellgrauer Rinde. Anstelle der Blätter an den Langtrieben 1- bis 3teilige, 0,5–3 cm lange Dornen, in deren Achseln Kurztriebe mit Büscheln von sommergrünen Blättern. Blätter kurzgestielt, elliptisch bis verkehrteiförmig, 2–6 cm lang, am Rand fein- und spitzgezähnt, derb. Blüten zu vielen in lockeren, meist hängenden Trauben, gestielt. Blütenhülle an den seitlichen Blüten 6zählig, an den Endblüten 5zählig. Kelchblätter klein, gelb. Kronblätter oval, 5–6 mm lang, halbkugelig zusammenneigend. Staubblätter 6. Frucht eine rote, 8–11 mm lange, wenigsamige Beere. Blütezeit: V–VI. Standort: Lichte Laubwälder, Gebüsch. Verbreitung: Mitteleuropa, nördliches Mittelmeergebiet; Kleinasien.
Inhaltsstoffe: Alkaloide, Gerbstoffe.
Anwendung: In der Homöopathie bei Gallebeschwerden, Koliken, Gelbsucht, Nieren- und Nierenbeckenentzündungen, Gelenkrheuma.
Weitere Verwendung: Die nicht giftigen vitaminreichen Früchte sind appetitanregend und werden zu wohlschmekkenden Säften und Marmeladen verarbeitet.
Wichtig: Die Pflanze ist mit Ausnahme der Beeren giftig. Nicht sammeln! Keine Selbstbehandlung!

links
27
rechts
28

links
29
rechts
30

31 Gelber Eisenhut

Aconitum vulparia
(Hahnenfußgewächse)

Ausdauernde, bis 70 cm hohe Pflanze mit kaum verdickter Wurzel. Grundständige Blätter langgestielt; Blattspreite weit über die Mitte in 5 grobgezähnte Lappen geteilt, im Umriß fast 5eckig bis rundlich, am Grund herzförmig eingeschnitten, bis 15 cm breit, unterseits zerstreutbehaart. Stengelblätter 1–3, ähnlich, aber kleiner. Blüten in lockeren, blattachselständigen Trauben oder Rispen, gestielt, stark zygomorph. Das oberste Perigonblatt bildet einen hohen, mützenartigen Helm, die übrigen 4 sind oval. Staubblätter zahlreich. Frucht aus 3–5 mehrsamigen Bälgen bestehend. Blütezeit: VI–VIII. Standort: Feuchte Bergwälder, Hochstaudenfluren. Verbreitung: Mittel- und südeuropäische Gebirge.
Inhaltsstoffe: Alkaloide.
Anwendung: In der Homöopathie selten bei Mandelentzündungen und Drüsenerkrankungen.
Weitere Verwendung: Wurde früher wegen seiner Giftigkeit zum Vergiften von Wölfen benutzt.
Wichtig: Tödlich giftig! Nicht sammeln! Keine Selbstbehandlung!

32 Sumpfdotterblume

Caltha palustris
(Hahnenfußgewächse)

Ausdauernde, bis 50 cm hohe Pflanze, kahl. Stengel niederliegend bis bogig aufsteigend oder aufrecht, hohl, im oberen Teil verzweigt. Grundblätter langgestielt, breitherzförmig, vorne stumpf, am Rand gekerbt oder gezähnt, glänzend, 5–10 cm breit; Stengelblätter kleiner, kürzer gestielt bis sitzend. Blüten einzeln an den Enden der Seitenäste mit 5 breitovalen, dottergelben, glänzenden Perigonblättern, 4–5 cm breit. Staubblätter viele. Frucht aus 3–8 sternförmig ausgebreiteten, seitlich zusammengedrückten, geraden bis gebogenen mehrsamigen Bälgen bestehend. Blütezeit: III–IV. Standort: Bachufer, nasse Wiesen, Auwälder. Verbreitung: Europa; nördliches Asien, Nordamerika.
Inhaltsstoffe: Saponine, Flavonoide, Cholin.
Anwendung: In der Homöopathie bei Bläschenausschlag, Keuchhusten, Bronchialkatarrh und bei Menstruationsbeschwerden.
Verwendung als Gewürz: Die noch grünen Blütenknospen in gesalzenes Essigwasser eingelegt als Kapernersatz zum Würzen von Eierspeisen.
Wichtig: Die frische Pflanze ist zumindest schwach **giftig.** Von Selbstbehandlung ist abzuraten. Auch als Gewürz nicht überdosieren!

31

32

33 Scharbockskraut

Ranunculus ficaria
(Hahnenfußgewächse)

Bis 30 cm hohe, kahle Pflanze mit niederliegend-aufsteigenden Stengeln. Blätter herzförmig, wenig gezähnt bis ganzrandig, fleischig, langgestielt; Stengelblätter in den Achseln oft mit Brutknospen. Blüten 2–3 cm breit, mit 3–7 Kelchblättern und 8–12 länglichen Kronblättern. Früchtchen kugelig, zerstreutbehaart, 2–2,5 mm lang, mit geradem Schnabel. Blütezeit: III–V. Standort: Laubwälder, Gebüsche, feuchte Wiesen. Verbreitung: Europa; Nordafrika, Asien, Kaukasus.
Inhaltsstoffe: Protanemonin, Anemonin, Saponin.
Verwendung: Das junge Kraut als Bestandteil blutreinigender Frühlingssalate.
Wichtig: Wegen des wenn auch geringen Gehalts an Protanemonin muß vor übermäßigem Genuß gewarnt werden!

34 Gift-Hahnenfuß

Ranunculus sceleratus
(Hahnenfußgewächse)

Bis 1 m hohe, kahle Pflanze. Blätter tief 2fach 3teilig; Abschnitte schmallanzettlich, grobgesägt oder ganzrandig; die unteren langgestielt, die oberen sitzend. Blüten 0,5–1 cm breit, 5zählig. Kelchblätter 2–4 mm lang, früh abfallend. Kronblätter etwas kürzer als der Kelch. Früchtchen rundlich, flach, 0,8–1 mm breit, mit sehr kurzem, geradem Schnabel. Blütezeit: VI–XI. Standort: Gräben, See- und Teichufer, auf schlammigem Boden. Verbreitung: Fast ganz Europa und Asien; weltweit verschleppt.
Inhaltsstoffe: Protanemonin, Anemonin.
Anwendung: In der Homöopathie gegen Rheuma, Störungen der Bauchspeicheldrüsenfunktion, Hautausschläge, Störungen des Zentralnervensystems.
Wichtig: Die Pflanze ist **sehr giftig.** Nicht sammeln! Keine Selbstbehandlung!

35 Frühlings-Teufelsauge

Adonis vernalis
(Hahnenfußgewächse)

Bis 50 cm hohe Pflanze. Blätter alle stengelständig, mehrfach gefiedert mit linealischen Zipfeln. Stengel 1blütig. Blüten bis 7 cm breit. Äußere Blütenblätter breiteiförmig, behaart; die 10 bis 20 inneren (Honigblätter) schmaleiförmig, ganzrandig oder gezähnelt, hell- bis goldgelb. Früchte (Nüßchen) bis 5 mm lang, netznervig, behaart, mit hakenförmigem Schnabel. Blütezeit: IV–V. Standort: Heidewiesen, lichte Kiefernwälder; vorwiegend auf Kalk. Verbreitung: Von Spanien bis Schweden, bis nach Südosteuropa und zum Ural; in Mitteleuropa selten.
Inhaltsstoffe: Herzwirksame Glykoside, Flavonglykoside.
Anwendung: In der Medizin bei leichteren Fällen von Herzschwäche. In der Homöopathie bei Herzbeschwerden sowie bei Überfunktion der Schilddrüse.
Wichtig: Die Pflanze ist **stark giftig** und geschützt. Keine Selbstbehandlung! Nicht sammeln!

links
33
rechts
34

35

36 Schöllkraut

Chelidonium majus
(Mohngewächse)

Ausdauernde, bis 80 cm hohe Pflanze mit orangegelbem Milchsaft. Stengel aufrecht, verzweigt, zerstreut abstehend borstigbehaart. Blätter wechselständig, die unteren gestielt, die oberen sitzend; Blattspreite unregelmäßig fiederteilig bis gefiedert. Blüten gelb, 2–3 cm breit. 2 Kelchblätter, rasch abfallend. Kronblätter 4, Staubblätter zahlreich. Frucht eine 2–5 cm lange Schote. Blütezeit: V–X. Standort: Wegränder, Schuttplätze, Gebüsche. Verbreitung: Fast ganz Europa; Asien, Nordafrika.
Inhaltsstoffe: Alkaloide, Saponine.
Anwendung: In Medizin und Homöopathie bei Magen-, Darm- und Leberleiden.
Wichtig: Die Pflanze ist **giftig.** Keine Selbstbehandlung!

37 Weißer Senf

Sinapis alba
(Kreuzblütler)

Bis 80 cm hohe Pflanze, unten behaart. Blätter buchtig gezähnt bis fiederteilig, die obersten schmäler. Blüten in Trauben. Kelchblätter 4–6 mm lang; Kronblätter 7–10 mm lang. Früchte 2,5–4 cm lang, abstehend, steifbehaart, mit deutlichem Schnabel. Blütezeit: VI–X. Standort: Äcker, Schuttplätze, Wegränder; angebaut. Verbreitung: Europa.

Tip für die Anwendung zu Hause: Zur Verdauungsförderung mehrmals täglich 1 Teelöffel zerstoßene Senfkörner einnehmen.

Inhaltsstoffe: Senfölglykoside, Sinapin, fettes Öl.
Verwendung: Als Gewürz. Als Bestandteil von Senf.

38 Schwarzer Senf

Brassica nigra
(Kreuzblütler)

Bis 1,2 m hohe Pflanze, am Grund behaart. Blätter gestielt, unregelmäßig gezähnt bis fiederteilig, die obersten Blätter schmal. Blüten in Trauben. Kelchblätter 3,5–4,5 mm lang. Kronblätter 7,5–9 mm lang. Früchte aufrecht, dem Stengel anliegend, 1–2 cm lang, mit 1,5–3 mm langem Schnabel, kahl. Blütezeit: VI–IX. Standort: Äcker, Wegränder, Schuttplätze. Verbreitung: Mittelmeergebiet; in Mitteleuropa angebaut und verwildert.
Inhaltsstoffe: Senfölglykosid Sinigrin, Sinapin, fettes Öl.
Anwendung: In der Medizin als appetitanregendes und verdauungsförderndes Mittel, äußerlich in Form von Breiumschlägen gegen Durchblutungsstörungen, Rheuma, Gicht, fiebrigen Bronchialkatarrhen. In der Homöopathie bei Schnupfen, Heiserkeit, Bronchialkatarrh.

Tip für die Anwendung zu Hause: Als Umschlag bei Durchblutungsstörungen und Rheuma: 100 g gepulverte Senfkörner mit lauwarmem Wasser zu einem dicken Brei verrühren, in Leinwand packen und 10 Minuten auf die kranke Stelle auflegen.

links
36
rechts
37

38

39 Scharfer Mauerpfeffer

Sedum acre
(Dickblattgewächse)

Bis 15 cm hohe, kahle, rasenbildende Pflanze mit blühenden und nichtblühenden, dicht beblätterten Trieben. Blätter fleischig, eiförmig, oberseits flach, unterseits gewölbt, stumpf, bis 4 mm lang, scharf schmeckend. Kelchblätter etwa 3 mm lang. Kronblätter 7–10 mm lang, lanzettlich, spitz, sternförmig abstehend. Staubblätter 10. Balgfrüchtchen sternförmig ausgebreitet. Blütezeit: VI–VIII. Standort: Felshänge, Mauern, Trockenrasen. Verbreitung: Fast ganz Europa; Nordafrika, Asien. Inhaltsstoffe: Alkaloide, Rutin, Gerbstoffe. Anwendung: In der Homöopathie bei Hämorrhoiden.

40 Gewöhnlicher Odermennig

Agrimonia eupatoria
(Rosengewächse)

Bis 1,5 m hohe, abstehend behaarte Pflanze. Blätter gefiedert mit größeren und dazwischen sehr kleinen, grobgezähnten Blättchen. Blüten sehr kurz gestielt. Kelchbecher kreiselförmig, reif hart, mit 10 Längsfurchen, oben mit vielen hakig gebogenen Borsten.

Frucht

A. eupatoria

Kronblätter schmal verkehrteiförmig, 4–6 mm lang. Frucht nickend. Blütezeit: VI–XI. Standort: Lichte Wälder, Hekken, magere Wiesen. Verbreitung: Fast ganz Europa.

Ähnliche Art: **Wohlriechender Odermennig,** *Agrimonia procera* (Kelchbecher mit undeutlichen Längsfurchen, die äußeren Borsten zurückgeschlagen), an ähnlichen Standorten. Inhaltsstoffe: Gerbstoffe, Bitterstoffe, ätherisches Öl. Anwendung: In der Medizin bei Magen-, Darm-, Galle- und Leberleiden.

Tip für die Anwendung zu Hause: Bei Entzündungen im Rachenraum: 2 Teelöffel Droge mit ¼ l kochendheißem Wasser übergießen und 10 Minuten ziehen lassen. Mehrmals am Tag damit gurgeln.

41 Echte Nelkenwurz

Geum urbanum
(Rosengewächse)

Bis 50 cm hohe Pflanze, behaart. Stengel aufrecht, verzweigt. Blätter grundständig, langgestielt, gefiedert, die unteren Fiedern viel kleiner als die oberen. Blüten einzeln an den Enden der Seitenäste; Kelchblätter nach der Blüte zurückgeschlagen; Kronblätter ausgebreitet, etwa so lang wie die Kelchblätter. Früchtchen einsamig, borstigbehaart, mit dem bleibenden, im oberen Teil hakig gebogenen Griffel versehen. Blütezeit: V–X. Standort: Feuchte Wälder, Hecken, Schuttplätze. Verbreitung: Ganz Europa. Inhaltsstoffe: Ätherische Öle, Gerbstoffe, Bitterstoffe.

Tip für die Anwendung zu Hause: Bei Entzündungen im Rachenraum wie Odermennig (40) verwenden.

links
39
rechts
40

41

42 Gänsefingerkraut

Potentilla anserina
(Rosengewächse)

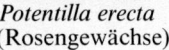

Ausdauernde, bis 15 cm hohe Pflanze, behaart. Stengel niederliegend, langkriechend, an den Knoten wurzelnd. Grundblätter bis 20 cm lang, gestielt, gefiedert; Fiederblättchen schmalelliptisch, am Rand tief eingeschnitten gesägt, oberseits meist kahl, unterseits dicht weißschimmernd seidenhaarig. Stengelblätter kürzer gestielt bis fast sitzend, mit weniger Fiederblättchen. Blüten einzelstehend, langgestielt, 2–3 cm breit. Kelchblätter 5, ungeteilt, dazu noch 5 meist 3spaltige Außenkelchblätter. Kronblätter doppelt so lang wie die Kelchblätter. Staubblätter 20. Früchtchen zahlreich mit einem dünnen, bleibenden Griffel. Blütezeit: V–VIII. Standort: Weiden, Wegränder, Ödplätze. Verbreitung: Fast weltweit.

Inhaltsstoffe: Gerbstoffe, Flavonoide, ein noch nicht identifizierter, krampflösender Stoff.

Anwendung: In der Medizin, bei Menstruationsbeschwerden, kolikartigen Magen- und Darmerkrankungen, Durchfall, Galleleiden. In der Homöopathie bei Menstruationsbeschwerden und als krampflösendes Mittel.

Tip für die Anwendung zu Hause: Bei krampfartigen Magen- und Darmschmerzen: 2 Teelöffel Droge mit ¼ l kochendheißem Wasser übergießen, 10 Minuten ziehen lassen. 2–3 Tassen täglich.

43 Blutwurz

Potentilla erecta
(Rosengewächse)

Bis 30 cm hohe Pflanze, behaart, mit einem unregelmäßig knolligen, außen dunkelbraunen, innen blutroten Wurzelstock. Stengel zu mehreren, aufrecht. Grundblätter lang und dünngestielt, dreiteilig, rasch verwelkend. Stengelblätter kurzgestielt bis sitzend, meist 5zählig; Blättchen länglich, von der Mitte an gezähnt, Blüten einzeln an den Knoten stehend, langgestielt, 4zählig, etwa 1 cm breit. Außenkelchblätter länglich, stumpf; Kelchblätter meist kürzer, breiter. Kronblätter nur wenig länger als der Kelch, verkehrtherzförmig, vorne deutlich ausgerandet. Staubblätter 15–20. Früchtchen klein. Blütezeit: V–X. Standort: Wiesen, Moore, Heiden. Verbreitung: Europa; Asien, Nordafrika.

Inhaltsstoffe: Bis zu 22% Catechingerbstoffe.

Anwendung: In der Medizin bei Entzündungen im Magen und Darm, bei Durchfällen. Äußerlich als Spül- und Gurgelmittel bei Entzündungen im Mund und Rachen, bei Hämorrhoiden.

Tips für die Anwendung zu Hause: Bei Magenentzündung und Durchfall sowie zum Gurgeln bei Mund- und Rachenentzündungen und zum Behandeln schlecht heilender Wunden und Erfrierungen: 1–3 Eßlöffel Droge mit ½ l Wasser ansetzen und 15 Minuten kochen lassen. Innerlich 3 Tassen täglich; äußerlich zum Gurgeln und zu Umschlägen.

42

43

44 Besenginster

Cytisus scoparius
(Schmetterlingsblütler)

0,5–2 m hoher Strauch. Äste lebhaftgrün, beim Trocknen samt den Blüten schwarz werdend, aufrecht, 5kantig, reichverzweigt. Blätter wechselständig, meist rasch abfallend, kurzgestielt, 3zählig; Blättchen verkehrteiförmig bis lanzettlich, 1–2 cm lang, oberseits lokker, unterseits dichter seidenhaarig. Blätter im oberen Teil der Stengel oft ungeteilt. Blüten in langen, lockeren Trauben, gestielt. Kelch glockenförmig, schwach 2lippig. Krone 2–2,5 cm lang; Fahne zurückgeschlagen; Flügel stumpf; Schiffchen gebogen. Hülse länglich, stark zusammengedrückt, nur an den Rändern lang abstehendbehaart, zuletzt schwarz. Blütezeit: V–VI. Standort: Heiden, lichte Wälder; nur auf kalkfreien Böden. Verbreitung: Westeuropa.
Inhaltsstoffe: Alkaloide, vor allem Spartein, Gerbstoffe, Flavonglykoside.
Anwendung: In der Medizin bei Herzmuskelstörungen, nervösen Herzbeschwerden; bei Blutungen in der Geburtsheilkunde. In der Homöopathie bei Herzrhythmusstörungen und Reizleitungsstörungen am Herzen.
Wichtig: Besenginster ist **stark giftig.** Nicht sammeln! Keine Selbstbehandlung!

45 Färberginster

Genista tinctoria
(Schmetterlingsblütler)

Bis 1 m hohe Pflanze, zerstreutbehaart mit aufrechten, dornenlosen Zweigen. Blätter lanzettlich. Blüten in blattachselständigen Trauben, 1–1,5 cm lang. Kelch 2lippig. Kronblätter etwa gleichlang, gerade. Hülse schmal, abgeflacht, 1,5–2,5 cm lang, kahl. Blütezeit: VI–IX. Standort: Heiden, Streuwiesen, lichte Wälder. Verbreitung: Fast ganz Europa; Asien.
Inhaltsstoffe: Alkaloide, Gerbstoffe, Flavonoide.
Anwendung: In der Medizin selten bei Rheuma, Gicht, als harntreibendes Mittel, bei Infektionen der Harnwege, Nierensteinen.
Wichtig: Wegen nicht untersuchten Nebenwirkungen ist von Selbstbehandlung abzusehen!

46 Echter Steinklee

Melilotus officinalis
(Schmetterlingsblütler)

Bis 1,5 m hohe Pflanze, kahl. Blätter 3zählig, gestielt; Blättchen am Rand gezähnt. Blüten in Trauben, hängend. Kelch glockig. Krone 5,5–7 mm lang. Frucht 3–4 mm lang, eiförmig, kahl, mit Querfurchen. Blütezeit: V–X. Standort: Weg- und Ackerränder, Ödland. Verbreitung: Europa; Asien.
Inhaltsstoffe: Cumaringlykoside, Gerbstoffe, Flavone, Schleim.
Anwendung: In der Medizin bei Venenerkrankungen, Krampfadern, Hämorrhoiden. In der Homöopathie bei heftigen Kopfschmerzen, Migräne, Nasenbluten.

links
44
rechts
45

46

47 Wundklee

Anthyllis vulneraria
(Schmetterlingsblütler)

Bis 50 cm hohe Pflanze, behaart. Stengel einfach, seltener verzweigt, aufsteigend oder aufrecht, stielrund. Grundblätter einfach oder wenig gefiedert, mit großen Endblättchen und kleinen Seitenblättchen, langgestielt. Stengelblätter wechselständig, stärker zerteilt; Blättchen länglich, ganzrandig. Blüten in scheinbar endständigen, gestielten Köpfen, die am Grund von 3- bis 7spaltigen Hochblättern umgeben sind. Kelch weißlich oder gelblich, zuweilen gegen die Spitze zu rötlich, häutig, schwachbauchig, dichtbehaart, schwach 2lippig. Kronblätter langgenagelt, weißlichgelb bis goldgelb. Frucht 1samig, im Kelch eingeschlossen bleibend. Blütezeit: V–X. Standort: Felshänge, Magerwiesen, Wegböschungen, vor allem auf Kalk. Verbreitung: Europa; ostwärts bis zum Kaukasus und nach Vorderasien, bis Nordafrika.
Inhaltsstoffe: Saponine, Gerbstoffe, Farbstoffe.

Tip für die Anwendung zu Hause: Zu Umschlägen bei schlecht heilenden Wunden, bei Durchblutungsstörungen und Frostbeulen: 2 Teelöffel Droge mit ¼ l kochendheißem Wasser übergießen und 15 Minuten ziehen lassen.

48 Weinraute

Ruta graveolens
(Rautengewächse)

Ausdauernde, bis 50 cm hohe Pflanze, dicht mit punktförmig durchscheinenden bis warzig vortretenden Öldrüsen besetzt, stark herb-aromatisch riechend. Stengel meist nur im Blütenstand verzweigt, aufrecht. Blätter wechselständig, gestielt, unpaarig gefiedert; Fiedern spatelig bis lanzettlich, einfach, ganzrandig oder 1- bis 3teilig. Blüten in einem doldenartigen Blütenstand, die Endblüten 5zählig, die Seitenblüten 4zählig. Kelchblätter schmal eiförmig, erst bei der Fruchtreife abfallend. Kronblätter 6–7 mm lang, löffelförmig ausgehöhlt, vorne kapuzenförmig eingebogen, am Rand gezähnelt. Frucht eine 5- oder 4höckerige, vielsamige, mit eingesenkten Drüsen bedeckte Kapsel. Blütezeit: VI–VIII. Standort: Felshänge, steinige Magerrasen, Wegböschungen. Verbreitung: Östliches Mittelmeergebiet; im übrigen Mittelmeergebiet kultiviert und eingebürgert. In Mitteleuropa gelegentlich kultiviert und verwildert.
Inhaltsstoffe: Ätherisches Öl, Cumarinderivate, Alkaloide, Flavonglykosid Rutin.
Anwendung: In der Medizin bei Venenerkrankungen, Krampfadern, Netzhautblutungen.
Wichtig: Wegen der photosensiblen Wirkung der Cumarine, die bei Licht Hautentzündungen hervorrufen, und der allergischen Wirkung der ätherischen Öle keine Selbstbehandlung! Nicht sammeln!

47

48

49 Echtes Johanniskraut

Hypericum perforatum
(Johanniskrautgewächse)

Bis 1 m hohe Pflanze, kahl. Stengel aufrecht, stielrund, im oberen Teil verzweigt. Blätter gegenständig, sitzend, eiförmig bis linealisch, mit zahlreichen durchscheinenden Punkten, ganzrandig. Blüten in einem doldenartigen Blütenstand, auf meist schwarzdrüsigen Stielen. Kelchblätter 5, schmal, etwa 6 mm lang mit hellen oder dunklen Drüsen. Kronblätter 5, elliptisch, 10–15 mm lang. Staubblätter zahlreich. 3–5 Griffel. Frucht eine eiförmige, 5–10 mm lange, vielsamige Kapsel. Blütezeit: VI–IX. Standort: Felshänge, Trockenrasen, Wiesen, lichte Wälder. Verbreitung: Europa; Westasien, Nordafrika.

Inhaltsstoffe: Hypericin, ätherische Öle, Harze, Gerbstoffe, Flavonoide.

Anwendung: In der Medizin bei Depressionen, nervösen Beschwerden, Bettnässen, bei Magen- und Darmstörungen und Gallebeschwerden; äußerlich zur Wundheilung, zur Schmerzlinderung nach Verstauchungen und Prellungen, bei Rheuma und Hexenschuß. In der Homöopathie bei Schmerzen nach Verletzungen.

Tips für die Anwendung zu Hause: Bei Depressionen: 2 Teelöffel Droge mit ¼ l kaltem Wasser ansetzen und zum Sieden erhitzen. Täglich 1 Tasse. Zur äußerlichen Wund- und Schmerzbehandlung verwende man das in Apotheken erhältliche Johanniskrautöl nach Vorschrift.

50 Winterlinde

Tilia cordata
(Lindengewächse)

Bis 25 m hoher Baum. Blätter wechselständig, gestielt, rundlich, am Grund asymmetrisch, leicht herzförmig, vorne in eine kurze, aufgesetzte Spitze ausgezogen, am Rand scharfgesägt, oberseits kahl, unterseits in den Nervenwinkeln mit rostfarbenen Haarbüscheln, 3–8 cm breit. Blütenstand 3- bis 16blütig, am Grund mit einem großen, zungenförmigen, bleichgelblichen Tragblatt verwachsen; bei der Fruchtreife zusammen mit diesem abfallend. Blüten 5zählig; Kelchblätter 3 mm lang; Kronblätter länglich, gelblich, 3–8 mm lang. Frucht 1samig, kugelig, 5–8 mm lang. Blütezeit: VI–VII. Standort: Laubwälder. Verbreitung: Europa; Kaukasus.

Ähnliche Art: **Sommerlinde,** *Tilia platyphyllos* (Blätter größer, behaart, in den Nervenwinkeln mit Büscheln weißer Haare). Standort und Verbreitung wie bei Winterlinde (50).

Inhaltsstoffe: Ätherisches Öl, Gerbstoffe, Schleim, Flavonoide.

Anwendung: In der Medizin bei fiebrigen Erkrankungen und bei Grippe. In der Homöopathie bei Rheuma, Heuschnupfen, allergischen Hautausschlägen.

Tip für die Anwendung zu Hause: Als schweißtreibender Tee bei fiebrigen Erkrankungen: 1–2 Teelöffel Droge mit ¼ l kochendheißem Wasser übergießen, 10 Minuten ziehen lassen. 2–3 Tassen täglich sehr heiß trinken.

49

50

51/52 Gartenkürbis

Cucurbita pepo
(Kürbisgewächse)

Einjährige Pflanze. Stengel niederliegend oder mittels mehrspaltiger Ranken kletternd, bis 10 m lang, steifhaarig. Blätter wechselständig, gestielt, aus herzförmigem Grund, 5lappig mit spitzen Lappen, die durch stumpfe Buchten voneinander getrennt sind, borstig-steifhaarig. Blüten eingeschlechtig, auf derselben Pflanze. Männliche Blüten in blattachselständigen Büscheln, die weiblichen einzelstehend, beide mit 5kantigen Stielen. Kelch glockig mit meist 5 linealischen Zipfeln. Krone glockig bis trichterig mit 5 ausgebreiteten Zipfeln, 7–10 cm breit. Staubblätter der männlichen Blüten 5, je 2 paarweise verwachsen, das 5. frei; Staubbeutel S-förmig gekrümmt, zu einer zentralen Säule verwachsen. Weibliche Blüten mit 3 verkümmerten Staubblättern und einem unterständigen Fruchtknoten. Frucht sehr verschiedenartig, je nach Kulturrasse groß, rundlich bis länglich, 15–40 cm im Durchmesser, gelb, orange, grün oder auch andersartig gefärbt. Samen meist weißlich, flach, breit oder schmaleiförmig, 7–15 mm lang, deutlich berandet. Blütezeit: VI–IX. Standort: Weltweit in verschiedenen Sorten kultiviert; zuweilen an Wegen oder an Schuttplätzen verwildert. Heimat: Wahrscheinlich Amerika.

Ähnliche Arten: **Riesenkürbis,** *Cucurbita maxima* (Stengel bis 4 m lang, kantig; Blätter 5- bis 7lappig, mit abgerundeten Lappen, die durch seichte Buchten getrennt sind; Stiele der männlichen und weiblichen Blüten rund; Frucht sehr groß, bis 100 kg schwer; Samen weißlich bis gelblich, 20–29 mm lang, kaum berandet), wird ebenfalls angebaut. – **Moschuskürbis,** *Cucurbita moschata* (ähnlich dem Riesenkürbis, aber die spitzen Blattlappen durch spitze Buchten voneinander getrennt; Blütenstiele der männlichen Blüten rund, die der weiblichen Blüten 5kantig; Frucht länglich, schwarzbraun oder rötlichgelb, bereift, etwas nach Moschus duftend), wird ebenfalls angebaut.

Inhaltsstoffe: Aminosäure Cucurbitin, fettes Öl, Eiweiß.

Anwendung: In der Medizin gelegentlich als Mittel gegen Würmer, vor allem Bandwürmer, sowie gegen Blasen- und Prostataleiden. In der Homöopathie bei Übelkeit und Erbrechen.

Weitere Verwendung: Das Fruchtfleisch in verschiedenen Zubereitungsarten als Kompott oder Marmelade; das Öl aus den Samen als wohlschmeckendes Salatöl.

Tip für die Anwendung zu Hause: Als Wurmkur gegen Bandwürmer 14 Tage lang täglich 1 Handvoll Kürbiskerne essen, danach ein Abführmittel nehmen. Besser noch: 30 g Kürbiskernöl auf einmal einnehmen.

51

52

53 Stiefmütterchen

Viola tricolor
(Veilchengewächse)

Bis 30 cm hohe, einjährige oder ausdauernde Pflanze. Blätter wechselständig, gestielt, untere rundlich mit herzförmigem Grund, die oberen länglich, alle am Rand gekerbt; Nebenblätter tief fiederspaltig, die seitlichen Zipfel 1- bis 2mal so lang wie die Breite des Endabschnittes. Blüten langgestielt, 1,2–3 cm hoch, schwach duftend. Kronblätter 1,3- bis 2mal so lang wie der Kelch, gelb bis blau, die unteren mit dunkleren Strichen. Frucht eine rundliche, 3fächerige Kapsel. Blütezeit: V–X. Standort: Äcker, Ödland, Wiesen. Verbreitung: Fast ganz Europa; Vorderasien.

Ähnliche Art: **Ackerstiefmütterchen,** *Viola arvensis* (seitliche Abschnitte der Nebenblätter 2- bis 4mal so lang wie die Breite des Endabschnittes, Kronblätter 0,8- bis 1,3mal so lang wie die Kelchblätter. Standort: Äcker, Ödland. Verbreitung: Mittelmeergebiet; heute weltweit verschleppt.

Inhaltsstoffe: Saponine, Flavonoide, Salicylsäureverbindungen, Gerbstoffe, Schleim.

Anwendung: In Medizin und Homöopathie innerlich und äußerlich gegen verschiedene Hautkrankheiten, fiebrige Erkrankungen der Atemwege, trockenen Husten.

> **Tips für die Anwendung zu Hause:** Bei Hautunreinheiten und Akne: 2 Teelöffel Droge mit ¼ l kochendheißem Wasser übergießen, 10 Minuten ziehen lassen; 3 Tassen täglich; auch zu Umschlägen.

54 Gemeine Nachtkerze

Oenothera biennis
(Nachtkerzengewächse)

Bis 1 m hohe, oft rot überlaufene Pflanze. Stengel oben etwas kantig, beblättert. Grundblätter länglich verkehrteiförmig, in den Stiel verschmälert, buchtig gezähnt bis fast ganzrandig; Stengelblätter zahlreich, kleiner. Blütenstand traubig, aufrecht. Blüten sitzend, durch die dünne, 1,8–5 cm lange Blütenröhre scheinbar gestielt; Kelchblätter zurückgeschlagen; Kronblätter 2–3 cm lang, viel länger als die Staubblätter. Früchte bis 3 cm lang, länglich, stumpf 4kantig. Blütezeit: VI–X. Standort: Bahndämme, Straßenböschungen, Wegränder, Ödland. Verbreitung: Europa; seit dem 17. Jahrhundert eingeschleppt.

Ähnliche Art: **Kleinblütige Nachtkerze,** *Oenothera parviflora* (Blütenstand vor der Blüte überhängend; Blütenröhre 2,5–4 cm lang; Kronblätter 0,8–1 cm lang). Standort und Verbreitung wie bei Gemeine Nachtkerze.

Inhaltsstoffe: Vor allem Gerbstoffe.

Anwendung: In der Medizin früher gegen Durchfälle.

Weitere Verwendung: Die Samen als Diätnahrung. Die Wurzeln als kräftigendes Gemüse.

53

54

55 Pastinak

Pastinaca sativa
(Doldengewächse)

Bis 1,5 m hohe, zerstreut behaarte Pflanze. Wurzel spindelförmig oder zuweilen rübenförmig verdickt, mit Möhrengeruch. Stengel meist einzeln, aufrecht, kantiggefurcht, von der Mitte an ästig. Blätter einfach fiederschnittig mit 2–7 Paaren unregelmäßig gekerbter bis gesägter Abschnitte, Endabschnitt oft 3lappig, die unteren gestielt, die oberen sitzend und zuweilen bis auf die Blattscheide reduziert. Blüten in Doppeldolden; Dolden mit 5–15 ungleich oder gleich langen Strahlen; Hülle und Hüllchen fehlen; Kelchsaum undeutlich; Kronblätter gleichgroß, ½ mm lang und 1 mm breit, nach außen gebogen. Frucht breitelliptisch, stark linsenförmig zusammengedrückt, 5–7 mm lang und 4–5,5 mm breit, reif gelbbraun, die Teilfrüchte am Rand geflügelt. Blütezeit: VII–IX. Standort: Wiesen, Wegränder, Ödland. Verbreitung: Fast ganz Europa; Kaukasus, Sibirien.

Inhaltsstoffe: Ätherisches Öl, Alkaloide, Furocumarine, fettes Öl.

Anwendung: In der Medizin früher bei Wassersucht, Magen- und Darmkrankheiten, Nieren- und Blasenleiden, Fieber, Schlaflosigkeit, Rheuma.

Weitere Verwendung: Die Früchte als Gewürz für Suppen, Salate, Gemüseeintöpfe, Essiggurken. Die Wurzel als Gemüse.

Wichtig: Wegen der Verwechslungsgefahr mit teilweise hochgiftigen anderen Doldengewächsen nur im Fachhandel gekaufte Früchte und angebaute Wurzeln verwenden!

56/57 Liebstöckel

Levisticum officinale
(Doldengewächse)

Bis 2 m hohe, kahle Pflanze. Stengel am Grund bis 5 cm dick, röhrig, stielrund, oben verzweigt, die obersten Äste gegenständig oder zu 3 quirlig. Blätter gestielt, groß, die unteren bis 0,7 m lang, 2- bis 3mal 3zählig fiederig zerschnitten; Abschnitte letzter Ordnung bis 11 cm lang und 7 cm breit, in der oberen Hälfte grob eingeschnitten gezähnt; die oberen weniger zerteilt, kleiner. Dolden bis 12 cm breit, 12- bis 20strahlig. Hüll- und Hüllchenblätter zahlreich, lanzettlich, weiß hautrandig. Blüten klein; Kronblätter blaßgelb, 1 mm lang. Frucht zusammengedrückt, 5–7 mm lang, mit 3 vorspringenden Rückenrippen und 2 Randflügeln je Teilfrucht. Blütezeit: VII–VIII. Standort: Vor allem in Bauerngärten angebaut, gelegentlich auf Kultur- oder Ödland verwildert. Verbreitung: In fast ganz Europa und Nordamerika, doch nirgendwo wild; Stammpflanze unbekannt.

Inhaltsstoffe: Ätherische Öle, Harz, Bitterstoffe, Cumarine.

Anwendung: In der Medizin als harntreibendes Mittel, bei Blasen- und Nierenleiden, Nierensteinen.

Weitere Verwendung: Als Gewürz. Zur Herstellung von Likören und Magenschnäpsen.

Tip für die Anwendung zu Hause: Bei Magenbeschwerden und Verdauungsstörungen: 2 Teelöffel Droge mit ¼ l kaltem Wasser ansetzen, zum Sieden erhitzen. 2 Tassen täglich.

links
56
rechts
57

58 Fenchel

Foeniculum vulgare
(Doldengewächse)

Bis 2 m hohe, kahle Pflanze. Stengel aufrecht, feingerillt, verzweigt. Blätter 3- bis 4fach fiederschnittig, die unteren gestielt, die oberen sitzend; Abschnitte letzter Ordnung fädlich, zugespitzt; Blattscheiden 3–6 cm lang, hautrandig. Blüten in Dolden; Dolden bis 15 cm breit, mit 4–25 sehr ungleich langen Strahlen. Hülle und Hüllchen fehlen. Kronblätter breiteiförmig, ¾–1 mm lang. Griffel 2, sehr kurz. Frucht länglich, 4–10 mm lang und 2–3 mm breit; Teilfrüchte mit 3 deutlich kantig vorspringenden Rippen und etwas stärker vorspringenden Randrippen. Blütezeit: VII–X. Standort: In Mitteleuropa kultiviert; Felsheiden, Trockenhänge, Ödland. Verbreitung: Mittelmeergebiet.

Inhaltsstoffe: Ätherisches Öl, fettes Öl.

Anwendung: In der Medizin und Homöopathie bei Husten, Blähungen und anderen Verdauungsstörungen.

> **Tip für die Anwendung zu Hause:** Bei Verdauungsstörungen und Blähungen: 1 Teelöffel zerstoßene Früchte mit ¼ l kochendheißem Wasser übergießen und 10 Minuten ziehen lassen. 2- bis 5mal täglich 1 Tasse. Auch für Kleinkinder geeignet.

Wichtig: Wegen der Verwechslungsgefahr mit giftigen Doldengewächsen nur im Fachhandel gekaufte Früchte verwenden! Nicht sammeln!

59 Dill

Anethum graveolens
(Doldengewächse)

Bis 1 m hohe einjährige, kahle Pflanze. Stengel aufrecht, feingerillt, röhrig, im oberen Teil verzweigt. Blätter 3- bis 4fach fiederschnittig, die oberen weniger stark zerteilt; Abschnitte letzter Ordnung linealisch bis fädlich, spitz; Blattscheiden bis 2 cm lang, den Stengel umfassend, am Rand breit häutig. Blüten in gewölbten, bis 15 cm breiten Dolden, mit 30–50 kahlen, meist gleichlangen, bis 8 cm langen Strahlen. Hülle und Hüllchen fehlen. Kronblätter dottergelb, vorne in eine schmale Zunge ausgezogen, eingerollt, bis ½ mm lang und ¾ mm breit. Griffel 2, sehr kurz. Frucht eiförmig bis fast kreisrund, linsenförmig zusammengedrückt; Teilfrüchte am Rücken mit 3 kantig hervortretenden Rippen und schmalgeflügelten Rändern, gelbbraun. Blütezeit: VII–VIII. Standort: Angebaut, nur selten verwildert. Verbreitung: Wild in Mittel- und Ostasien.

Inhaltsstoffe: Ätherisches Öl, Cumarinderivate, fettes Öl.

Anwendung: In der Medizin bei Verdauungsstörungen, Blähungen, Appetitlosigkeit.

Weitere Verwendung: Als Gewürz (hier auch das frische Kraut) für Gurken, Salate und Eintöpfe.

> **Tip für die Anwendung zu Hause:** Bei Verdauungsstörungen und Appetitlosigkeit: 1 Teelöffel zerstoßene Früchte mit ¼ l kochendheißem Wasser übergießen und 10 Minuten ziehen lassen. 2 Tassen täglich.

58

59

60 Frühlings-Schlüsselblume

Primula veris
(Primelgewächse)

Bis 30 cm hohe, sehr kurz samtig behaarte Pflanze. Blätter in einer grundständigen Rosette, länglich, runzelig, mit unregelmäßig gezähntem Rand, am Grund rasch in den geflügelten Blattstiel verschmälert. Blüten duftend, in einer langgestielten Dolde, am Grund von 4–6 mm langen, lanzettlichen Hüllblättern umgeben. Kelch glockenförmig aufgeblasen, 1–2 cm lang, weißlichgelb; Kelchzähne eiförmig, spitz. Krone bis 15 mm breit, am Grund röhrenförmig, oben schüsselförmig mit aufrecht abstehenden, am Grund meist orange gefleckten Lappen. Frucht eine 5–10 mm lange, eiförmige Kapsel. Blütezeit: IV–V. Standort: Wiesen, Gebüsche. Verbreitung: Fast ganz Europa; Asien.
Ähnliche Art: **Hohe Schlüsselblume,** *Primula elatior* (Blüten heller, nicht duftend, Kelchzähne lanzettlich, Kronlappen ausgebreitet), in feuchten Wiesen und Wäldern.
Inhaltsstoffe: Saponine, Flavonoide.
Anwendung: In der Medizin bei hartnäckigem Husten, Verschleimungen des Rachenraumes, Bronchitis, Altershusten.

Wichtig: Die Pflanzen sind geschützt, nicht sammeln!

> **Tip für die Anwendung zu Hause:** Als Hustentee: 1 Teelöffel Droge mit ¼ l kaltem Wasser zum Sieden erhitzen und 5 Minuten ziehen lassen. 2–3 Tassen täglich, mit Honig gesüßt.

61 Pfennigkraut

Lysimachia nummularia
(Primelgewächse)

Bis 5 cm hohe, ausdauernde, kahle Pflanze, Stengel zahlreich, niederliegend, bis 50 cm lang, einfach oder verzweigt, 4kantig, im unteren Teil an den Knoten wurzelnd. Blätter gegenständig, kurzgestielt, elliptisch bis kreisrund, ganzrandig, rotdrüsig punktiert. Blüten einzeln in den Blattachseln, Blütenstiele etwa so lang wie die Blätter. Kelchblätter 5, schmalherzförmig, zugespitzt, 7–10 mm lang, rot gepunktet, Kronblätter 5, sattgelb, innen rotpunktiert, 9–16 mm lang, verkehrteiförmig, häufig bis über die Mitte 2spaltig. Staubblätter viel kürzer als die Krone, mit drüsigen Staubfäden. Frucht selten ausgebildet, eine kugelige, 4–5 mm lange Kapsel bildend. Blütezeit: V–VII. Standort: Feuchte Wiesen, Gärten, Gräben, Auwälder, Waldränder. Verbreitung: Fast ganz Europa; in viele Gebiete der Welt verschleppt.
Inhaltsstoffe: Saponine, Gerbstoffe, Kieselsäure.

> **Tips für die Anwendung zu Hause:** Als Hustentee: 2 Teelöffel Droge mit ¼ l kochendheißem Wasser übergießen und 5 Minuten ziehen lassen. 3 Tassen täglich, mit Honig gesüßt. Auch äußerlich, mit der gleichen Menge Kamillentee gemischt, für Umschläge bei schlecht heilenden und eitrigen Wunden.

60

61

62 Gelber Enzian

Gentiana lutea
(Enziangewächse)

Bis 1,5 m hohe, kahle Pflanze. Stengel einfach, hohl. Blätter gegenständig, elliptisch, stark längsnervig, bis 30 cm lang. Blüten gehäuft in den oberen Blattachseln, gestielt. Kelch glockig bis röhrig, 5zähnig, blaßgelb, einseitig geschlitzt. Krone ausgebreitet, fast bis zum Grund in 5–6 schmale, spitze Zipfel zerteilt, mit kurzer Röhre. Frucht eine spitzkegelförmige, bis 6 cm lange Kapsel. Blütezeit: VII–VIII. Standort: Hochstaudenfluren, Latschen- und Grünerlengebüsch. Verbreitung: Alpen; Bergländer Mittel- und Südosteuropas. Inhaltsstoffe: Die Bitterstoffe Gentiopikrin und Amarogentin, Farbstoffe, Zucker. Anwendung: In der Medizin bei Appetitlosigkeit, Verdauungsstörungen.

Tip für die Anwendung zu Hause: Bei Verdauungsstörungen und Appetitlosigkeit: 1 Teelöffel käufliche Droge mit ¼ l Wasser 5 Minuten kochen lassen. Jeweils vor den Hauptmahlzeiten 1 Tasse mäßig warm trinken.

Wichtig: Die Pflanze ist geschützt. Nicht sammeln!

63 Punktierter Enzian

Gentiana punctata
(Enziangewächse)

Bis 60 cm hohe Pflanze. Blüten sitzend; Krone glockig, mit 5–8 kurzen Zipfeln, blaßgelb und violett gepunktet. Blütezeit: VIII. Standort: Rasen. Verbreitung: Gebirge Mitteleuropas. Inhaltsstoffe und Anwendung: Wie bei Gelber Enzian (62).

Tip für die Anwendung zu Hause: Wie bei Gelber Enzian (62).

Wichtig: Die Pflanze ist geschützt. Nicht sammeln!

64 Salbei-Gamander

Teucrium scorodonia
(Lippenblütler)

Bis 50 cm hohe, kurzzottig behaarte Pflanze. Stengel aufrecht, 4kantig. Blätter gegenständig, gestielt, bis 7 cm lang, eiförmig mit herzförmigem oder gestutztem Grund, ringsum gekerbt bis gezähnt, runzelig. Blüten einzeln oder

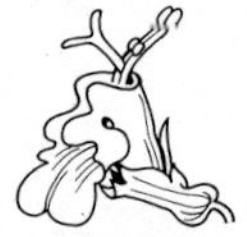

Blüte T. scorodonia

paarweise in den Achseln kleiner, eiförmiger Tragblätter, in einseitswendigen Blütenständen. Kelch röhrig-glockenförmig, am Grund mit einer deutlichen Ausbuchtung, 2lippig, der obere, aufgebogene, breiteiförmige Zahn viel größer als die übrigen. Krone blaßgelb, 9–12 mm lang, scheinbar ohne Oberlippe; Unterlippe herabgekrümmt, 5lappig. Blütezeit: VI–X. Standort: Lichte Wälder, Heiden, Gebüsche. Verbreitung: Fast ganz Europa. Inhaltsstoffe: Ätherisches Öl, Gerbstoffe, Bitterstoffe, Flavonoide, Anthrachinone. Anwendung: In der Homöopathie bei Tuberkulose und Bronchialkatarrh.

links
62
rechts
63

64

65 Gelber Hohlzahn

Galeopsis segetum
(Lippenblütler)

Bis 30 cm hohe, verzweigte, flaum- und drüsenhaarige Pflanze. Stengel an den Knoten nicht verdickt. Blätter kreuzgegenständig, gestielt, lanzettlich bis eiförmig, am Rand stumpfgezähnt, am Grund keilförmig verschmälert, beiderseits seidig anliegend behaart. Blüten zu 4–8 gedrängt in 1–4 übereinanderstehenden Scheinquirlen. Kelch röhrig-glockig, 5zähnig, 0,9–1 cm lang. Krone 2,5–3 cm lang, schwefelgelb, 2lippig, mit langer Röhre, kurzer Oberlippe und etwas längerer, herabgeschlagener, 3lappiger Unterlippe, im Schlund lebhaft gelb oder mit rotvioletter Zeichnung. Blütezeit: VII–VIII. Standort: Gebüsch, Wegränder, Steinbrüche, Äcker; nur auf kalkarmem Boden. Verbreitung: Im westlichen Europa, nach Osten bis Ungarn, Kroatien und Rumänien.
Inhaltsstoffe: Kieselsäure, Saponine, Gerbstoffe, Bitterstoffe, wenig ätherisches Öl.
Anwendung: In der Medizin bei chronischen Katarrhen der Atemwege. In der Homöopathie bei Nierenleiden, Blasenbeschwerden und Erkrankungen der Milz.

> **Tip für die Anwendung zu Hause:** Als Hustentee: 2 Teelöffel Droge mit ¼ l kochendheißem Wasser übergießen, 10 Minuten ziehen lassen. Täglich 2–3 Tassen, mit Honig gesüßt.

66/67 Kleinblütige Königskerze

Verbascum thapsus
(Braunwurzgewächse)

Bis 1,8 m hohe, filzigbehaarte Pflanze. Blätter elliptisch, die oberen flügelartig bis zum nächsten Blatt am Stengel herablaufend, die unteren gestielt. Blüten kurzgestielt, in einer dichten ährigen Traube. Krone weittrichterförmig, 5zipfelig, 18–22 mm breit. Staubbeutel der längeren Staubblätter kaum herablaufend. Blütezeit: VII–IX. Standort: Waldränder, Kahlschläge, Schuttplätze. Verbreitung: Fast ganz Europa; Nordasien.
Ähnliche Art: **Windblumen-Königskerze,** *Verbascum phlomoides* (obere Blätter nur wenig herablaufend, Blüten flach, 30–35 mm breit, Staubbeutel deutlich herablaufend), an ähnlichen Standorten.
Inhaltsstoffe: Schleim, Saponine, Flavonylglykoside, wenig ätherisches Öl.
Anwendung: In der Medizin bei Erkrankungen der Atemwege, Husten. In der Homöopathie bei Gesichtsneuralgie und Ohrenschmerzen.

> **Tip für die Anwendung zu Hause:** Als Hustentee: 1–2 Teelöffel Drogenmischung aus Königskerze, Eibisch, Huflattich und Anis mit ¼ l kochendheißem Wasser übergießen und 10 Minuten ziehen lassen. Täglich 2–3 Tassen, mit Honig gesüßt.

links
66
rechts
67

68 Gemeines Leinkraut

Linaria vulgaris
(Braunwurzgewächse)

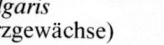

Bis 60 cm hohe, vielstengelige, kahle Pflanze. Stengel aufrecht, dichtbeblättert. Blätter wechselständig, lanzettlich bis linealisch, spitz, 1nervig, etwas bläulichgrün, am Grund stielartig verschmälert. Blüten in einer dichten Traube, kurzgestielt. Kelch glockig mit 5 lanzettlichen Zipfeln. Blütenkrone hellgelb, 16–30 mm lang, verwachsen, 2lippig, die Oberlippe mit einem orangefarbenen Gaumen den Eingang verschließend, am Grund mit einem etwa 10 mm langen Sporn. Frucht eine sich mit 4–10 Zähnen öffnende, 7–8 mm lange Kapsel. Samen scheibenförmig, etwa 2 mm breit. Blütezeit: VI–X. Standort: Trockenrasen, steinige Hänge, Wegränder, Schuttplätze, Äcker. Verbreitung: Fast ganz Europa; Westasien.

Inhaltsstoffe: Flavonglykoside; im übrigen noch wenig erforscht.

Anwendung: In der Homöopathie bei Durchfällen, Dickdarmentzündungen, Blasenschwäche, Bettnässen.

69 Großblütiger Fingerhut

Digitalis grandiflora
(Braunwurzgewächse)

Bis 1 m hohe, behaarte Pflanze. Stengel aufrecht, unverzweigt. Blätter wechselständig, sitzend, länglich, spitz, unregelmäßig gesägt. Blüten in einer dichten, später lockeren, einseitswendigen Traube, kurzgestielt. Kelch 5teilig, mit ungleichen Zipfeln, drüsigbehaart. Krone bauchig-glockig, 3–4,5 cm lang, hellgelb mit braunen Adern, schwachlippig; Oberlippe stumpf, ganzrandig. Blütezeit: VI–VII. Standort: Waldränder, Gebüsche, Staudenfluren. Verbreitung: Mitteleuropa, Süd- und Osteuropa; ostwärts bis Sibirien.

Ähnliche Art: **Gelber Fingerhut,** *Digitalis lutea* (Pflanze meist kahl, Krone 2–2,5 cm lang mit spitz 2zipfeliger Oberlippe), an ähnlichen Standorten, auf Kalk.

Inhaltsstoffe: Herzwirksame Glykoside.

Anwendung: In der Medizin selten bei Herzleiden.

Wichtig: Die Pflanze ist **tödlich giftig.** Nicht sammeln! Keine Selbstbehandlung!

70 Wolliger Fingerhut

Digitalis lanata
(Braunwurzgewächse)

Bis 1 m hohe Pflanze. Blätter fast kahl, schmallanzettlich, am Rand schwach gezähnt. Blütenstand wolligbehaart, allseitswendig. Blüten gestielt. Blütenkrone bauchig-glockig, 2–3 cm lang, gelblich mit braunen Adern und weißer Unterlippe. Blütezeit: VI–VII. Standort: Zur Drogengewinnung angebaut. Verbreitung: Südosteuropa.

Inhaltsstoffe: Etwa 60 verschiedene herzwirksame Glykoside, Saponine, Flavonoide.

Anwendung: In der Medizin als standardisierte Drogenpräparate bei schweren Herzerkrankungen.

Wichtig: Die Pflanze ist **tödlich giftig.** Keine Selbstbehandlung!

links
69
rechts
70

71 Echtes Labkraut

Galium verum
(Rötegewächse)

Bis 60 cm hohe Pflanze. Stengel aufsteigend oder aufrecht, rundlich, mit 4 erhabenen Längslinien. Blätter zu 8–12 in einem Quirl, schmallinealisch, stachelspitzig, am Rand nach unten umgerollt, etwa 1 mm breit, unterseits flaumigbehaart, mit nur 1 Längsnerv. Blüten klein, zahlreich, in einem dichten, reichverzweigten endständigen Blütenstand. Kelch fehlend. Krone 4zipfelig, 2–3 mm breit, ausgebreitet, stark nach Honig duftend. Blütezeit: VI–IX. Standort: Trockenrasen, Wegränder, lichte Wälder. Verbreitung: Fast ganz Europa; Kleinasien.

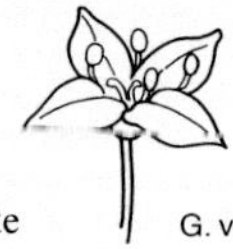

Blüte

Ähnliche Art: **Wirtgens Labkraut,** *Galium wirtgenii* (Blätter bis 2 mm breit, unterseits kahl, Blütenstand unterbrochen, Blüten geruchlos), blüht bereits V–VI, in Feuchtwiesen.
Inhaltsstoffe: Glykoside, Gerbstoffe, Aucubin, Flavonoide.
Verwendung: Früher zur Milchgerinnung.

Tip für die Anwendung zu Hause: Zur Entwässerung bei Wasseransammlungen in den Beinen: 2 Teelöffel Droge mit ¼ l kaltem Wasser ansetzen, zum Sieden erhitzen und 2 Minuten kochen lassen. 2–3 Tassen täglich.

72 Riesen-Goldrute

Solidago gigantea
(Korbblütler)

Bis 2,5 m hohe Pflanze. Stengel aufrecht, bis zum Blütenstand unverzweigt, im unteren Teil kahl. Blätter wechselständig, lanzettlich, beidendig lang zugespitzt, scharf- und feingesägt, beiderseits kahl oder unterseits an den Nerven etwas behaart. Blütenköpfchen klein, 5–6 mm lang, aufrecht, in dichten Trauben oder schmalen Rispen an abstehenden, bogig überhängenden Ästen angeordnet. Hüllschuppen länglich, stumpf. Zungenblüten etwas länger als Hülle und Röhrenblüten. Frucht klein, mit Pappus. Blütezeit: VIII–X. Standort: Auwälder, Hochstaudenfluren, Wegränder. Verbreitung: Nordamerika; bei uns als Zierpflanze angebaut und eingebürgert.
Ähnliche Art: **Kanadische Goldrute,** *Solidago canadensis* (Stengel und Blattunterseite dichtbehaart, Zungenblüten nicht länger als die Hülle und die Röhrenblüten), an ähnlichen Standorten.

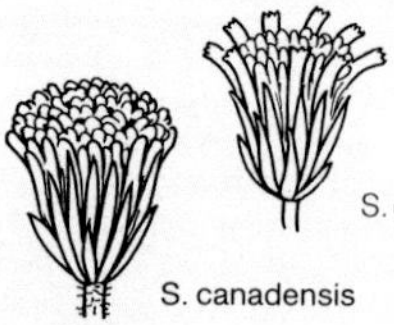

Blütenköpfchen

Inhaltsstoffe: Alkaloide, Saponin, Gerbstoffe, Flavonoide.
Anwendung: In der Medizin als harntreibendes Mittel in verschiedenen pharmazeutischen Präparaten.

71

72

73/74 Echte Goldrute

Solidago virgaurea
(Korbblütler)

Bis 1 m hohe Pflanze. Stengel zu mehreren, aufrecht, kahl oder oberwärts flaumigbehaart. Blätter wechselständig, die unteren eiförmig bis elliptisch, grobgesägt, kahl oder spärlichbehaart, am Grund rasch in den geflügelten Stiel zusammengezogen; die oberen allmählich kürzer gestielt, elliptisch oder lanzettlich, feingesägt bis ganzrandig, die obersten sitzend. Blütenköpfchen in einem traubigen oder schmalrispigen Blütenstand, 7–18 mm lang und 10–15 mm breit. Hüllschuppen schmallanzettlich, häutig berandet. Zungenblüten 8–12, deutlich länger als die Hülle und die Röhrenblüten. Frucht 3–4 mm lang, mit Pappus. Blütezeit: VII–X. Standort: Magerrasen, Kahlschläge, in Latschengebüschen. Verbreitung: Fast ganz Europa; Nordasien, Nordamerika.

Inhaltsstoffe: Saponin, ätherisches Öl, Gerbstoffe, Flavonoide.

Anwendung: In Medizin und Homöopathie als harntreibendes Mittel, bei Blasen- und Nierenentzündungen.

Tip für die Anwendung zu Hause: Bei Blasen- und Nierenentzündung und bei schmerzhafter Harnentleerung: 1–2 Teelöffel Droge mit ¼ l kaltem Wasser ansetzen, zum Sieden erhitzen und 2 Minuten ziehen lassen. 3 Tassen täglich.

75 Sand-Strohblume

Helichrysum arenarium
(Korbblütler)

Bis 30 cm hohe, grau- bis weißwolligbehaarte Pflanze. Stengel aufrecht oder aufsteigend, einfach oder oberwärts verzweigt. Blätter wechselständig, die unteren schmal verkehrteiförmig, allmählich in den Stiel verschmälert, die oberen lanzettlich bis linealisch, spitz, mit gerundetem Grund sitzend. Blütenköpfchen kugelig, 6–7 mm breit, zu 3–20 in dichten, endständigen Doldentrauben angeordnet. Hüllschuppen zahlreich, dachziegelartig angeordnet, von außen nach innen länger werdend, trockenhäutig, lebhaft zitronen- oder orangegelb. Blüten alle röhrig, gelb. Früchte 1 mm lang, mit Pappus. Blütezeit: VII–X. Standort: Trockenrasen, Heiden, sandige Orte, Dünen, Wegränder, lichte Kiefernwälder. Verbreitung: Mittel- und Osteuropa; Kaukasus.

Inhaltsstoffe: Bitterstoffe, Gerbstoffe, ätherisches Öl, Flavonoide.

Anwendung: In der Medizin zur Anregung von Magensaft- und Galleabsonderung sowie zur Stärkung der Bauchspeicheldrüse. In Teemischungen als Schönungsdroge. In der Homöopathie bei Ischiasschmerzen.

Wichtig: Im Rückgang befindliche Art! Nicht sammeln!

links
74
rechts
75

76 Echter Alant

Inula helenium
(Korbblütler)

Bis 1,5 m hohe, behaarte Pflanze. Wurzelstock ästig, knollig verdickt. Stengel steif aufrecht, einfach oder oberwärts verzweigt. Blätter wechselständig, die unteren eiförmig bis elliptisch, spitz, am Rand ungleich gekerbt oder stumpfgezähnt, oberseits zerstreut kurzhaarig, unterseits graufilzig, am Grund allmählich in den langen Stiel verschmälert, die oberen herzeiförmig bis breitelliptisch, spitz, mit herzförmigem Grund sitzend oder kurz am Stengel herablaufend. Blütenköpfe sehr groß, 6–7 cm breit, einzeln oder zu wenigen in einer lockeren Doldentraube. Hüllschuppen mehrreihig, an der Spitze mit einem großen, herzförmigen, blattartigen, zurückgekrümmten Anhängsel. Zungenblüten zahlreich, 1,5 mm breit, die Hülle um das Doppelte überragend. Früchte 5 mm lang, mit Pappus. Blütezeit: VI–X. Standort: In Mitteleuropa nur kultiviert. Verbreitung: Südosteuropa; Südwestasien.

Inhaltsstoffe: Ätherisches Öl, Inulin, Bitterstoffe.

Anwendung: In der Medizin als schleimlösendes Mittel bei chronischem Husten und Keuchhusten sowie bei Asthma.

Tip für die Anwendung zu Hause: Bei Husten und Verschleimung der Atemwege: 1 Teelöffel Droge mit ¼ l kochendheißem Wasser übergießen und 5 Minuten ziehen lassen. 2- bis 4mal täglich 1 Tasse, mit Honig gesüßt.

77 Sonnenblume

Helianthus annuus
(Korbblütler)

Einjährige, bis 3 m hohe, rauhhaarige Pflanze. Stengel aufrecht, bis 10 cm dick. Blätter wechselständig, gestielt, herzförmig bis dreieckig, zugespitzt, am Rand gekerbt-gesägt, mit 3 Hauptnerven, beiderseits kurzborstig behaart. Blütenköpfe sehr groß, scheibenförmig, bis 30 cm breit. Hüllschuppen dachziegelartig angeordnet, eiförmig, spitz, krautig. Zungenblüten bis 10 cm lang und 2 cm breit, goldgelb; Röhrenblüten braun bis grünbraun. Früchte verkehrteiförmig bis schwachkegelförmig, seitlich abgeflacht, 8–17 mm lang und 4–9 mm breit, dicht kurz samtartig behaart, strohgelb bis tiefschwarz. Blütezeit: VIII–X. Standort: In Mitteleuropa nur kultiviert. Verbreitung: Nordamerika.

Inhaltsstoffe: Blütenblätter: Flavonglykoside, Anthocyanglykoside, Xanthophyll, Sapogenin, Solanthussäure; Früchte: fettes Öl mit ungesättigten Fettsäuren, Carotinoide, Lecithin.

Anwendung: In der Medizin als Tinktur bei Malaria und Tuberkulose, bei Venenerkrankungen.

Weitere Verwendung: Als wertvolles Speiseöl (Vorbeugungsmittel bei Arteriosklerose). Zu Hautpflegemitteln.

Tip für die Anwendung zu Hause: Schmerzende Glieder und schlecht heilende Wunden massiert man mit dem fetten Öl aus den Samen oder legt mit Öl getränkte Lappen auf.

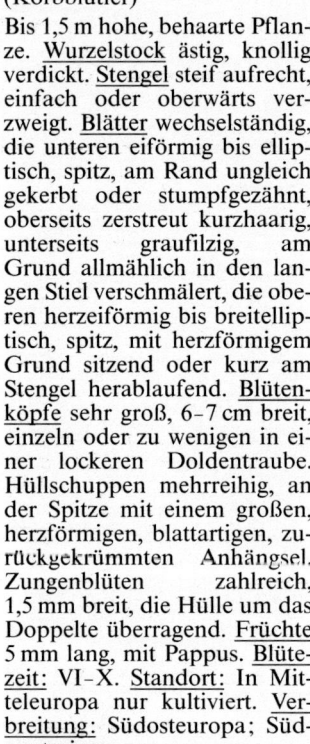

76

77

78 Wermut

Artemisia absinthium
(Korbblütler)

Bis 1 m hohe, silbergrau seidigbehaarte Pflanze, von zahlreichen eingesenkten Öldrüsen punktiert, stark aromatisch-bitter schmeckend. Stengel aufrecht, verzweigt, reichbeblättert. Blätter wechselständig, die grundständigen bis 25 cm lang, langgestielt, Blattspreite 3fach fiederteilig, Zipfel lanzettlich, stumpf; Stengelblätter kürzer gestielt und weniger zerteilt, die obersten 3spaltig oder ungeteilt, sitzend. Blütenköpfe in einer reichästigen Rispe, 3–4 mm breit, nickend. Hüllschuppen hautrandig, gleichlang. Blüten alle röhrig. Früchte 1,5 mm lang, ohne Pappus. Blütezeit: VII–IX. Standort: Auf Ödland, Felshängen, an Wegrändern. Verbreitung: In den Trockengebieten Europas und Asiens; Nordafrika. In vielen Gebieten eingebürgert. Inhaltsstoffe: Ätherisches Öl, vor allem Thujon, Bitterstoff Absinthin, Proazulen.
Anwendung: In der Medizin bei Appetitlosigkeit, Verdauungsstörungen, Leber- und Galleleiden. In der Homöopathie gegen epileptische Anfälle, nervöse und hysterische Krämpfe.
Weitere Verwendung: Als Gewürz zu fetten Speisen.

Tip für die Anwendung zu Hause: Zur Appetitanregung und bei Verdauungsbeschwerden: 1 Teelöffel Droge mit ¼ l kochendheißem Wasser übergießen, 10 Minuten ziehen lassen. Täglich 3 Tassen nach dem Essen.

79/80 Huflattich

Tussilago farfara
(Korbblütler)

Bis 25 cm hohe Pflanze. Blütenstengel (Foto Mitte) vor den Blättern erscheinend, dicht spinnwebig- bis weißfilzigbehaart, mit lanzettlichen, bleichrötlichen Schuppenblättern besetzt. Blütenköpfchen 3–4 cm breit; Hüllschuppen 1reihig, Zungenblüten linealisch, bis 14 mm lang. Blätter (Foto unten) grundständig, gestielt, rundlich mit herzförmiger Bucht, am Rand grob-, dazwischen feingezähnt, oberseits schwachbehaart, unterseits dicht weißfilzig. Blütezeit: III–IV. Standort: Wegränder, feuchte Äcker, Schuttplätze. Verbreitung: Fast ganz Europa; Nordasien, Nordafrika. Inhaltsstoffe: Schleim, Bitterstoffe, Gerbstoffe, ätherisches Öl.

Tip für die Anwendung zu Hause: Als Hustentee: 2 Teelöffel Droge mit ¼ l kochendheißem Wasser übergießen, 10 Minuten ziehen lassen. 3 Tassen täglich, mit Honig gesüßt.

Verwechslung: **Gemeine Pestwurz,** *Petasites hybridus* (→ Zeichnung S. 238) (Blütenköpfe mit weißlichrötlichen Zungenblüten. Blätter größer, bis 20 cm breit, herzförmig, gleichmäßiger gezähnt, unterseits meist nur an den Nerven graufilzig behaart).

78

79

80

81 Arnika

Arnica montana
(Korbblütler)

Bis 60 cm hohe, drüsigbehaarte, aromatisch riechende Pflanze. Stengel aufrecht, einfach oder wenig ästig. Grundblätter eine Rosette bildend, eiförmig bis verkehrteiförmig, ganzrandig, mit 5-7 unterseits hervortretenden Längsnerven, gestielt; Stengelblätter in 1-2 Paaren, gegenständig, kleiner, sitzend. Blütenköpfe einzeln oder zu 3, seltener zu mehreren, endständig, 5-8 cm breit. Hüllschuppen in 1-3 Reihen, lanzettlich, spitz. Zungenblüten schmal, strahlend, 2- bis 3mal länger als die Hülle. Früchte 5 mm lang, mit Pappus. Blütezeit: VI-VIII. Standort: Magerrasen, Heiden, austrocknende Hochmoore; meidet Kalk. Verbreitung: Fast ganz Europa; Sibirien.

Inhaltsstoffe: Ätherisches Öl, Bitterstoffe, Procyanidine, Flavonoide.

Anwendung: In der Medizin als entzündungshemmendes und die Wundheilung förderndes Mittel äußerlich bei Muskelzerrungen und Quetschungen, schlecht heilenden Wunden, Blutergüssen, bei rheumatischen Beschwerden, zum Gurgeln bei Entzündungen von Zahnfleisch, Mundhöhle und Rachen. Innerlich als herz- und kreislaufstärkendes Mittel und bei Venenerkrankungen. In der Homöopathie bei Venenentzündungen, Blutergüssen, Herzschwäche, Arteriosklerose und Angina pectoris.

Wichtig: Die Pflanze ist geschützt. Nicht sammeln! Keine Selbstbehandlung!

82 Ringelblume

Calendula officinalis
(Korbblütler)

Bis 50 cm hohe, behaarte, unangenehm harzig riechende Pflanze. Stengel aufrecht, meist erst im oberen Teil verzweigt. Blätter lanzettlich bis schmal verkehrteiförmig, die unteren in einen Stiel verschmälert, die oberen mit gestutztem oder fast herzförmigem Grund sitzend. Blütenköpfe einzeln an den Enden der Äste, 2-5 cm breit. Hüllschuppen lanzettlich, zugespitzt, wimperigbehaart. Zungenblüten zahlreich, 15-20 mm lang, doppelt so lang wie die Hülle. Scheibenblüten röhrig, bei Kultursorten oft alle in Zungenblüten umgewandelt. Früchte in einem Köpfchen verschiedenartig, alle eingekrümmt, die äußeren kahnförmig, 3flügelig, die inneren kreisrund eingerollt. Blütezeit: VI-IX. Standort: Als alte Kultur- und Zierpflanze in vielen Teilen der Erde angebaut. Heimat nicht genau bekannt.

Inhaltsstoffe: Ätherisches Öl, Saponine, Bitterstoffe, Carotinoide, Flavonoide.

Anwendung: In Medizin und Homöopathie äußerlich bei schlecht heilenden Wunden, Entzündungen, Geschwüren, zum Gurgeln bei Mund- und Rachenentzündungen.

Tip für die Anwendung zu Hause: Zu Umschlägen und Waschungen bei schlecht heilenden Wunden, Abszessen und Furunkeln: 1-2 Teelöffel Droge mit ¼ l kochendheißem Wasser übergießen und 10 Minuten ziehen lassen.

81

82

83 Benediktenkraut

Cnicus benedictus
(Korbblütler)

Bis 40 cm hohe, behaarte Pflanze. Stengel aufsteigend oder aufrecht, 5kantig, gestreift, meist starkverzweigt, im unteren Teil borstig, im oberen Teil drüsigbehaart. Blätter länglich bis lanzettlich, grobgezähnt bis fiederspaltig mit dornig berandeten Abschnitten, zottigbehaart und klebrig, die unteren bis 30 cm lang, gestielt, die oberen stengelumfassend sitzend. Blütenköpfe einzeln an den Enden der Äste, bis 4 cm lang und 2 cm breit, am Grund von großen Außenhüllblättern umgeben. Hüllschuppen wenigreihig, die äußeren kurz, mit kurzem Dorn, die inneren länger mit einem fiederteiligen, gebogenen Dorn. Blüten alle röhrig. Frucht mit Pappus. Blütezeit: VI–VII. Standort: Trockene steinige Flächen, Ödland, Ackerränder, Gärten. Verbreitung: Mittelmeergebiet; Kleinasien, Kaukasus, Vorderasien.

Inhaltsstoffe: Bitterstoffe, ätherisches Öl, Gerbstoffe.

Anwendung: In der Medizin bei Leber- und Galleleiden, Magenbeschwerden, Appetitlosigkeit, zur Anregung der Verdauung.

Tip für die Anwendung zu Hause: Bei Appetitlosigkeit und Verdauungsbeschwerden: 1 Eßlöffel Droge mit ¼ l kaltem Wasser langsam zum Sieden erhitzen und 2 Minuten ziehen lassen. 2mal täglich vor den Hauptmahlzeiten 1 Tasse.

84 Kohl-Kratzdistel

Cirsium oleraceum
(Korbblütler)

Bis 1,5 m hohe, verzweigte Pflanze mit walzenförmigem, knotigem Wurzelstock. Stengel aufrecht, gefurcht, innen hohl, zerstreutbehaart bis kahl. Blätter weich, kaum stechend, eiförmig bis elliptisch, ungeteilt oder tieffiederteilig, mit lanzettlichen, gezähnten Abschnitten, kahl oder sehr kurzbehaart, die unteren gestielt, die oberen mit herzförmigem Grund stengelumfassend. Blütenköpfchen am Ende der Stengel gedrängt, 2,5–4 cm lang, von bleichgrünen Blättern eingehüllt. Hülle 1,5–2 cm lang; Hüllschuppen bräunlich, lang zugespitzt, zuweilen schwach spinnwebigbehaart. Blüten alle röhrenförmig, mit 1,5–2,5 cm langer, hellgelber Krone. Früchte 4 mm lang, hellgrau, schwachkantig, mit Pappus, der aus federigbehaarten Haarborsten besteht. Blütezeit: VI–VIII. Standort: Feuchte Wiesen, Moore, Ufer, Auwälder. Verbreitung: Fast ganz Europa; Sibirien.

Inhaltsstoffe: Alkaloide, Gerbstoffe, ätherische Öle, Harze, Flavone.

Anwendung: In der Medizin früher als Mittel gegen Rheuma und Gicht sowie regional gegen Zahnschmerzen und Krämpfe.

Wichtig: Da die Inhaltsstoffe noch zu wenig untersucht sind, wird von einer Selbstbehandlung abgeraten!

83

84

85 Gemeiner Löwenzahn

Taraxacum officinale
(Korbblütler)

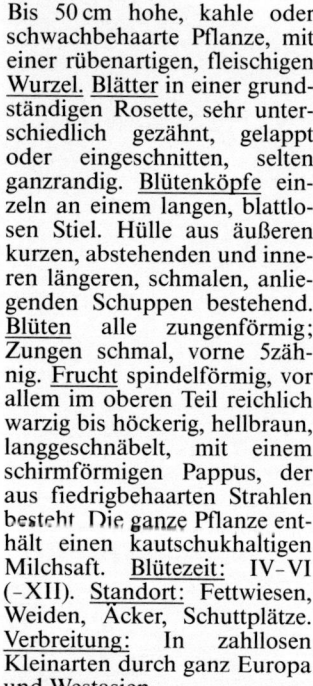

Bis 50 cm hohe, kahle oder schwachbehaarte Pflanze, mit einer rübenartigen, fleischigen Wurzel. Blätter in einer grundständigen Rosette, sehr unterschiedlich gezähnt, gelappt oder eingeschnitten, selten ganzrandig. Blütenköpfe einzeln an einem langen, blattlosen Stiel. Hülle aus äußeren kurzen, abstehenden und inneren längeren, schmalen, anliegenden Schuppen bestehend. Blüten alle zungenförmig; Zungen schmal, vorne 5zähnig. Frucht spindelförmig, vor allem im oberen Teil reichlich warzig bis höckerig, hellbraun, langgeschnäbelt, mit einem schirmförmigen Pappus, der aus fiedrigbehaarten Strahlen besteht. Die ganze Pflanze enthält einen kautschukhaltigen Milchsaft. Blütezeit: IV–VI (–XII). Standort: Fettwiesen, Weiden, Äcker, Schuttplätze. Verbreitung: In zahllosen Kleinarten durch ganz Europa und Westasien.

Inhaltsstoffe: Bitterstoffe, Gerbstoffe, wenig ätherisches Öl, Flavonoide.

Anwendung: In der Medizin und Homöopathie bei Leber- und Galleleiden, zur Anregung der Gallensekretion.

Weitere Verwendung: Die frischen jungen Blätter als Salat.

Tip für die Anwendung zu Hause: Für Blutreinigungskuren: 1–2 Teelöffel Droge mit ¼ l kaltem Wasser zum Sieden erhitzen und 1 Minute kochen lassen. 2 Tassen täglich für die Dauer von 4–6 Wochen.

86 Kleines Habichtskraut

Hieracium pilosella
(Korbblütler)

Bis 30 cm hohe, stengellose Pflanze. Blätter in einer grundständigen Rosette, länglich bis verkehrteiförmig, vorne stumpf bis spitz, am Grund in eine Art Stiel zusammengezogen, oberseits und am Rand borstig bewimpert, unterseits weißfilzig. Aus der Rosette entspringen beblätterte lange Ausläufer, die an der Spitze einwurzeln können. Blütenköpfe einzeln am Ende langer, blattloser Stiele. Hülle eiförmig bis kugelig, 6–12 mm lang; Hüllschuppen linealisch spitz, mit oder ohne kurz- oder langgestielte Drüsen, meist flokkenhaarig. Blüten alle zungenförmig, gelb, oft auf der Unterseite rotstreifig. Früchte mit Pappus. Die Pflanzen enthalten einen weißen Milchsaft. Blütezeit: V–X. Standort: Trockenrasen, Heiden. Verbreitung: Fast ganz Europa; Nordasien, Nordamerika.

Inhaltsstoffe: Bitterstoffe, Gerbstoffe, Umbelliferon, Flavonoide.

Anwendung: In der Medizin selten gegen Herz- und Kreislaufbeschwerden.

Tips für die Anwendung zu Hause: Innerlich bei leichten Durchfällen. Äußerlich zum Gurgeln bei Entzündungen im Mund- und Rachenraum: 2 Teelöffel Droge mit ¼ l kochendheißem Wasser übergießen, 10 Minuten ziehen lassen. Täglich 2 Tassen trinken oder zum Gurgeln verwenden.

85

86

87/88 Herbstzeitlose

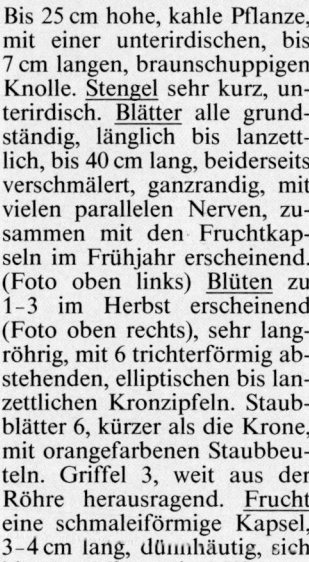

Colchicum autumnale
(Liliengewächse)

Bis 25 cm hohe, kahle Pflanze, mit einer unterirdischen, bis 7 cm langen, braunschuppigen Knolle. Stengel sehr kurz, unterirdisch. Blätter alle grundständig, länglich bis lanzettlich, bis 40 cm lang, beiderseits verschmälert, ganzrandig, mit vielen parallelen Nerven, zusammen mit den Fruchtkapseln im Frühjahr erscheinend. (Foto oben links) Blüten zu 1–3 im Herbst erscheinend (Foto oben rechts), sehr langröhrig, mit 6 trichterförmig abstehenden, elliptischen bis lanzettlichen Kronzipfeln. Staubblätter 6, kürzer als die Krone, mit orangefarbenen Staubbeuteln. Griffel 3, weit aus der Röhre herausragend. Frucht eine schmaleiförmige Kapsel, 3–4 cm lang, dünnhäutig, sich bis zur Mitte mit 3 Klappen öffnend. Samen kugelig, 0,8–2 mm lang, grubig-punktiert, schwarzbraun. Blütezeit: VIII–IX. Standort: Feuchte Wiesen. Verbreitung: Fast ganz Europa.
Inhaltsstoffe: Alkaloid Colchicin und Nebenalkaloide.
Anwendung: In der Medizin gegen Gicht, vor allem bei akuten Anfällen, sowie bei Leukämie. In der Homöopathie bei Gicht, Gelenkrheumatismus, Magen- und Darmkatarrhen, Kopfneuralgien, Herz- und Kreislaufstörungen.
Wichtig: Die Herbstzeitlose ist **tödlich giftig.** Nicht sammeln! Keine Selbstbehandlung!

89 Schlangenknöterich

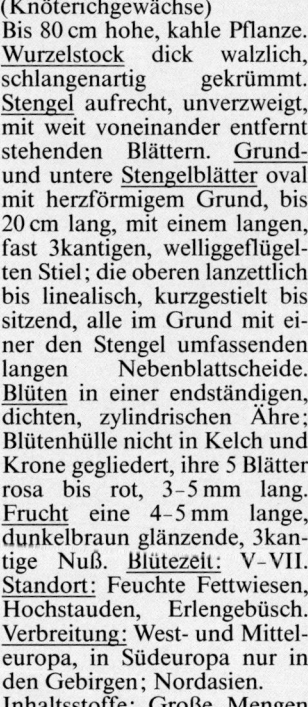

Polygonum bistorta
(Knöterichgewächse)

Bis 80 cm hohe, kahle Pflanze. Wurzelstock dick walzlich, schlangenartig gekrümmt. Stengel aufrecht, unverzweigt, mit weit voneinander entfernt stehenden Blättern. Grund- und untere Stengelblätter oval mit herzförmigem Grund, bis 20 cm lang, mit einem langen, fast 3kantigen, welliggeflügelten Stiel; die oberen lanzettlich bis linealisch, kurzgestielt bis sitzend, alle im Grund mit einer den Stengel umfassenden langen Nebenblattscheide. Blüten in einer endständigen, dichten, zylindrischen Ähre; Blütenhülle nicht in Kelch und Krone gegliedert, ihre 5 Blätter rosa bis rot, 3–5 mm lang. Frucht eine 4–5 mm lange, dunkelbraun glänzende, 3kantige Nuß. Blütezeit: V–VII. Standort: Feuchte Fettwiesen, Hochstauden, Erlengebüsch. Verbreitung: West- und Mitteleuropa, in Südeuropa nur in den Gebirgen; Nordasien.
Inhaltsstoffe: Große Mengen an Gerbstoffen, daneben Stärke, Eiweiß, Spuren von Anthrachinon.

Tips für die Anwendung zu Hause: Zum Gurgeln bei Entzündungen im Mund- und Rachenraum sowie für Umschläge bei entzündeten Wunden: 2 Teelöffel Droge mit ¼ l lauwarmem Wasser ansetzen und 5 Stunden stehen lassen.

links
87

rechts
88

89

90 Gemeines Seifenkraut

Saponaria officinalis
(Nelkengewächse)

Bis 70 cm hohe, meist kahle Pflanze. Stengel aufrecht. Blätter gegenständig, lanzettlich, sitzend. Blüten in end- und blattachselständigen Büscheln. Kelch röhrig, 17–20 mm lang, mit 5 Zähnen. Kronblätter 5, 30–40 mm lang, am Schlundeingang mit 2 mm langer, zerschlitzter Schuppe. Frucht eine 1fächerige Kapsel. Blütezeit: VI–IX. Standort: Wegränder, Schuttplätze, Flußufer. Verbreitung: Europa; Westasien.
Inhaltsstoffe: Saponine.
Anwendung: In der Medizin als schleimlösendes Mittel bei Bronchialkatarrh.

91 Sommer-Adonisröschen

Adonis aestivalis
(Hahnenfußgewächse)

Bis 40 cm hohe, kahle Pflanze. Blätter sitzend, mehrfach fiederteilig mit 1 mm breiten Zipfeln. Blüten einzeln, endständig, 1–3,5 cm breit. Kelchblätter 5, kahl. Kronblätter 5–8, länglich. Staubblätter zahlreich. Früchtchen auf der Oberseite gekielt, meist mit 2 Zähnen, an der Spitze mit kurzen, geradem Schnabel. Blütezeit: V–VII. Standort: Getreideäcker; meist auf Kalk. Verbreitung: Südeuropa, Asien; in Mitteleuropa selten als Ackerunkraut.
Ähnliche Art: **Flammen-Adonisröschen,** *Adonis flammea* (Stengel am Grund weichbehaart, Kelchblätter außen behaart; Früchtchen auf der Unterseite mit einem deutlichen Zahn, seitlich unter der Spitze mit einem gekrümmten Schnabel), Standort wie bei Sommer-Adonisröschen (91).
Inhaltsstoffe: Herzwirksames Glykosid Adonin.
Anwendung: In der Medizin früher bei Herzschwäche und Herzbeschwerden.
Wichtig: Die Pflanzen dürfen wegen ihrer Seltenheit nicht gesammelt werden!

92 Gemeiner Erdrauch

Fumaria officinalis
(Erdrauchgewächse)

Bis 30 cm hohe, kahle Pflanze. Stengel schwach, oft fast klimmend. Blätter gestielt, 2fach gefiedert, mit lanzettlichen Zipfeln. Blüten in 10- bis 50blütigen, blattachselständigen Trauben. Kelchblätter 2, seitlich an der Blüte, gezähnt, 1,5–2 mm lang. Krone 6–9 mm lang, 2lippig, am Grund mit einem stumpfen Sporn. Frucht eine fast kugelige, 2–3 mm breite Nuß. Blütezeit: IV–X.

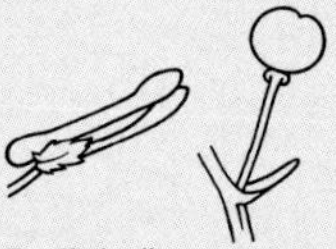

F. officinalis

Blüte und Frucht

Standort: Äcker, Gärten. Verbreitung: Europa; Westasien, Nordafrika.
Inhaltsstoffe: Alkaloide, Fumarsäure, Bitterstoffe, Flavonoide.
Anwendung: In der Medizin bei Galleleiden.

links
90
rechts
91

92

93 Klatschmohn

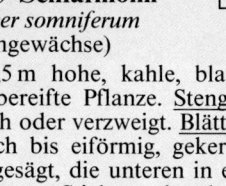

Papaver rhoeas
(Mohngewächse)

Bis 70 cm hohe, anliegend- oder abstehendbehaarte Pflanze. Stengel aufrecht. Blätter länglich, fiederteilig mit gezähnten Abschnitten, die unteren stielartig verschmälert, die oberen sitzend. Blüten einzeln, endständig, bis 8 cm breit. Kelchblätter 2, grün, abstehend, borstigbehaart, rasch abfallend. Kronblätter 4, scharlachrot, am Grund mit einem oft weißberandeten, tiefschwarzen Fleck. Staubblätter zahlreich. Frucht eine verkehrteiförmige, 1–2 cm lange Kapsel, an der Spitze mit 8–18 scheibenförmig verwachsenen Narbenstrahlen, darunter ebensovielen Öffnungsporen. Samen klein, nierenförmig, dunkelbraun, netzig-grubig. Die ganze Pflanze enthält Milchsaft. Blütezeit: V–VII. Standort: Getreidefelder, Schuttplätze. Verbreitung: Fast weltweit.

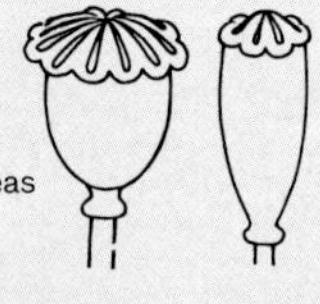

P. rhoeas P. dubium

Kapseln

Inhaltsstoffe: Alkaloide, vor allem Rhoeadin, Anthocyanglykoside, Schleim.

Anwendung: In der Medizin selten gegen Husten und Heiserkeit. Wegen der roten Farbe vielfach als Schönungsdroge.

Verwechslung: **Saatmohn,** *Papaver dubium* (Blüten 2–4 cm breit, Fruchtknoten und Frucht länglich, in eine Art Stiel verschmälert, Narbenstrahlen nur 6–9), an ähnlichen Standorten.

94/95 Schlafmohn

Papaver somniferum
(Mohngewächse)

Bis 1,5 m hohe, kahle, blaugrün bereifte Pflanze. Stengel einfach oder verzweigt. Blätter länglich bis eiförmig, gekerbt oder gesägt, die unteren in einen kurzen Stiel verschmälert, die oberen stengelumfassend sitzend. Blüten bis 10 cm breit. Kelchblätter 2, grün, rasch abfallend. Kronblätter 4, hellrot oder hellviolett, seltener weiß, am Grund mit einem dunkleren Fleck. Staubblätter zahlreich. Frucht (Foto unten links) eine fast kugelige Porenkapsel, bis 9 cm lang, die schwachtrichterige Narbenscheibe mit 5–12 Narbenstrahlen. Samen 0,9–1,6 mm lang, braunviolett. Die ganze Pflanze enthält einen weißen Milchsaft. Blütezeit: VI–VIII. Standort: Kultiviert, Heimat: Unbekannt.

Inhaltsstoffe: Im Milchsaft über 30 Alkaloide, vor allem Morphin, Codein, Papaverin, Thebain und andere, Schleim. Als Droge wird meist der getrocknete Milchsaft (Opium) genutzt.

Anwendung: In der Medizin verwendet man Opium und seine Zubereitungen bei schweren Durchfällen und zur Ruhigstellung des Darmes nach Operationen. Die Reinalkaloide Morphin vor allem bei schweren Schmerzzuständen, Codein zur Behebung starker Hustenanfälle, Papaverin bei Krampfzuständen im Magen-Darm-Bereich und der Gallen- und Harnwege.

Wichtig: Nach dem Betäubungsmittelgesetz ist der Anbau und Besitz von Droge und Reinalkaloiden unter Strafe verboten!

links
94

rechts
95

96 Wiesenschaumkraut

Cardamine pratensis
(Kreuzblütler)

Bis 30 cm hohe, fast kahle Pflanze. Grundblätter in Rosetten, gestielt, gefiedert, mit bis 14 rundlichen, seitlichen Blättchen und 1 etwas größerem Endblättchen; Stengelblätter sitzend, mit linealischen, sitzenden Blättchen. Blüten 4zählig, bis 1 cm breit. Kelchblätter 2,8–4 mm lang. Kronblätter 8–13 mm lang, blaßrosa oder fast weiß. Frucht 2–4 cm lang, 1–1,5 mm breit. Blütezeit: V–VII. Standort: Feuchte Wiesen, Gebüsche. Verbreitung: Fast ganz Europa; Asien, Nordamerika.

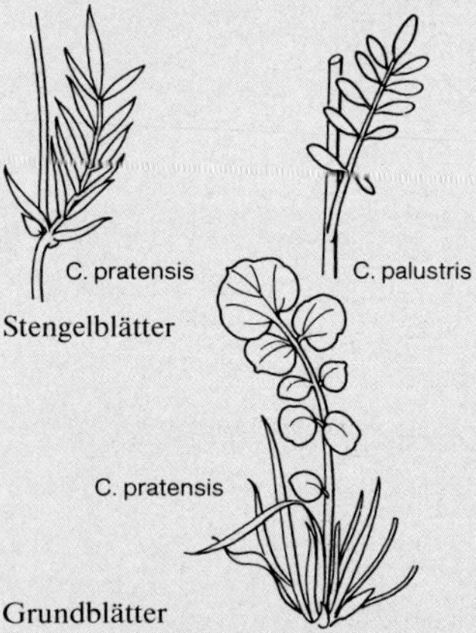

Ähnliche Art: **Sumpfschaumkraut,** *Cardamine palustris* (Kelchblätter 4–6 mm lang, Blättchen der Stengelblätter gestielt), an ähnlichen Standorten.

Inhaltsstoffe: Senfölglykoside, Vitamin C.

Anwendung: In der Homöopathie bei Magenkrämpfen.

Weitere Verwendung: Als Frühlingssalat und als Gewürz für Eintöpfe, Suppen, Käse.

97/98 Heckenrose

Rosa canina
(Rosengewächse)

Kräftiger, bis mehrere Meter hoher Strauch mit bestachelten Zweigen und Blättern. Stacheln mit langer Ansatzfläche, schwach- bis starkgekrümmt. Blätter 5- bis 7zählig gefiedert; Blättchen elliptisch, scharf unregelmäßig gezähnt, kahl; Nebenblätter schmal, groß, drüsig bewimpert. Blüten einzeln oder gebüschelt, 4–5 cm breit. Kelchblätter nach der Blüte zurückgeschlagen, die äußeren mit linealischen Fiedern, die inneren ungeteilt. Kronblätter 5, hellrosa, selten weiß. Staubblätter viele. Griffel zahlreich, frei, ein die Mündung des Kelchbechers verschließendes Narbenköpfchen bildend. Frucht eiförmig, 1,5 cm lang, fleischig, rot. Blütezeit: V–VI. Standort: Waldränder, Hecken, steinige Hänge. Verbreitung: Europa; Nordafrika, West- und Nordasien.

Inhaltsstoffe: Gerbstoffe, Fruchtsäuren, Carotinoide, Rutin, vor allem in der Frucht viel Vitamin C.

Anwendung: In der Medizin als harntreibendes Mittel bei Nieren- und Blasensteinen. Die Blütenblätter als Schönungsdroge.

Weitere Verwendung: Die Früchte zur Herstellung von Marmelade und Säften.

Tip für die Anwendung zu Hause: Bei Erkältungen und Fieber zur Steigerung der Abwehrkräfte des Körpers: 2 Teelöffel Hagebutten mit ¼ l kaltem Wasser zum Sieden erhitzen und 10 Minuten kochen lassen.

links
97

rechts
98

99 Großer Wiesenknopf

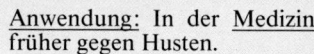

Sanguisorba officinalis
(Rosengewächse)

Bis 90 cm hohe Pflanze mit im unteren Teil beblättertem Stengel. Blätter gefiedert, mit grobgezähnten Blättchen; Grundblätter in Rosetten; Stengelblätter wechselständig, kleiner. Blüten braunrot, klein, in endständigen, dichten, länglichen Köpfen. Kelch 4zählig. Krone fehlt. Staubblätter 4. Frucht eine kantige, kleine Nuß. Blütezeit: VI–IX. Standort: Feuchte Wiesen, Gräben, Wegränder. Verbreitung: Fast ganz Europa; Kaukasus, Vorder- und Nordasien.
Inhaltsstoffe: Gerbstoffe, Saponine, Flavonoide, Vitamin C.
Anwendung: In der Homöopathie bei Krampfadern und klimakterischen Blutungen.

100 Wiesenklee

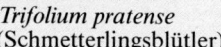

Trifolium pratense
(Schmetterlingsblütler)

Bis 50 cm hohe, anliegend- oder abstehendbehaarte Pflanze. Stengel verzweigt, beblättert. Blätter 3teilig; Blättchen verkehrteiförmig bis elliptisch, meist mit einem hellen Fleck auf der Oberseite. Blüten in kugeligen Köpfen, von den obersten Blättern umgeben. Kelch röhrig-glockig, 10nervig. Krone 1,3–1,8 cm lang; Fahne länger als Flügel und Schiffchen. Frucht klein, im vertrockneten Kelch eingeschlossen bleibend. Blütezeit: V–X. Standort: Fettwiesen, Felder. Verbreitung: Europa, Vorderasien, Nordafrika; in Amerika völlig eingebürgert.
Inhaltsstoffe: Gerbstoffe, Glykoside, Phenole.
Anwendung: In der Medizin früher gegen Husten.

Tip für die Anwendung zu Hause: Bei Husten: 4–6 getrocknete Blütenköpfchen mit ¼ l kochendheißem Wasser übergießen und 15 Minuten ziehen lassen. 2–3 Tassen täglich, mit Honig gesüßt.

101 Hasenklee

Trifolium arvense
(Schmetterlingsblütler)

Bis 40 cm hohe, graubehaarte Pflanze. Stengel aufrecht, sparrigverzweigt. Blätter wechselständig, 3teilig; Blättchen schmallänglich, an der Spitze gezähnelt, sonst ganzrandig. Blütenstände länglicheiförmig, 1–3 cm lang, 1 cm breit, gestielt, wolligbehaart. Kelch 10nervig, mit 5 federigbehaarten Zähnen. Krone 3–4 mm lang, kürzer als der Kelch, zunächst weiß, später rosa. Blütezeit: V–VIII. Standort: Wegränder, Äcker, lückige Rasen; auf kalkarmen Böden. Verbreitung: Fast ganz Europa.
Inhaltsstoffe: Gerbstoffe, ätherisches Öl, Harz.
Anwendung: In der Homöopathie bei Durchfällen, chronischer Gastritis und Gelenkrheumatismus.

Tips für die Anwendung zu Hause: Bei Durchfall: 2 Teelöffel Droge mit ¼ l kaltem Wasser zum Sieden erhitzen, 1–2 Minuten ziehen lassen. Ungesüßt täglich 3 Tassen. Der Tee kann auch zur Wundspülung äußerlich verwendet werden.

links
99
rechts
100

101

102 Dornige Hauhechel

Ononis spinosa
(Schmetterlingsblütler)

Bis 50 cm hohe, meist dornige Pflanze. Stengel meist aufrecht, verzweigt, mit 1–2 Reihen von Drüsenhaaren besetzt, sonst kahl. In den Blattachseln meist paarweise Dornen. Untere Blätter 3teilig, obere ungeteilt; Blättchen schmalelliptisch, feingezähnt, kahl oder behaart. Blüten kurzgestielt, einzeln in den Blattachseln. Krone 1–2,5 cm lang. Hülsen eiförmig, so lang wie der Kelch oder länger. Blütezeit: VII–X. Standort: Trockenrasen, Ödland, Wegränder. Verbreitung: Mitteleuropa.

Ähnliche Arten: **Kriechende Hauhechel,** *Ononis repens* (Stengel niederliegend bis aufsteigend, ringsum drüsig-zottig, Blüten einzeln in den Blattachseln, Hülse kürzer als der Kelch), an ähnlichen Standorten. – **Bockshauhechel,** *Ononis arvensis* (Stengel aufrecht, ringsum drüsig-zottig, Blüten zu 2–3 in den Blattachseln, Hülse kürzer als der Kelch), an ähnlichen Standorten.

Inhaltsstoffe: Ätherische Öle, Flavonoidglykoside, Gerbstoffe.

Anwendung: In Medizin und Homöopathie als wassertreibendes Mittel bei Blasen- und Nierenleiden, Wasseransammlungen.

103 Ruprechtskraut

Geranium robertianum
(Storchschnabelgewächse)

Bis 50 cm hohe, unangenehm riechende, zerstreutbehaarte Pflanze. Stengel zerbrechlich, verzweigt, mit stark verdickten Knoten, oft rot gefärbt. Blätter gegenständig, langgestielt, im Umriß 3- bis 5eckig, bis zum Grund 3- bis 5teilig, Abschnitte tiefzerteilt. Blüten meist paarweise, kurzgestielt. Blütenstiele und Kelch mit drüsenlosen und drüsigen Haaren. Kelchblätter 6–8 mm lang, aufrecht, mit aufgesetzter Spitze. Kronblätter 9–12 mm lang, vorne gerundet. Staubbeutel orange. Frucht schnabelartig, 1,5–2,5 cm lang. Blütezeit: V–X. Standort: Wälder, Gebüsche, Kahlschläge, Mauern. Verbreitung: Europa; fast ganz Asien, Nordamerika, Nordafrika.

Inhaltsstoffe: Gerbstoffe, Bitterstoffe, ätherisches Öl.

Anwendung: In der Homöopathie bei inneren Blutungen.

Tips für die Anwendung zu Hause: Zum Gurgeln bei Hals- und Zahnfleischentzündungen sowie zum Waschen bei blutenden Wunden: 2 Teelöffel Droge mit ¼ l kochendheißem Wasser übergießen und 5 Minuten ziehen lassen.

102

103

104 Kapuzinerkresse

Tropaeolum majus
(Kapuzinerkressengewächse)

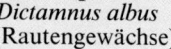

Ausdauernde (in kälteren Ländern jedoch infolge Frosteinwirkung jeden Herbst absterbende), kahle Pflanze. Stengel fleischig, 0,3–5 m langkriechend, zuweilen mit Hilfe der Blattstiele kletternd, gelegentlich an den Knoten wurzelnd. Blätter fast kreisrund, oft schwachgelappt, 3–5 cm im Durchmesser, schildförmig, das heißt, der lange, stark windende Blattstiel sitzt in der Mitte der Blattunterseite an. Blüten einzeln in den Blattachseln, langgestielt, zygomorph. Kelchblätter 5, etwas ungleich. Kronblätter 5, sehr verschieden geformt, das untere mit einem bis 2,8 mm langen Sporn. Frucht groß, in 3 1samige Teilfrüchte zerfallend. Blütezeit: Fast das ganze Jahr. Standort: Nur kultiviert. Verbreitung: Südamerika.

Inhaltsstoffe: Senfölglykosid, Glucotropaeolin.

Anwendung: In der Medizin bei Bronchitis, Infektionen der Atemwege und der Harnwege, bei Nierenentzündungen und Entzündungen des Harnleiters.

Weitere Verwendung: Die in Essig eingelegten Blütenknospen werden wie Kapern verwendet.

Tip für die Anwendung zu Hause: Die frischen Blätter in kleinen Mengen als blutreinigender Frühlingssalat.

105 Diptam

Dictamnus albus
(Rautengewächse)

Bis 1,2 m hohe, nach Zimt duftende, vor allem im oberen Teil mit zahlreichen schwarzen Drüsenpunkten versehene, abstehendbehaarte Pflanze. Blätter gestielt, gefiedert, mit 7–11 eiförmigen, feingezähnten, durchscheinend punktierten Blättchen. Blüten in einer Traube, mit bis 2,5 cm langen, drüsigen Stielen. Kelchblätter 5, länglich, etwas ungleich. Krone 5teilig, zygomorph; Kronblätter breitlanzettlich, spitz, 2–2,5 cm lang, die 4 oberen aufrecht, das untere herabgezogen. Staubblätter 10, nach vorne gebogen. Frucht 1 cm lang, 5teilig. Blütezeit: V–VI. Standort: Trockenhänge, lichte Wälder, Gebüsche. Verbreitung: Mittel- und Südeuropa; Asien.

Inhaltsstoffe: Alkaloide, Saponine, Bitterstoffe, ätherische Öle, Flavonglykoside.

Anwendung: In der Homöopathie bei Magen- und Darmerkrankungen, Blähungen, bei unregelmäßigen und schmerzhaften Monatsblutungen.

Wichtig: Der Diptam ist geschützt und darf daher nicht gesammelt werden!

104

105

106 Echter Eibisch

Althaea officinalis
(Malvengewächse)

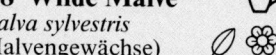

Bis 1,5 m hohe, filzigbehaarte Pflanze. Stengel aufrecht. Blätter wechselständig, kurzgestielt, dick, graugrün, seidigglänzend, die unteren dreieckig-herzförmig, mit 3–5 spitzen Lappen, die oberen eiförmig, zugespitzt, schwachgelappt bis grobgezähnt. Blüten zu wenigen in den Achseln der oberen Blätter bis 5 cm breit. Kelch 5teilig; Außenkelch 8- bis 10teilig. Kronblätter verkehrtherzförmig, am Grund bärtig, hellrosa. Teilfrüchte in einem Kreis angeordnet, dichtfilzig. Blütezeit: VII–IX. Standort: Feuchte, auch salzhaltige Wiesen. Verbreitung: Mittel- und Osteuropa; Nordasien.
Inhaltsstoffe: Schleim, Zucker, Pektin, in den Blättern auch ätherisches Öl.
Anwendung: In der Medizin bei Entzündungen im Mund- und Rachenraum sowie im Magen-Darm-Trakt.

Tip für die Anwendung zu Hause: Zum Gurgeln bei Entzündungen im Mund- und Rachenraum: 2 Teelöffel Droge mit ¼ l kaltem Wasser ansetzen und ½ Stunde stehen lassen. Erwärmt täglich 1–3 Tassen trinken oder zum Gurgeln verwenden.

107 Stockrose

Alcea rosea
(Malvengewächse)

Bis 3 m hohe Pflanze. Stengel steif aufrecht, meist unverzweigt. Blätter langgestielt, 5- bis 7lappig, runzelig, am Rand gekerbt. Blüten 1–4 in den oberen Blattachseln, 6–10 cm breit. Kelchblätter 5; Außenkelch 6- bis 9spaltig, kürzer als der Kelch. Kronblätter rot bis schwarzpurpurn, am Grund gebärtet. Teilfrüchte kahl. Blütezeit: VII–IX. Standort: Nur angebaut. Verbreitung: Vorderasien.
Inhaltsstoffe: Schleim, Anthocyane, Gerbstoffe.

Tip für die Anwendung zu Hause: Wie bei Echter Eibisch (106), jedoch Droge mit kochendheißem Wasser übergießen und 10 Minuten ziehen lassen. 1–3 Tassen täglich.

108 Wilde Malve

Malva sylvestris
(Malvengewächse)

Bis 1,2 m hohe, behaarte Pflanze. Stengel ästig. Blätter gestielt, schwach 5- bis 7teilig, Lappen eiförmig, gezähnt. Blüten in Büscheln in den Blattachseln. 5 Kelchblätter bis zur Mitte verwachsen; 2–3 freie Außenkelchblätter. Kronblätter 2–3 cm lang, tief ausgerandet. Frucht 1 cm breit; Teilfrüchte auf dem Rücken mit Grübchen. Blütezeit: V–IX. Standort: Wegränder, Ödplätze, Äcker. Verbreitung: Fast weltweit.
Inhaltsstoffe: Schleim, Anthocyanglykoside, Gerbstoffe.
Anwendung: In der Medizin bei Husten, Entzündungen im Hals, Magen und Darm.

Tip für die Anwendung zu Hause: Wie bei Echter Eibisch (106).

links
106
rechts
107

108

109/110 Seidelbast

Daphne mezereum
(Seidelbastgewächse)

Bis 1,5 m hoher, sommergrüner Strauch. Junge Äste fein kurzabstehend behaart, nur an den Zweigspitzen beblättert. Blätter kurzgestielt, verkehrtbreitlanzettlich, bis 8 cm lang und 2 cm breit, weich, kahl oder am Rand flaumig bewimpert. Blüten (Foto oben) zu 1–4, meist aber 3 an den Zweigenden in den Achseln abgefallener, vorjähriger Blätter, einen ährenartigen Blütenstand bildend, meist vor den Blättern erscheinend, angenehm aber betäubend duftend, 4–10 mm lang; Achsenbecher walzlich mit 4 abstehenden rosaroten Kelchblättern. Krone fehlt. Frucht (Foto Mitte links) eine länglicheiförmige, scharlachrote Beere. Blütezeit: II–IV. Standort: In schattigen Laub- oder Mischwäldern, Gebüschen, Zwergstrauchheiden. Verbreitung: Fast ganz Europa; Sibirien, Kleinasien, Kaukasus.

Inhaltsstoffe: Cumaringlykosid, Daphnin, Harze, Daphnetoxin, Flavonoide.

Anwendung: In der Homöopathie bei verschiedenen Hautkrankheiten, Ekzemen, Ausschlägen, Gürtelrose, offenen Beinen.

Wichtig: Die Pflanze ist **stark giftig** und geschützt. Nicht sammeln! Keine Selbstbehandlung!

111/112 Granatapfelbaum

Punica granatum
(Granatapfelbaumgewächse)

Bis 5 m hoher, sparrigästiger Strauch oder kleiner Baum. Zweige in der Jugend schmalflügelig 4- bis 6kantig, zuweilen verdornend. Blätter meist gegenständig, an den Kurztrieben büschelig angeordnet, ovallanzettlich, kahl, ganzrandig, kurzgestielt. Blüten (Foto Mitte rechts) zu 1–3 an den Zweigspitzen, 4–6 cm breit. Kelch und Achsenbecher leuchtend rot; Kelchzipfel 5–9, dreieckig. Kronblätter 5–8, zart, oft etwas zerknittert, 2–3 cm lang. Staubblätter etwa 20, nach einwärts gekrümmt. Frucht (Foto unten) eine bis 12 cm dicke Beere mit derber, dicklederiger Wand und 2 übereinanderliegenden Stockwerken mit Kammern; oberes Stockwerk 3fächerig, unteres Stockwerk 6- bis 9fächerig. Samen in einen saftigen Samenmantel gehüllt. Blütezeit: VI–X. Standort: Kultiviert. Verbreitung: Wild in Afghanistan und Pakistan; in den wärmeren Gebieten nur angepflanzt.

Inhaltsstoffe: Alkaloide und Gerbstoffe.

Verwendet wird die Wurzel- und Stammrinde.

Anwendung: In der Homöopathie bei Schwindelanfällen.

Weitere Verwendung: Die Früchte als wohlschmeckendes und erfrischendes Obst.

109

links
110
rechts
111

112

113 Winterlieb

Chimaphila umbellata
(Wintergrüngewächse)

Bis 25 cm hoher, kahler Halbstrauch. Stengel am Grund verholzt, kantig. Blätter lederig, immergrün, lanzettlich, von der Mitte an bis zur Spitze scharfgesägt, mit einem kurzen Stiel. Blütenstand bis 10 cm lang, gestielt, eine 2- bis 7blütige Dolde oder doldenartige Traube bildend. Blüten gestielt, nickend. 10–12 mm breit. Kelchblätter fast kreisrund, gezähnelt. Kronblätter 5, abstehend, breiteiförmig, gewölbt, rosa oder weiß und rosa überlaufen. Staubblätter 10; Staubbeutel rot. Griffel sehr kurz, fast ganz in eine Vertiefung des rundlichen Fruchtknotens eingesenkt; Narbe breit, etwas vertieft tellerförmig. Frucht eine 5–6 mm lange, tiefgefurchte Kapsel. Blütezeit: VI VII. Standort: In trockenen, sandigen Kiefernwäldern. Verbreitung: Mittel-, Nord- und Osteuropa; Nordasien bis Japan, Nordamerika.

Inhaltsstoffe: Arbutin (Hydrochinonglykosid), Chimaphilin, Gerbstoffe.

Anwendung: In der Homöopathie bei chronischer Blasen- und Nierenbeckenentzündung und bei Prostataleiden.

Wichtig: Die Pflanze ist geschützt. Nicht sammeln!

114 Heidekraut

Calluna vulgaris
(Heidekrautgewächse)

Bis 1 m hoher Zwergstrauch mit reichverzweigten Stengeln und Ästen. Blätter immergrün, 4zeilig angeordnet, einander dachziegelartig deckend, linealisch bis schmallanzettlich, 1–3,5 mm lang, nach oben eingerollt, sitzend. Blütenstand einseitswendig, dicht- und reichblütig, traubig. Blüten am Grund von 4 kleinen Hochblättchen (Außenkelch) umgeben. Kelchblätter 4, eiförmig, rosa, 4 mm lang, glockig zusammenneigend. Kronblätter nur halb so lang wie der Kelch, bis zur Mitte verwachsen. Staubblätter 8; Staubbeutel an der Spitze mit 2 auswärts gekrümmten Hörnchen. Frucht eine 1,5 mm lange Kapsel mit winzigen Samen. Blütezeit: VII–XI. Standort: Heiden, Moore, Kiefernwälder, Sanddünen, auf nährstoffarmen Böden. Verbreitung: Fast ganz Europa, Westsibirien; in Nordamerika eingebürgert.

Inhaltsstoffe: Arbutin (Hydrochinonglykosid), Hydrochinon, Gerbstoffe, Flavonglykoside.

Tips für die Anwendung zu Hause: Als harntreibendes Mittel, bei Blasen- und Nierenerkrankungen sowie als blutreinigendes Mittel. Äußerlich zu Waschungen bei Ekzemen. 1–2 Teelöffel Droge mit ¼ l kochendheißem Wasser übergießen und 10 Minuten stehen lassen. 2–3 Tassen täglich, lauwarm und schluckweise trinken.

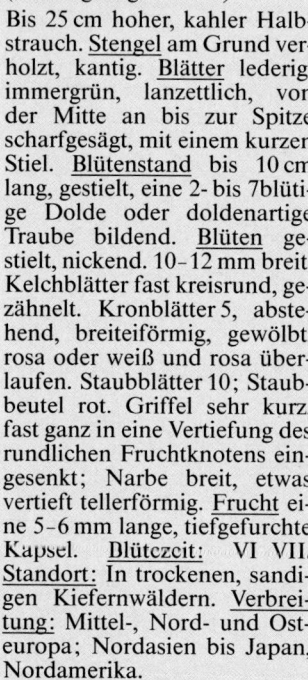

113

114

115/116 Heidelbeere

Vaccinium myrtillus
(Heidekrautgewächse)

Bis 50 cm hoher kahler, stark verzweigter Strauch. Stengel grün, kantiggeflügelt. Blätter eiförmig, zugespitzt, sehr kurz gestielt, am Rand feingesägt. Blüten (Foto oben links) einzeln in den Blattachseln, nikkend, 4–7 mm lang. Kelch mit 5 undeutlichen, stumpfen Lappen. Krone kugelig-krugförmig, blaßrosa, mit kurzen, zusammenneigenden, stumpflichen Zipfeln. Staubbeutel gelbbraun, mit 2 nach oben stehenden Hörnern. Frucht (Foto oben rechts) eine kugelige, blauschwarze Beere. Blütezeit: V–VI. Standort: Moore, schattige Wälder, Zwergstrauchheiden. Verbreitung: Mittel- und Nordeuropa, in Südeuropa nur auf den Gebirgen; Nordasien, Nordamerika.

Inhaltsstoffe: Gerbstoffe, Vitamine, Fruchtsäuren, Flavone.

Anwendung: In der Medizin zur unterstützenden Behandlung bei Diabetes.

Weitere Verwendung: Die Beeren als Kompott oder Marmelade.

Tip für die Anwendung zu Hause: Gegen Durchfall, besonders bei Kleinkindern: 3 Eßlöffel getrocknete Beeren mit ½ l kaltem Wasser zum Sieden erhitzen und 10 Minuten kochen lassen. 2- bis 3mal täglich ½ Tasse.

117 Rauschbeere

Vaccinium uliginosum
(Heidekrautgewächse)

Bis 80 cm hoher Zwergstrauch. Blätter blaugrün mit unterseits deutlich hervortretender netziger Nervatur, verkehrteiförmig oder länglich, ganzrandig. Blüten an den Enden kurzer Seitenzweige traubig angeordnet, 4–6 mm lang, hängend, 4- bis 5zählig. Kelch kurz, bleibend. Krone krugförmig bis glockig, mit 4–5 kurzdreieckigen, zurückgebogenen Zipfeln. Staubbeutel gelb. Frucht eine kugelige blaue, bereifte, 7–10 mm lange Beere. Blütezeit: V–VI. Standort: Moore, Nadelwälder, subalpiner Krummholzgürtel. Verbreitung: Mittel- und Nordeuropa; Nordasien, Nordamerika.

Inhaltsstoffe: Arbutin, Flavonglykoside, ein unbekannter Wirkstoff.

Wichtig: Die Rauschbeere ist möglicherweise schwach **giftig.**

118 Ackergauchheil

Anagallis arvensis
(Primelgewächse)

Bis 10 cm hohe, kahle Pflanze mit meist niederliegendem, 4kantigem Stengel. Blätter gegenständig, bis 2 cm lang, eiförmig, spitz, sitzend. Blüten einzeln in den Blattachseln, langgestielt, 5zählig. Kelchblätter 4–5 mm lang, am Grund verwachsen. Krone 5–7 mm lang, fast bis zum Grund geteilt, rot oder seltener blau, mit flach ausgebreiteten, am Rand drüsigbehaarten Zipfeln. Frucht eine 4–5 mm lange Deckelkapsel. Blütezeit: VI–X. Standort: Äcker, Schuttplätze, Ödland. Verbreitung: Fast weltweit.

Inhaltsstoffe: Saponine, Gerbstoffe, Flavonoide.

Anwendung: In der Homöopathie bei Ausschlägen, Leber- und Galleleiden.

Wichtig: Die Pflanze ist **giftig.** Keine Selbstbehandlung!

links
115
rechts
116

117

118

119 Purpur-Enzian

Gentiana purpurea
(Enziangewächse)

Bis 60 cm hohe, kahle Pflanze mit einem kräftigen, walzlichen Wurzelstock. Stengel aufrecht, hohl. Blätter kreuzgegenständig, schmaleiförmig, 5nervig, die unteren gestielt, die oberen sitzend. Blüten in den Achseln der obersten Blätter, zu 5–10 kopfiggehäuft. Kelch glockig, zweiteilig, einseitig bis fast zum Grund aufgeschlitzt. Krone bis 3,5 cm lang, glockig, nach oben erweitert, mit 5–8 stumpfen, 1 cm langen Zipfeln, außen rot, innen gelblich. Staubbeutel zu einer Röhre verklebt. Frucht eine längliche Kapsel. Blütezeit: VII–IX. Standort: Almweiden, Hochstaudenfluren, Bergwälder. Verbreitung: Westalpen, Apennin, Gebirge Norwegens.
Ähnliche Art: **Ungarischer Enzian,** *Gentiana pannonica* (Kelch glockig, mit 5–8 nach außen gebogenen Zipfeln), in den Ostalpen und den Karpaten.
Inhaltsstoffe: Glykosidische Bitterstoffe Gentiopikrin und Amarogentin.
Anwendung: In Medizin und Homöopathie bei Verdauungsstörungen, Appetitlosigkeit, Blähungen, mangelnder Magensaftsekretion sowie bei Leber- und Galleerkrankungen.
Weitere Verwendung: Zur Herstellung von Enzianschnaps.
Wichtig: Alle Enzian-Arten sind geschützt! Nicht sammeln!

120 Echtes Tausendgüldenkraut

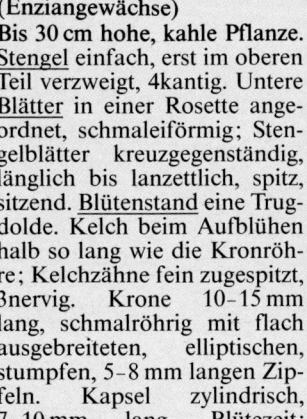

Centaurium erythraea
(Enziangewächse)

Bis 30 cm hohe, kahle Pflanze. Stengel einfach, erst im oberen Teil verzweigt, 4kantig. Untere Blätter in einer Rosette angeordnet, schmaleiförmig; Stengelblätter kreuzgegenständig, länglich bis lanzettlich, spitz, sitzend. Blütenstand eine Trugdolde. Kelch beim Aufblühen halb so lang wie die Kronröhre; Kelchzähne fein zugespitzt, 3nervig. Krone 10–15 mm lang, schmalröhrig mit flach ausgebreiteten, elliptischen, stumpfen, 5–8 mm langen Zipfeln. Kapsel zylindrisch, 7–10 mm lang. Blütezeit: VII–IX. Standort: Wiesen, Waldlichtungen, Trockenhänge. Verbreitung: Europa; Asien, Nordafrika.
Inhaltsstoffe: Bitterstoffe Gentiopikrin und Amarogentin.
Anwendung: In der Medizin bei Verdauungsbeschwerden, Appetitlosigkeit, mangelnder Magensaftsekretion, bei Leber- und Gallestörungen.
Weitere Verwendung: Als Bestandteil von Bitterschnäpsen.

> **Tip für die Anwendung zu Hause:** Bei Blähungen und mangelnder Magensaftsekretion: 1 Teelöffel Droge mit ¼ l kaltem Wasser 6–10 Stunden ziehen lassen. Erwärmt 1 Tasse vor den Mahlzeiten trinken.

Wichtig: Tausendgüldenkraut ist geschützt. Nicht sammeln! Nur käufliche Droge verwenden!

119

120

121/122 Oleander

Nerium oleander
(Hundsgiftgewächse)

Bis 5 m hoher, kahler Strauch. Blätter meist zu 3 quirlständig, immergrün, lederartig, lanzettlich, spitz, in den kurzen Stiel verschmälert; mit einem starken Mittelnerv und zahlreichen, parallel angeordneten Seitennerven, am Rand umgerollt. Blüten in endständigen, rispenartigen Trugdolden. Kelch tief 5spaltig, drüsig. Krone mit einer kurzen Röhre und 5 tellerartig ausgebreiteten, nach rechts gedrehten, schiefen, eiförmigen Zipfeln, im Schlund mit 5 gezähnten oder zerschlitzten Schuppen besetzt. Staubblätter in der Röhre eingeschlossen. Frucht 2–15 cm lange, schotenartige Balgkapseln, für längere Zeit zusammenhängend, später spreizend. Blütezeit: IV–IX. Standort: Flußufer, trockene Fluß- und Bachbette in Grundwassernähe. Verbreitung: Mittelmeergebiet.
Inhaltsstoffe: Herzwirksame Glykoside, Flavonglykoside.
Anwendung: In der Medizin als standardisierte Präparate bei Herzschwäche. In der Homöopathie bei Herzschwäche, Herzmuskelentzündung, Angina pectoris; bei Darmerkrankungen, gegen Ekzeme und Milchschorf.
Wichtig: Oleander ist **tödlich giftig.** Nicht sammeln! Keine Selbstbehandlung!

123/124 Gemeiner Beinwell

Symphytum officinale
(Rauhblattgewächse)

Bis 1,5 m hohe, dichtbehaarte Pflanze. Stengel kantiggeflügelt, unverzweigt oder im oberen Teil verzweigt. Blätter lanzettlich, die unteren gestielt und bis zu 25 cm lang, die oberen kleiner und sitzend; Flügel der Blattstiele am Stengel bis zum nächsten Blatt herablaufend. Blütenstände in den Achseln der oberen Laubblätter, dicht, einseitswendig, gekrümmt. Kelch fast bis zum Grund 5teilig. Krone 1,2–2 cm lang, röhrenförmig verwachsen, im Schlund mit 5 kleinen Schuppen, die zwischen den 5 Staubblättern stehen. Griffel aus der Krone herausragend. Blütezeit: V–VII. Standort: Feuchte Wiesen, Bachufer. Verbreitung: Europa; Asien.
Hinweis: Diese Art blüht in vielen Farbvarianten. Am häufigsten sind die Blüten purpurn oder rotviolett; weiße oder gelblichweiße Blüten findet man aber auch recht oft.
Inhaltsstoffe: Allantoin, Gerbstoffe, Schleim, Pyrrolizidin-Alkaloide.
Anwendung: In der Homöopathie bei Knochenbrüchen, Prellungen, Gelenkschmerzen, Durchblutungsstörungen.

Tip für die Anwendung zu Hause: Wegen seiner entzündungshemmenden und blutstillenden Wirkung bei Knochenverletzungen, Verstauchungen, Blutergüssen, Prellungen, schlecht heilenden Wunden, offenen Beinen und Drüsenschwellungen ein Umschlag: 100 g Beinwellwurzel in 1 l Wasser 10 Minuten kochen.

Wichtig: Vor innerlicher Anwendung, wie sie in der Volksheilkunde früher üblich war, ist dringend abzuraten!

121

122

links
123
rechts
124

125/126 Echte Hundszunge

Cynoglossum officinale
(Rauhblattgewächse)

Bis 80 cm hohe, dicht- und weichbehaarte Pflanze. Stengel dichtbeblättert, mit vielen Seitenästen. Blätter lanzettlich, bis 20 cm lang, ganzrandig, die untersten allmählich in einen geflügelten Stiel verschmälert, die oberen sitzend. Blüten am Ende der Stengel in einem einseitswendigen, tragblattlosen, traubenartigen Blütenstand, gestielt. Kelch bis zum Grund 5teilig, mit spitzen oder stumpfen, abstehenden, zur Blütezeit 4–5 mm, zur Fruchtzeit 5–7 mm langen Zipfeln. Krone zuerst violett, dann rotbraun, Röhre länger als der Kelch, etwa 6 mm breit, mit 5 kurzen dreieckigen Zipfeln, im Inneren mit 5 aus der Röhre herausragenden Schuppen. Frucht in 4 Teilfrüchte (Klausen) zerfallend, dicht mit 0,5 mm langen, widerhakigen Stacheln bedeckt. Blütezeit: V–VI. Standort: Ackerränder, Viehläger, Waldschläge, Schuttplätze. Verbreitung: Europa; Asien.

Inhaltsstoffe: Pyrrolizidin-Alkaloide, Allantoin, Gerbstoffe, ätherisches Öl, Schleim.

Anwendung: In der Medizin bei Venenentzündungen und Sportverletzungen.

Wichtig: Wegen der nierenschädigenden Wirkung der Pyrrolizidin-Alkaloide keine Selbstbehandlung!

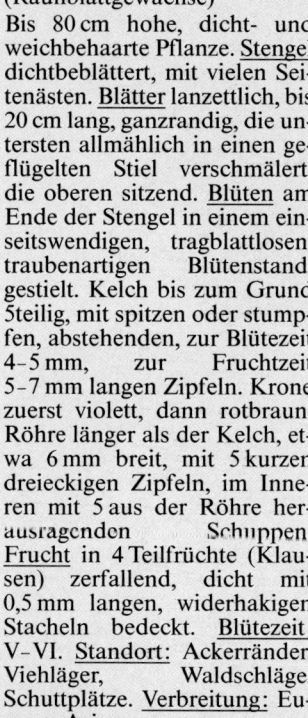

127 Bittersüßer Nachtschatten

Solanum dulcamara
(Nachtschattengewächse)

Bis 2 m hohe Pflanze. Stengel im unteren Teil verholzt, kletternd. Blätter gestielt, eiförmig bis lanzettlich, am Grund oft herzförmig oder mit 1–2 abgeteilten Abschnitten, sonst ganzrandig, beiderseits zerstreutbehaart. Blüten in langgestielten, rispenartigen, tragblattlosen Blütenständen, meist hängend. Kelch 5zähnig, bis zur Fruchtreife bleibend; Zähne rundlich-eiförmig. Krone 0,8–1,2 cm breit, am Grund verwachsen, flach ausgebreitet, mit 5 lanzettlichen, spitzen, später etwas zurückgebogenen Zipfeln. Staubblätter 5, mit goldgelben Staubbeuteln. Frucht eine eiförmige, leuchtendrote, hängende Beere. Blütezeit: VI–IX. Standort: Hekken, Auwälder, Ufer, Schlagfluren, Unkrautplätze. Verbreitung: Europa; große Gebiete Asiens.

Inhaltsstoffe: Alkaloide, Saponine, Gerbstoffe.

Anwendung: In der Homöopathie bei Rheuma, Erkältungen, Magen- und Darmkatarrhen, Hautausschlägen.

Wichtig: Wegen der Giftigkeit keine Selbstbehandlung!

links
125
rechts
126

127

128 Eisenkraut

Verbena officinalis
(Eisenkrautgewächse)

Bis 80 cm hohe Pflanze. Stengel 4kantig, oben verzweigt, an den Kanten rauhhaarig, sonst kahl. Blätter gegenständig, die unteren kaum geteilt, nur grobgezähnt, die mittleren 3- und mehrfach fiederteilig, die oberen wieder nur gezähnt. Blütenstände ährenförmig, dünn und lockerblütig, ihre Achse und der Kelch drüsig behaart. Krone 3–5 mm lang, im unteren Teil röhrenförmig, oben mit flach ausgebreitetem, schwach 2lippigem, 5teiligem Rand. Kelch röhrenförmig mit 4–5 Zähnen, 2 mm lang. Blütezeit: VII–IX. Standort: Wegränder, Ödland, Schuttplätze. Weiden. Verbreitung: Fast ganz Europa; große Gebiete Asiens, Nordafrika.

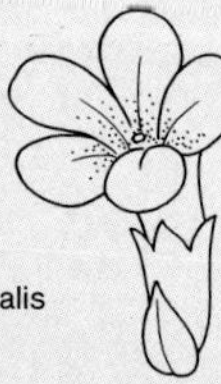

V. officinalis
Blüte

Inhaltsstoffe: Glykosid Verbenalin, Gerbstoffe, Adenosin, wenig ätherisches Öl und wenig lösliche Kieselsäure.
Anwendung: In der Homöopathie gegen Epilepsie, Schlaflosigkeit, Nervenleiden.
Wichtig: Die Pflanze wegen ihrer Seltenheit nicht sammeln!

129 Edelgamander

Teucrium chamaedrys
(Lippenblütler)

Bis 30 cm hohe Pflanze mit am Grund verholzenden Stengeln, ringsum oder in 2 Längsreihen behaart. Blätter gegenständig, eiförmig, grobgezähnt oder gekerbt, am Grund keilförmig verschmälert, im Blütenstand kleiner werdend und höchstens so lang wie die Blüten. Blütenstand einseitswendig. Blüten zu mehreren in den Achseln der oberen Blätter, kurzgestielt. Kelch röhrig-glokkig, 6–8 mm lang, ziemlich gleichmäßig 5zähnig, undeutlich 2lippig, behaart. Krone 10–12 mm lang, scheinbar nur mit Unterlippe (Oberlippe 2teilig, die Teile seitlich herabgerückt, → Zeichnung Seite 58). Staubblätter und Griffel weit aus der Kronröhre hervorragend. Ganze Pflanze beim Zerreiben würzig riechend. Blütezeit: VII–VIII. Standort: Felshänge, Trockenrasen, lichte Wälder; vorwiegend auf Kalk. Verbreitung: Große Gebiete Europas; Kleinasien, Nordafrika.
Inhaltsstoffe: Ätherisches Öl, Gerbstoffe, Bitterstoffe, Polyphenole.
Anwendung: In der Medizin früher bei Verdauungsstörungen, Appetitlosigkeit, bei Gallestörungen; äußerlich zum Baden bei schlecht heilenden Wunden.

128

129

130 Echter Ziest

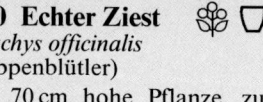

Stachys officinalis
(Lippenblütler)

Bis 70 cm hohe Pflanze, zur Blütezeit mit sterilen Blattrosetten. Stengel 4kantig, lockerbehaart. Grundständige Blätter schmaleiförmig mit herzförmigem Grund, gekerbt, langgestielt; Stengelblätter in nur 2–3 gegenständigen Paaren. Blütenstand eine dicht oder im unteren Teil unterbrochene Scheinähre. Blüten in bis 10blütigen Scheinquirlen in den Achseln kleiner, sitzender Tragblätter. Kelch glockig, 5–7 mm lang, fast gleichmäßig 5zähnig. Krone 1–1,5 cm lang, mit fast flacher Oberlippe und etwas längerer, 3lappiger Unterlippe. Staubblätter nicht unter der Oberlippe hervorragend. Blütezeit: VII–IX. Standort: Trockenrasen, Streuwiesen, lichte Wälder. Verbreitung: Fast ganz Europa; Westasien, Nordafrika.
Inhaltsstoffe: Gerbstoffe, Bitterstoffe, Betaine.
Anwendung: In der Homöopathie selten als Kräftigungsmittel bei Schwächezuständen und bei Asthma.

Tips für die Anwendung zu Hause: Bei Durchfall und Darmbeschwerden sowie zum Gurgeln bei Entzündungen der Atemwege: 1 Teelöffel Droge mit ¼ l kochendheißem Wasser übergießen und 15 Minuten ziehen lassen. 1–3 Tassen täglich; äußerlich zum Gurgeln.

131/132 Herzgespann

Leonurus cardiaca
(Lippenblütler)

Bis 1,5 m hohe, behaarte Pflanze. Stengel 4kantig, meist sehr ästig. Blätter gegenständig, gestielt, die unteren 3- bis 7spaltig, mit grobgesägten Lappen, die oberen kleiner, 3lappig oder die obersten ungeteilt. Blüten in dichten, übereinanderstehenden Scheinquirlen, sitzend. Kelch 5–8 mm lang, mit trichterförmiger Röhre und 5 starren, begrannten, etwas nach außen gebogenen Zähnen, schwach 2lippig. Krone 8–10 mm lang; Röhre kurz; Oberlippe helmförmig, außen behaart; Unterlippe 3teilig mit braunrot gezeichneten Lappen. Staubblätter mit spreizenden Staubbeutelhälften. Blütezeit: VI–X. Standort: Wegränder, Gebüsche, Schuttplätze, auf trockenen Weiden. Verbreitung: Asien; in fast ganz Europa und Nordamerika eingebürgert.
Inhaltsstoffe: Herzwirksame Glykoside, Bitterstoffe, Gerbstoffe, Alkaloide, Flavonoide, Spuren ätherischen Öls.
Anwendung: In Medizin und Homöopathie als Herzstärkungsmittel bei nervösen Herzstörungen, bei Angstzuständen, nervöser Atemnot.

Tip für die Anwendung zu Hause: Bei nervösen Herzbeschwerden: 2 Teelöffel käufliche Droge mit ¼ l kochendheißem Wasser übergießen und 10 Minuten ziehen lassen. 1 Tasse täglich.

Wichtig: Die Pflanze wegen ihrer Seltenheit nicht sammeln!

links
131

rechts
132

133 Dost

Origanum vulgare
(Lippenblütler)

Aromatisch riechende, bis 50 cm hohe, behaarte Pflanze. Stengel im unteren Teil sterile Kurzsprosse tragend, im oberen Teil verzweigt. Blätter gegenständig, oval, ganzrandig, die unteren gestielt, die oberen fast sitzend; Tragblätter des Blütenstandes klein, 3–6 mm lang, meist kahl und purpurn gefärbt. Blütenstände endständig oder an den Enden der Seitenäste, kugelige bis trugdoldige Rispen bildend. Blüten zu 1–3 in den Achseln der Tragblätter. Kelch glockig, 2,5–3,5 mm lang mit 5 gleichartigen 3eckigen Zähnen. Krone 2lippig, 4–7 mm lang, rosa, mit 5 rundlichen Zipfeln. Blütezeit: VII–IX. Standort: Trockenrasen, trockene, lichte Wälder. Verbreitung: Europa; große Teile Asiens.

Inhaltsstoffe: Ätherisches Öl, Triterpene, Bitterstoffe, Gerbstoffe.

Anwendung: In der Medizin als krampflösendes Mittel bei Keuchhusten, krampfartigen Hustenanfällen sowie bei Erkrankungen im Magen-Darm-Trakt.

Weitere Verwendung: Als Gewürz.

Tip für die Anwendung zu Hause: Bei Husten, Appetitlosigkeit und Durchfall: 1 Eßlöffel Droge mit ¼ l kochendheißem Wasser übergießen, 10 Minuten ziehen lassen. 2mal täglich 1 Tasse, mit Honig gesüßt.

Wichtig: Nicht mehr als 2 Tassen täglich! Während der Schwangerschaft keine innerliche Anwendung!

134 Majoran

Origanum majorana
(Lippenblütler)

Bis 50 cm hohe, stark aromatisch riechende, behaarte Pflanze. Stengel starkverzweigt. Blätter gegenständig, spatelig bis schmal verkehrteiförmig, kurzgestielt, 0,5–2 cm lang, ganzrandig; Tragblätter des Blütenstandes die Blüten meist verdeckend. Blüten in dichten, an den Enden der Äste stehenden, kopfigen Scheinähren vereinigt, sitzend. Kelch 2,5 mm lang, 1lippig. Krone blaßrosa bis weiß, 4 mm lang, 2lippig, mit einer kurz 2zähnigen Oberlippe und länger 3zähnigen Unterlippe. Blütezeit: VII–IX. Standort: Angebaut. Verbreitung: Vom östlichen Mittelmeergebiet bis Indien.

Inhaltsstoffe: Ätherisches Öl, Bitterstoffe, Gerbstoffe.

Anwendung: In der Medizin bei Appetitlosigkeit, Verdauungsbeschwerden, Krämpfen im Magen-Darm-Trakt; bei Husten, Keuchhusten und Asthma. In der Homöopathie bei Störungen der Sexualität der Frau.

Weitere Verwendung: Als Gewürz.

Tips für die Anwendung zu Hause: Bei Verdauungsbeschwerden und Blähungen sowie äußerlich bei schlecht heilenden Wunden und Entzündungen im Mund: 1–2 Teelöffel Droge mit ¼ l kochendheißem Wasser übergießen und 5 Minuten ziehen lassen. 1–2 Tassen täglich; äußerlich zum Gurgeln und Waschen.

133

134

135 Bohnenkraut

Satureja hortensis
(Lippenblütler)

Bis 25 cm hohe, mit kurzen Haaren und zahlreichen, großen Drüsenschuppen besetzte Pflanze. Stengel aufrecht, reichverzweigt. Blätter gegenständig, schmalspatelig bis schmallanzettlich, 1–3 cm lang, ganzrandig, ohne deutlichen Stiel. Blüten sehr kurzgestielt, zu wenigen in den Achseln der oberen Blätter, lockere bis dichte, meist einseitswendige Scheinähren bildend. Kelch 3–4 mm lang, glockig, mit 5 lanzettlichzugespitzten Zähnen. Krone 4–6 mm lang, rosa oder auch weiß, mit kurzer Röhre, weniger als 1 mm langer, leicht ausgerandeter Oberlippe und 2 mm langer, 3lappiger Unterlippe. Blütezeit: VII–IX. Standort: Angebaut. Verbreitung: Im östlichen Mittelmeergebiet.

Inhaltsstoffe: Ätherisches Öl, Gerbstoffe.

Anwendung: In der Medizin zur Förderung der Verdauung, bei Blähungen, Durchfall, akuten Magen- und Darmentzündungen.

Weitere Verwendung: Als beliebtes Gewürz für Bohnengerichte, Gemüse- und Fleischeintöpfe, wobei besonders auch die blähende Wirkung von Bohnengerichten gemildert wird.

Tip für die Anwendung zu Hause: Bei Verdauungsbeschwerden: 2 Teelöffel Droge mit ¼ l kochendheißem Wasser übergießen und 10 Minuten ziehen lassen. 2–3 Tassen täglich.

136 Pfefferminze

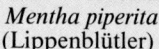

Mentha piperita
(Lippenblütler)

Bis 90 cm hohe, kahle Pflanze mit vorwiegend oberirdischen Ausläufern. Stengel 4kantig, einfach oder im oberen Teil verzweigt. Blätter gegenständig, schmaleiförmig bis lanzettlich, spitz, gestielt, mit gesägtem Rand. Blüten gestielt, zahlreich in den Achseln von Tragblättern, dichte oder am Grund unterbrochene, meist rispiggehäufte Scheinähren bildend. Kelch glockig, 2 mm lang, gleichmäßig 5zähnig, schwach 2lippig. Krone deutlich länger als der Kelch, 4lappig, kaum lippig. Blütezeit: VII–IX. Standort: Angebaut. Verbreitung: Im größten Teil Europas und Amerikas kultiviert.

Anmerkung: Pfefferminze ist ein steriler Bastard aus der **Grünen Minze** *(Mentha spicata)* und **Wasserminze** *(Mentha aquatica)*, der nur durch Ausläufer vermehrt wird.

Inhaltsstoffe: Ätherisches Öl, vor allem Menthol, Gerbstoffe, Flavonoide.

Anwendung: In der Medizin bei Erkrankungen im Magen- und Darmbereich sowie bei Leber- und Gallestörungen.

Tip für die Anwendung zu Hause: Bei Magenkrämpfen, Blähungen und Übelkeit: 1 Eßlöffel Blätter mit ¼ l kochendheißem Wasser übergießen und 10 Minuten ziehen lassen. Bei Bedarf 1 Tasse.

Wichtig: Für Säuglinge ist Pfefferminztee wegen des hohen Mentholgehaltes nicht geeignet.

135

136

137 Langblättrige Minze

Mentha longifolia
(Lippenblütler)

Bis 1 m hohe, dicht-, oft graufilzig behaarte Pflanze. Stengel 4kantig, verzweigt. Blätter gegenständig, sitzend, schmaleiförmig bis lanzettlich, 5–10 cm lang, meist scharfgesägt. Blüten in langen, dichten, höchstens am Grund etwas unterbrochenen, 1 cm dicken, grau- bis weißfilzigen, meist rispiggehäuften Scheinähren, zu vielen in den Achseln von kleinen Tragblättern. Kelch glockig, 2 mm lang, dicht wolligbehaart, 5zähnig. Krone 4 mm lang, 4lappig. Blütezeit: VII–IX. Standort: Quellfluren, Sumpfwiesen, Bachränder, in feuchten Hochstaudenfluren. Verbreitung: In großen Teilen Europas; West- und Mittelasien, Nordafrika.
Inhaltsstoffe: Ätherische Öle, Gerbstoffe.
Anwendung: In der Medizin vor allem in Südeuropa, Asien und Nordafrika wie Pfefferminze verwendet.
Weitere Verwendung: In Nordafrika wird daraus ein sehr starker bitterer Tee hergestellt.

138 Wasserminze

Mentha aquatica
(Lippenblütler)

Bis 80 cm hohe, aromatisch riechende Pflanze. Stengel einfach oder verzweigt. Blätter gegenständig, kurzgestielt, eiförmig, flachgezähnt, mit 4–6 Paaren bogiger Seitennerven. Blüten gestielt, zahlreich in den Achseln von Tragblättern, dichte, endständige oder blattachselständige Köpfe bildend. Kelch 4 mm lang, mit 5 gerade vorgestreckten Zähnen. Krone 5–7 mm lang, mit vorn erweiterter Röhre und 4 gleichgestalteten Zipfeln. Staubblätter 4, aus der Krone ragend und spreizend. Blütezeit: VII–X. Standort: Ufer, nasse Wiesen, Auwälder, Sümpfe. Verbreitung: Fast ganz Europa; fast ganz Asien, Nord- und Südafrika.
Inhaltsstoffe: Ätherisches Öl (nur wenig Menthol), Gerbstoffe.
Anwendung: In der Medizin früher wie Pfefferminze (136).

139 Polei-Minze

Mentha pulegium
(Lippenblütler)

Bis 60 cm hohe, zerstreutbehaarte bis fast kahle, ausläufertreibende Pflanze. Stengel meist aufsteigend, ästig. Blätter kurzgestielt, eiförmig, fast ganzrandig, mit nur 1–3 Paar undeutlichen Seitennerven. Blüten kurzgestielt, zahlreich und dichtgedrängt in den Achseln der oberen Blattpaare; die Teilblütenstände deutlich voneinander entfernt. Kelch röhrenförmig, 3 mm lang, 2lippig, behaart. Krone 5–7 mm lang, mit vorne erweiterter Röhre und 4 etwa gleichen Kronzipfeln. 4 Staubblätter, aus der Krone ragend und spreizend. Blütezeit: VII–X. Standort: Sümpfe, Ufer, nasse Wiesen. Verbreitung: Große Gebiete Europas, zum Teil aus Kulturen verwildert; Westasien, Nordafrika.
Inhaltsstoffe: Ätherisches Öl, hauptsächlich Pulegon, aber auch Menthol, Gerbstoffe.
Wichtig: Wird wegen des Gehaltes an sehr giftigem Pulegon nicht mehr verwendet.

links
137
rechts
138

139

140 Echter Thymian

Thymus vulgaris
(Lippenblütler)

Bis 30 cm hoher Halbstrauch. Stengel 4kantig, ringsum behaart. Blätter gegenständig, 5–9 mm lang, linealisch bis elliptisch, unterseits dicht filzigbehaart, mit eingerollten Rändern. Blüten zu 3–6 in den Achseln der oberen Blätter, gestielt, zusammen einen ährenartigen Gesamtblütenstand bildend. Kelch 3–5 mm lang, mit schwach nerviger, steifhaariger Röhre, kurzer Oberlippe mit dreieckigen Mittel- und lanzettlichen Seitenzähnen und längerer Unterlippe mit 2 pfriemlichen, bewimperten Zähnen. Krone 4–6 mm lang, lila bis rosa, mit flacher, ausgerandeter Oberlippe und 3zipfeliger Unterlippe. Blütezeit: V–X. Standort: Felsige Hänge, Trockenrasen, Macchien. Verbreitung: Westliches Mittelmeergebiet bis Griechenland; in Mitteleuropa angebaut.

Inhaltsstoffe: Ätherisches Öl, vor allem Thymol, Gerbstoffe, Bitterstoffe, Flavone.

Anwendung: In der Medizin als schleimlösendes und krampflinderndes Mittel bei Husten, Keuchhusten, akuter und chronischer Bronchitis. In der Homöopathie bei Husten und Darmbeschwerden.

Weitere Verwendung: Als Gewürz.

> **Tip für die Anwendung zu Hause:** Bei krampfartigem Husten sowie bei Verdauungsstörungen: 1 Teelöffel Droge mit ¼ l kaltem Wasser ansetzen und zum Sieden erhitzen. 3 Tassen täglich, bei Husten mit Honig gesüßt.

141 Gemeiner Thymian, Quendel

Thymus pulegioides
(Lippenblütler)

Aromatisch duftende, niederliegende Pflanze mit bis 40 cm langen, kriechenden Stengeln. Blühende Stengel 4kantig, nur an den Kanten behaart. Blätter gegenständig, eiförmig bis spatelig, undeutlich gestielt, am Grund langbewimpert. Blüten zu mehreren in den Achseln der oberen Blätter, einen kopfigen oder kurzährigen Blütenstand bildend. Kelch 2lippig. Krone 3–6 mm lang, 2lippig. Blütezeit: VI–X. Standort: Trockenrasen, Wegränder, Gebüsche, Mauern. Verbreitung: Mittel- und südliches Nordeuropa.

Ähnliche Arten: **Sandthymian,** *Thymus serpyllum* (langkriechende, runde, allseitsbehaarte Stengel und schmallanzettliche Blätter), nur in Sandgebieten Mitteleuropas. – **Frühblühender Thymian,** *Thymus praecox* (langkriechende Stengel, die blütentragenden Äste rund und gleichmäßig behaart, Blätter rundlich bis eiförmig), vor allem in den Mittelgebirgen und Alpen.

Inhaltsstoffe: Ätherische Öle, Bitterstoffe, Gerbstoffe, Flavon.

Anwendung: In der Medizin gegen Husten.

Weitere Verwendung: Als Gewürz für fette Speisen.

> **Tip für die Anwendung zu Hause:** Bei Husten und Verdauungsstörungen: 1–2 Teelöffel Droge mit ¼ l kochendheißem Wasser übergießen und 10 Minuten ziehen lassen. 3 Tassen täglich.

140

141

142/143 Roter Fingerhut

Digitalis purpurea
(Braunwurzgewächse)

Bis 1,5 m hohe Pflanze. Stengel unverzweigt, graufilzigbehaart. Blätter eiförmig bis lanzettlich, gezähnt, die unteren gestielt, in einer Rosette, die oberen sitzend. Blütenstand einseitswendig. Blüten gestielt, einzeln in den Achseln kleiner Blätter. Kelch 5teilig; Kelchblätter eiförmig, wie die Blütenstiele und oberen Stengelteile drüsigbehaart. Krone abwärts geneigt mit bauchiger Röhre und kurz 2lippigem Rand; Unterlippe 3lappig, länger als die etwas ausgerandete Oberlippe, bis 5 cm lang, innen mit dunkelroten, hell umrandeten Flecken. Blütezeit: VI–VIII. Standort: Lichte Wälder, Schlagfluren, Wegränder; auf kalkarmen Böden. Verbreitung: Große Gebiete Europas.

Inhaltsstoffe: Herzwirksame Glykoside, Saponine.

Anwendung: In der Medizin in Form standardisierter Präparate bei Herzinsuffizienz. In der Homöopathie bei Herzschwäche, Nierenstörungen, Depressionen, Schlaflosigkeit, Migräne.

Wichtig: Die Pflanze ist **tödlich giftig.** Nicht sammeln! Keine Selbstbehandlung!

144 Echter Baldrian

Valeriana officinalis
(Baldriangewächse)

Bis 1,8 m hohe Pflanze. Stengel aufrecht. Blätter gegenständig; Grundblätter groß, unpaarig gefiedert; Stengelblätter allmählich kleiner. Blütenstand doldenartig. Blüten zahlreich, gestielt. Krone 3–6 mm lang, rosa bis weißlich, unten röhrenförmig, oben trichterförmig, 3- bis 4teilig. Kelch mit verdicktem Rand. Blütezeit: V–IX. Standort: Hochstaudenfluren, Wiesen, Gräben, Ufer. Verbreitung: Fast ganz Europa.

Inhaltsstoffe: Valepotriate, Valerensäure, Alkaloide, ätherische Öle.

Anwendung: In Medizin und Homöopathie bei nervösen Reizzuständen, Schlaflosigkeit sowie bei nervösen Magen- und Darmbeschwerden.

> **Tip für die Anwendung zu Hause:** Bei Schlafstörung: 2 Teelöffel Droge mit ¼ l kaltem Wasser ansetzen, 10–12 Stunden ziehen lassen. 2- bis 3mal täglich 1 Tasse.

145 Rote Spornblume

Centranthus ruber
(Baldriangewächse)

Bis 1 m hohe, kahle Pflanze. Stengel aufrecht, einfach. Blätter eiförmig bis breitlanzettlich, die grundständigen gestielt, die stengelständigen gegenständig, sitzend. Blüten in einer dichten Trugdolde, kurzgestielt. Krone mit enger, 10 mm langer Röhre und 5spaltigem Saum, am Grund mit einem deutlichen Sporn. Staubblatt 1; Fruchtknoten unterständig. Frucht mit einem aus federigbehaarten Strahlen bestehenden Pappus. Blütezeit: V–VII. Standort: Mauern, Felsen. Verbreitung: Süd- und Westeuropa.

Inhaltsstoffe: Valepotriate.

Anwendung: In der Homöopathie als leicht beruhigendes Mittel bei nervösen Beschwerden.

links
142
rechts
143

links
144
rechts
145

146 Wasserdost

Eupatorium cannabinum
(Korbblütler)

Bis 1,5 m hohe, behaarte Pflanze. Stengel aufrecht, bis zum Blütenstand einfach, reichbeblättert. Blätter gegenständig, bis zum Grund handförmig 3- bis 5teilig, Abschnitte lanzettlich, zugespitzt, ungleich grobzähnig. Köpfchen zahlreich, gestielt, eine dichte schirmförmige Doldentraube bildend. Hülle schmalwalzlich, 4,5-6 mm lang; Hüllschuppen wenige, 2- bis 3reihig dachziegelartig angeordnet, stumpf, schmalhäutig berandet, kahl oder die äußeren feinflaumigbehaart. Blüten 4-6, alle röhrig mit 5zähniger Krone, schmutzig rosarot. Frucht länglich, 5kantig, 3 mm lang, hellwarzigdrüsig, mit einem aus 1 Reihe einfacher Haare bestehenden Pappus. Blütezeit: VII-IX. Standort: Auwälder, Ufer, Verlandungsgesellschaften, Hochstaudenfluren, Schuttplätze. Verbreitung: Fast ganz Europa; Westasien, Nordafrika.

Inhaltsstoffe: Eupatoriopikrin, Euparin, Lactucerol, Gerbstoffe, Saponine, ätherisches Öl.

Anwendung: In Medizin und Homöopathie bei grippeartigen Infekten zur Stärkung der körpereigenen Abwehr und zur Unterstützung der Antibiotika-Therapie; ebenso als Stärkungsmittel in der Rekonvaleszenz.

147 Sonnenhut

Echinacea angustifolia
(Korbblütler)

Bis 60 cm hohe, behaarte Pflanze. Stengel aufrecht, unverzweigt. Blätter lanzettlich bis schmallanzettlich, ganzrandig, 3nervig, die unteren kurzgestielt, die oberen sitzend. Blütenköpfe einzeln oder selten zu wenigen, langgestielt, 5-7 cm breit. Hülle napfförmig, 1 cm hoch und 2-3 mm breit; Hüllschuppen lanzettlich, borstigbehaart, 2reihig. Köpfchenboden zwischen den Blüten mit lanzettlichen bis eiförmigen, zugespitzten Schuppen besetzt, diese länger als die kurzen, röhrigen Scheibenblüten. Strahlende Randblüten linealisch, blaßpurpurn, 2-3,5 cm lang. Früchte 4kantig, mit einem krönchenförmigen Pappus. Blütezeit: V-VIII. Standort: Angebaut. Verbreitung: Nordamerika.

Ähnliche Art: **Purpur-Sonnenhut,** *Echinacea purpurea* (Blätter schmal- bis breiteiförmig, gezähnt, Schuppen des Köpfchenbodens linealisch bis schmallanzettlich), Nordamerika.

Inhaltsstoffe: Echinacin, Echinacosid, ätherisches Öl, Harze, Bitterstoffe.

Anwendung: In der Medizin äußerlich in Salbenform zur Wundbehandlung, bei Hauterkrankungen, Schuppenflechte. In der Homöopathie zur Steigerung der Abwehrkräfte bei grippalen Infekten, als Vorbeugungsmittel gegen Grippe und Erkältungskrankheiten; ferner bei Hauterkrankungen.

146

147

148 Große Klette

Arctium lappa
(Korbblütler)

Bis 1,5 m hohe, schwachbehaarte Pflanze. Stengel kräftig, längsgefurcht, verzweigt. Blätter gestielt, breiteiförmig zugespitzt, mit herzförmigem Grund, bis 50 cm lang; Blattstiel markerfüllt. Blütenköpfe locker doldentraubig angeordnet, kugelig, 3–3,5 cm breit. Hüllblätter schmallinealisch, allmählich zugespitzt, an der Spitze mit einem gelblichen Widerhaken, so lang oder etwas länger als die Blüten, am Grund wimperiggezähnelt, kahl. Blüten röhrig mit glokkenförmigem, 5zipfeligem Saum. Blütezeit: VII–IX. Standort: Wegränder, Schuttflächen, Weiden, Auwälder, Bachufer. Verbreitung: Europa; West- und Nordasien.
Ähnliche Art: **Kleine Klette,** *Arctium minus* (Stiele der grundständigen Laubblätter hohl, Köpfe traubig angeordnet, 1–2,5 cm breit, Hüllblätter zerstreut spinnwebigbehaart, die inneren bedeutend kürzer als die Blüten), an ähnlichen Standorten in Europa, Nordafrika, Kaukasus.
Inhaltsstoffe: Ätherisches und fettes Öl, Gerbstoffe, Polyacetylene, Schleim, Inulin.

Tips für die Anwendung zu Hause: Zur Blutreinigung und äußerlich zum Waschen von Hautunreinheiten: 2 Teelöffel Droge mit ½ l kaltem Wasser ansetzen und 5 Stunden ziehen lassen. Dann zum Sieden erhitzen und 1 Minute kochen lassen. 3 Tassen täglich; äußerlich zum Waschen.

Anwendung: In der Medizin als Klettenwurzelöl zu Einreibungen gegen Kopfschuppen und Haarausfall. In der Homöopathie gegen Hauterkrankungen, Ekzeme, Schuppenbildung.

149/150 Filzige Klette

Arctium tomentosum
(Korbblütler)

Bis 1 m hohe Pflanze. Stengel aufrecht, kräftig, tiefgefurcht, wolligbehaart, reichverzweigt. Blätter mit einem markerfüllten Stiel, breitherzförmig bis rundlich, bis 50 cm lang, ganzrandig oder feingezähnt, oberseits grün, unterseits dicht grauweiß filzig. Blütenköpfe (Foto oben rechts) in einer Doldentraube, fast gleichhoch an der Spitze der Äste stehend, zahlreich, kugelig, 2–3 cm breit. Hüllblätter kürzer als die Blüten, linealisch, dicht wimperiggezähnt, durch spinnwebig-wollige Haare dicht miteinander verwebt, oft purpurn überlaufen, die äußeren mit widerhakiger Spitze, die inneren stumpflich, mit kleinen, aufgesetzten Stachelspitzchen. Blüten alle röhrig, purpurn, mit glockenförmigem, 5zähnigem Saum. Blütezeit: VII–IX. Standort: Wegränder, Schuttplätze, Ufer, Gebüsche. Verbreitung: Fast ganz Nordasien ostwärts bis zum Altai.
Inhaltsstoffe: Wie bei Große Klette (148).
Anwendung: In der Medizin wie bei Große Klette (148).

Tip für die Anwendung zu Hause: Wie bei Große Klette (148).

links
148
rechts
149

150

151 Eselsdistel

Onopordon acanthium
(Korbblütler)

Bis 2 m hohe, flockig- bis spinnwebigbehaarte Pflanze. Stengel aufrecht, breitdornig geflügelt, im oberen Teil kurzästig. Blätter länglich oder elliptisch, grobgelappt, mit in kräftige Dornen endenden 3eckigen Lappen, die grundständigen kurzgestielt, die stengelständigen sitzend, am Stengel breitgeflügelt herablaufend. Blütenköpfe an den Enden der Äste einzeln, 3–6 cm breit. Hüllschuppen aus eiförmigem Grund pfriemlich zugespitzt, in einen kräftigen, rötlichen, stechenden Dorn auslaufend, die äußeren weit abstehend. Blüten alle röhrig, hellpurpurn, die Hülle überragend. Blütezeit: VII–IX. Standort: Wegränder, Bahndämme, Schuttplätze, in Weinbergen. Verbreitung: Fast ganz Europa; Vorderasien und Mittelasien; in Nordamerika eingeschleppt.
Inhaltsstoffe: Bitterstoffe, Gerbstoffe, Flavonglykoside.
Anwendung: In der Homöopathie bei Herz- und Kreislaufstörungen.
Wichtig: Die bei uns selten gewordene Pflanze nicht sammeln!

152 Mariendistel

Silybum marianum
(Korbblütler)

Bis 1,5 m hohe, schwach spinnwebigbehaarte Pflanze. Stengel aufrecht, gefurcht, verzweigt. Blätter glänzendgrün, den Nerven entlang weißlichgefleckt und marmoriert, ungestielt, länglich bis elliptisch, buchtiggelappt mit großen, ekkigen, dornigen Lappen, die unteren mit verschmälertem Grund sitzend, die oberen mit herzförmiger, stark dorniger Basis stengelumfassend. Blütenköpfe einzeln am Ende der im oberen Teil blattlosen Äste, 4–5 cm, breit. Hüllschuppen grün, aus breitem Grund lang zugespitzt, mit stechender, zurückgekrümmter Spitze. Blüten purpurn, länger als die Hülle. Früchte 6–7 mm lang, glatt, mit einem weißglänzenden Pappus. Blütezeit: VI–IX. Standort: Wegränder, Schuttplätze, Felder, felsige Hänge. Verbreitung: Südeuropa; Kaukasus, Westasien, Nordafrika; in Mitteleuropa nur eingeschleppt.
Inhaltsstoffe: Bitterstoffe, Flavonoide, ätherisches Öl.
Anwendung: In Medizin und Homöopathie bei Lebererkrankungen wie Gelbsucht, Leberentzündung, Leberverfettung.

153 Artischocke

Cynara scolymus
(Korbblütler)

Bis 1,5 m hohe, spinnwebigbehaarte Pflanze. Stengel dick, verzweigt. Blätter groß, die unteren gestielt, ungeteilt, die oberen sitzend, fiederspaltig. Blütenköpfe sehr groß, mit fleischigem Boden. Hüllschuppen derb, eiförmig, am Grund fleischig. Blüten röhrig, die Hülle nicht überragend. Blütezeit: VII. Standort: Nur aus der Kultur bekannt.
Inhaltsstoffe: Bitterstoffe, Gerbstoffe, Flavonoide.
Anwendung: In der Medizin bei mangelnder Gallesekretion und zur Senkung des Cholesterinspiegels im Blut.
Weitere Verwendung: Als Gemüse.

links
151
rechts
152

153

154/155 Maiglöckchen

Convallaria majalis
(Liliengewächse)

Bis 30 cm hohe, kahle Pflanze. Unterste Blätter schuppenförmig, die 2 obersten breitlanzettlich, 10–20 cm lang, parallelnervig, am Grund den Stengel langscheidig umgebend. Blütenstand aus der Achsel der untersten Blätter entspringend, langgestielt, eine einseitswendige lockere Traube bildend. Tragblätter winzig, kürzer als die Blütenstiele. Blüten nikkend, glockenförmig, 5–7 mm lang; 6 Blütenblätter, verwachsen, mit kleinen, nach außen gebogenen Zipfeln; 6 Staubblätter mit gelben Staubbeuteln. Fruchtknoten oberständig mit einem kurzen, dicken Griffel. Frucht eine 2- bis 6samige, kugelige, scharlachrote Beere. Blütezeit: V–VI. Standort: Laubwälder, Gebüsche. Verbreitung: Fast ganz Europa (im Süden nur in den Gebirgen); ostwärts bis Zentralasien.

Inhaltsstoffe: Verschiedene herzwirksame Glykoside, Saponine.

Anwendung: In Medizin und Homöopathie bei verschiedenen Herzkrankheiten, vor allem aber bei Herzmuskelschwäche, sowie bei herzbedingten Wasseransammlungen.

Wichtig: Tödlich giftig! Nicht sammeln! Keine Selbstbehandlung!

156/157 Weißer Germer

Veratrum album
(Liliengewächse)

Bis 1,5 m hohe Pflanze. Stengel unverzweigt, besonders im oberen Teil dichtbehaart. Blätter wechselständig, elliptisch, nach oben zu schmäler werdend, auffallend parallelnervig, sitzend, den Stengel mit einer langen, röhrenförmigen Scheide umgebend, oberseits kahl, unterseits flaumigfilzig behaart. Blütenstand eine endständige, 30–60 cm lange, aus ährenartigen Trauben zusammengesetzte Rispe bildend. Blüten kurzgestielt, 0,8–1,5 cm breit, aus 6 freien, gleichartigen, weißen oder gelblichen bis grünlichen, länglichen bis elliptischen Blütenhüllblättern gebildet. 6 Staubblätter. Fruchtknoten oberständig mit 3 kurzen Griffeln. Frucht eine 10–15 mm lange, längsaufspringende Kapsel mit geflugelten Samen. Blütezeit: VI–VIII. Standort: Feuchte Wiesen, Viehläger, Flachmoore der höheren Gebirge. Verbreitung: Gebirge Europas und Nordasiens.

Inhaltsstoffe: Verschiedene Alkaloide, vor allem Protoveratrin und Germerin.

Anwendung: In der Homöopathie bei Durchfällen, Nahrungsmittelvergiftungen, Kreislaufschwäche, Ischias und Neuralgien.

Wichtig: Tödlich giftig! Nicht sammeln! Keine Selbstbehandlung!

Verwechslung: Die im nichtblühenden Zustand ähnlichen und an gleichen Standorten vorkommenden großen **Enzian-Arten** *(Gentiana spec.)* sind leicht an den kreuzgegenständigen Blättern zu erkennen.

links
154
rechts
155

links
156
rechts
157

158 Bärlauch

Allium ursinum
(Liliengewächse)

Bis 50 cm hohe, meist in großen Beständen wachsende, kahle Pflanze. Stengel aufrecht, unverzweigt. Blätter alle grundständig, meistens 2, bis 20 cm lang, breitlanzettlich, spitz, gestielt. Blütenstand doldenartig, wenig- bis reichblütig, zunächst von häutigen Hüllblättern umgeben, die bald abfallen. Blüten deutlich gestielt; Blütenblätter 6, schmallanzettlich, 8–12 mm lang, ausgebreitet. 6 Staubblätter. Fruchtknoten oberständig, tief 3furchig. Frucht eine 3klappige Kapsel. Blütezeit: IV–VI. Standort: Feuchte Wälder, Hecken, Auen, an Bächen. Verbreitung: Fast ganz Europa; Kaukasus, Nordasien.
Inhaltsstoffe: Schwefelhaltige ätherische Öle, Vitamin C, Allicin.
Verwendung als Gewürz: Die frischen Blätter zu Suppen, Salaten und Weichkäse.

> **Tip für die Anwendung zu Hause:** Bei Verdauungsstörungen und Appetitlosigkeit werden die frischen, kleingehackten Blätter eingenommen.

Verwechslung: Der Bärlauch kann im nichtblühenden Zustand leicht mit dem **tödlich giftigen Maiglöckchen** verwechselt werden. Der beim Zerreiben entstehende, sehr starke, knoblauchartige Geruch des Bärlauch ist jedoch ein sicheres Unterscheidungsmerkmal!

159 Knoblauch

Allium sativum
(Liliengewächse)

Bis 70 cm hohe, kahle Pflanze. Zwiebel meist zusammengesetzt; Nebenzwiebeln (»Zehen«) rundlich bis eiförmig, in einer gemeinsamen Haut eingeschlossen. Stengel aufrecht, einfach, bis zur Mitte hinauf beblättert. Blätter linealisch, zugespitzt, auf der Unterseite gekielt, flach, am Rand rauh, bis 12 mm breit, am Grund in eine lange, den Stengel umfassende Scheide übergehend. Blütenstand doldenartig, wenigblütig, zahlreiche bis 1 cm große Brutzwiebeln tragend. Blüten langgestielt; Blütenblätter 6, rötlichweiß bis grünlichweiß, 3 mm lang. Staubblätter 6, kürzer als die Blütenblätter. Blütezeit: VI–VIII. Standort: Nur angebaut. Heimat: Stammt aus Ostasien.
Inhaltsstoffe: Schwefelhaltige ätherische Öle, vor allem Alliin, Vitamin C.
Anwendung: In Medizin und Homöopathie bei Darmstörungen, Erkrankungen der Atemwege, gegen zu hohen Blutdruck und Arteriosklerose.
Weitere Verwendung: Als Gewürz.

> **Tip für die Anwendung zu Hause:** Bei Darmstörungen, Erkrankungen der Atemwege sowie zur Vorbeugung gegen Arteriosklerose täglich 1–2 Knoblauchzehen als Saft oder Gewürz. Wegen der Geruchsbelästigung empfehlen sich aber Dragées (im Fachhandel).

158

159

160 Zwiebel

Allium cepa
(Liliengewächse)

Bis 1,2 m hohe, kahle Pflanze. Zwiebel außen mit rotgelben bis braunen Häuten, mit oder ohne Nebenzwiebeln. Stengel aufrecht, im unteren Teil bauchig aufgeblasen, hohl, nur am Grund beblättert. Blätter kürzer als der Stengel, aufgeblasen, röhrig, hohl. Blütenstand doldenartig, vielblütig, mit oder ohne Brutzwiebeln. Blüten gestielt; Blütenblätter 6, länglich, stumpf, 4 mm lang, grünlichweiß. Staubblätter 6, bis doppelt so lang wie die Blütenblätter. Blütezeit: VI–VIII. Standort: Bei uns nur angebaut. Heimat: Westasien.
Inhaltsstoffe: Schwefelhaltige ätherische Öle, Thiopropionaldehyd (tränenerregende Substanz).
Anwendung: In der Homöopathie bei Schnupfen, Bronchitis, Darmerkrankungen.
Weitere Verwendung: Als Gewürz.

161 Meerzwiebel

Urginea maritima
(Liliengewächse)

Bis 1 m hohe, kahle Pflanze. Zwiebel bis 15 cm groß und 2,5 kg schwer, mit dem oberen Teil aus dem Boden herausragend, mit dünnen braunen Häuten bedeckt. Stengel aufrecht, einfach. Blätter grundständig, breitlanzettlich, erst nach der Blütezeit erscheinend. Blütenstand eine endständige reichblütige, bis 40 cm lange, dichte Traube. Blüten langgestielt; Blütenblätter 6, weiß mit grünlichpurpurnem Mittelnerv, bis 8 mm lang. Fruchtknoten oberständig. Frucht eine kugelige Kapsel. Blütezeit: VIII–X. Standort: Steinige Hänge, Dünen. Verbreitung: Küstengebiete im Mittelmeerraum.
Inhaltsstoffe: Herzwirksame Glykoside.
Anwendung: In der Medizin bei Herzmuskelschwäche und zum Ausschwemmen herzbedingter Wasseransammlungen. In der Homöopathie bei Herzschwäche und Bronchitis.
Wichtig: Die Meerzwiebel ist **giftig.** Keine Selbstbehandlung!

162 Buchweizen

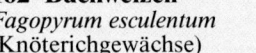

Fagopyrum esculentum
(Knöterichgewächse)

Bis 60 cm hohe, kahle Pflanze. Stengel aufrecht, wenig verzweigt, zuletzt meist rotüberlaufen. Blätter langgestielt, herzpfeilförmig, so lang oder länger als breit, fast 5eckig, am Grund mit 2 spitzen Lappen, am Grund des Blattstiels mit einer kurzröhrigen Nebenblattscheide den Stengel umgebend. Blüten in langgestielten, blattachselständigen, kurzen Doldenrispen, Blütenstiel in der Mitte gegliedert. Blütenblätter 5, weiß oder seltener blaßrosa, 3–4 mm lang. Frucht eine braune, 3kantige, 5–6 mm lange Nuß. Blütezeit: VII–X. Standort: Nur angebaut. Heimat: Zentralasien.
Inhaltsstoffe: Das Flavonolglykosid Rutin, Fagopyrin.
Anwendung: In der Medizin bei Krampfadern, Hämorrhoiden, Arteriosklerose, Netzhautblutungen. In der Homöopathie bei juckenden Hautausschlägen und Hautentzündungen.
Weitere Verwendung: Die mehligen Früchte als Nahrungsmittel.

links
160
rechts
161

162

163 Tangutischer Rhabarber

Rheum palmatum
(Knöterichgewächse)

Bis 1,5 m hohe Pflanze. Stengel kräftig, im Blütenbereich verzweigt. Wurzelstock dick, holzig, rotgefärbt. Blätter sehr groß mit dicken, fleischigen, sehr langen, runden Stielen; Spreite rundlichherzförmig, handförmiggelappt, oberseits etwas rauh oder glatt, mit 3–5 handförmigen Hauptnerven und länglich-eiförmigen bis lanzettlichen, spitzen, ungeteilten bis eingeschnittengezähnten oder fiederspaltigen Lappen. Blüten klein, in rispenartigen Blütenständen, die in den Achseln der oberen Blätter stehen. Blütenhülle 6teilig, weißlich bis schwachrötlich. Staubblätter 9. Frucht eine 3flügelige Nuß. Blütezeit: V–VI. Standort: Angebaut. Heimat: China, Tibet.

Ähnliche Art: **Kanton-Rhabarber,** *Rheum officinale* (Stengel bis 3 m hoch, Blätter rundlich-nierenförmig, am Rand mit 5 kurzen Lappen), angebaut.

Inhaltsstoffe: Anthrachinone, Gerbstoffe.

Anwendung: In der Medizin bei Magen- und Darmerkältungen, als mildes Abführmittel. In der Homöopathie bei Durchfall.

Weitere Verwendung: Als Zusatz zu Bitterschnäpsen.

Verwechslung: **Speiserhabarber,** *Rheum rhabarbarum* (Blätter eiförmig, stets länger als breit, ganzrandig, am Rand stark wellig, mit fleischigem kantigem, aber unterseits nicht gefurchtem Stiel), wegen der fleischigen, eßbaren Blattstiele häufig angebaut. Heimat: Ostasien.

164 Vogelmiere

Stellaria media
(Nelkengewächse)

Bis 40 cm hohe Pflanze. Stengel niederliegend bis aufsteigend, 1- bis 2reihig längsbehaart, die von Knoten zu Knoten um 90° verschoben sind, starkverzweigt. Blätter gestielt, eiförmig, spitz, mit Ausnahme des gelegentlich bewimperten Stieles kahl, die oberen fast sitzend. Blüten in den Achseln grüner Tragblätter ohne Hautrand, 5zählig. Kelchblätter 2–5 mm lang, häutigberandet. Kronblätter kaum länger als der Kelch, oft kürzer bis fast fehlend, fast bis zum Grund 2teilig. Staubblätter 10, 5 oder weniger, gelegentlich ganz verkümmert. 3 Griffel. Kapsel öffnet sich mit 6 Zähnen, die mehr als ⅓ der Kapsellänge messen. Blütezeit: I–XII. Standort: Äcker, Gärten, Schuttplätze, Lägerfluren, Wegränder. Verbreitung: Weltweit.

Inhaltsstoffe: Saponin, Vitamin C, reich an Mineralstoffen.

Anwendung: In der Homöopathie bei Rheuma, Gelenkentzündungen, Bronchitis.

Weitere Verwendung: Als Frühlingssalat und Suppenwürze.

Tips für die Anwendung zu Hause: Innerlich bei Husten, äußerlich zum Waschen von Wunden, Ausschlägen und Geschwüren: 2 Teelöffel Droge mit ¼ l kochendheißem Wasser übergießen und 5–10 Minuten ziehen lassen. 2 Tassen täglich, warm trinken.

163

164

165 Schwarzkümmel

Nigella sativa
(Hahnenfußgewächse)

Bis 45 cm hohe, behaarte Pflanze Stengel einfach oder mit aufrechten Seitenästen. Blätter sehr kurz gestielt, 2- bis 3fach gefiedert mit linealischen oder schmallanzettlichen Abschnitten. Blüten einzeln an den Enden der Äste. Kelchblätter (äußere Blütenhüllblätter) 5, weiß, an der Spitze oft grünlich oder bläulich, fast rundlich, am Grund in einen schmalen Nagel zusammengezogen. Kronblätter (»Nektarblätter«) meist 8, viel kürzer als die Kelchblätter, an der Spitze in zwei schmale Lappen ausgezogen, am Grund fast becherartig und hier den Nektar bergend. Fruchtknoten aus 5–9 weit hinauf verwachsenen und in eine lange Spitze ausgezogenen Fruchtblättern bestehend. Frucht eine 5- bis 9fächerige Kapsel. Samen schwarz, dreikantig. Blütezeit: VII–IX. Standort: Angebaut. Verbreitung: Westasien bis Ostindien, Abessinien.

Inhaltsstoffe: Saponin, Bitterstoffe, ätherisches und fettes Öl.

Verwendung: Als Pfefferersatz und zum Würzen von Backwaren.

Tip für die Anwendung zu Hause: Bei Blähungen und Durchfall: 1 Teelöffel zerstoßene Samen mit ¼ l kochendheißem Wasser übergießen, 15 Minuten ziehen lassen. 2 Tassen täglich.

166 Gemeine Waldrebe

Clematis vitalba
(Hahnenfußgewächse)

Lianenartig kletternder Strauch mit bis 30 m langen, vielkantigen Stengeln. Blätter gegenständig, gestielt, unpaarig gefiedert mit 3–5 langgestielten, schmaleiförmigen bis fast herzförmigen, meist ganzrandigen Blättchen; Blatt- und Blättchenstiele rankend. Blütenstände end- und blattachselständig, rispenartig. Blüten gestielt. Blütenblätter 4, schmalzungenförmig, milchigweiß, beiderseits weißfilzigbehaart, abstehend bis zurückgebogen. Staubblätter zahlreich. Fruchtblätter zahlreich, behaart. Früchte nüßchenartig mit bis 3 cm langem, bleibendem, behaartem Griffel. Blütezeit: VI–IX. Standort: Wälder, Gebüsche. Verbreitung: Süd- und Mitteleuropa; Westasien.

Ähnliche Art: **Aufrechte Waldrebe,** *Clematis recta* (Stengel nicht kletternd, aufrecht, krautig, Blütenblätter nur am Rand filzigbehaart), in wärmeliebenden lichten Wäldern und Gebüschen.

Inhaltsstoffe: Protanemonin, Anemonin (nur im frischen Kraut).

Anwendung: In der Homöopathie bei Hautausschlägen, Drüsenschwellungen, Rheuma, Nervenschmerzen sowie bei Erkrankungen der männlichen Geschlechtsorgane.

165

166

167 Knoblauchrauke

Alliaria petiolata
(Kreuzblütler)

Bis 1 m hohe, beim Zerreiben stark nach Knoblauch riechende Pflanze. Stengel aufrecht, meist einfach, unterwärts zerstreutbehaart. Grundständige Blätter langgestielt, nierenförmig, gekerbt; Stengelblätter kurzgestielt, dreieckig mit herzförmigem Grund, unregelmäßig buchtiggezähnt, meist kahl. Blüten in einfachen oder verzweigten Trauben, 4zählig, kurzgestielt, nur die untersten 1–2 in der Achsel kleiner Tragblätter, die anderen nackt an der Traubenachse stehend. Kelchblätter 2,5–3 mm lang. Kronblätter 5–6 mm lang, weiß, schmal verkehrteiförmig. Staubblätter mit bandförmig abgeflachten Staubfäden, 2 kurz und 4 länger. Frucht eine sehr schmale, 3,5–6 cm lange Schote; die beiden Fruchtklappen mit einem stark kantig vorspringenden Mittelnerv und 2 schwächeren Seitennerven. Samen 3 mm lang, schwarzbraun.
Blütezeit: IV–VI. Standort: Waldränder, Gebüsche, Gartenanlagen. Verbreitung: Fast ganz Europa; Vorderasien bis zum Himalaya, Nordafrika.
Inhaltsstoffe: Senfölglykoside, schwefelhaltige ätherische Öle, herzwirksame Glykoside.
Anwendung: In der Medizin früher bei Erkrankungen der Atemwege sowie als Wurmmittel. Wird heute kaum mehr verwendet.

168/169 Echtes Löffelkraut

Cochlearia officinalis
(Kreuzblütler)

Bis 35 cm hohe, kahle Pflanze. Stengel aufsteigend bis aufrecht, kantiggefurcht. Grundständige Blätter in lockerer Rosette, langgestielt, rundlichherzförmig, ganzrandig; Stengelblätter eiförmig, grob entfernt gezähnt, die oberen mit kurz pfeilförmigem Grund stengelumfassend. Blüten (Foto unten rechts) in einer kurzen, später verlängerten Traube, 4zählig, gestielt. Kelchblätter 1,5–2 mm lang, weißhautrandig. Kronblätter 4–5 mm lang, schmal verkehrteiförmig. Staubbeutel 6, 2 kürzere und 4 längere, Staubbeutel gelb. Frucht (Foto unten links) auf fast waagerecht abstehendem Stiel, kugelig bis kurzeiförmig, am Grund gerundet, halb so lang wie der Stiel; Fruchtklappen gewölbt, durch den starken Mittelnerv oft etwas gekielt. Blütezeit: V–VI. Standort: Salzwiesen, sumpfige Stellen der Meeresküsten und an Salzstellen im Binnenland. Verbreitung: An den Küsten des Atlantischen Ozeans sowie der Nord- und Ostsee, selten im Binnenland.
Ähnliche Art: **Pyrenäen-Löffelkraut,** *Cochlearia pyrenaica* (Frucht ein elliptisches, beidseitig zugespitztes Schötchen auf schräg aufrechten Stielen, die kaum länger sind als die Frucht), an sumpfigen Stellen und Quellfluren der mitteleuropäischen Gebirge.
Inhaltsstoffe: Senfölglykoside, Bitterstoffe, Gerbstoff, Vitamin C und Mineralstoffe.
Anwendung: In der Homöopathie bei Augenentzündungen und Magenkrämpfen.

167

links
168
rechts
169

170 Meerrettich

Armoracia rusticana
(Kreuzblütler)

Bis 1,5 m hohe, kahle Pflanze mit dicker, fleischiger Wurzel. Stengel aufrecht, kantiggefurcht, hohl, verzweigt. Grundständige Blätter langgestielt, elliptisch, am Grund herzförmig, bis 1 m lang, unregelmäßig gekerbt; Stengelblätter kurzgestielt oder die oberen sitzend, lappig bis kammartig fiederspaltig mit ganzrandigen oder gezähnten Abschnitten, die oberen weniger geteilt bis fast ganzrandig. Blüten in zahlreichen blattachselständigen Trauben im oberen Teil der Stengel, reichblütig, 4zählig, langgestielt. Kelchblätter 2,5–3 mm lang, weißrandig. Kronblätter 5–7 mm lang, breit verkehrteiförmig, weiß. Frucht 10–20 mm langgestielte, kugelige bis verkehrteiförmige, 4–6 mm lange, vorne plötzlich zugespitzte Schötchen; Fruchtklappen gewölbt, undeutlich netzaderig. Blütezeit: V–VII. Standort: Angebaut; an Wegen, Schuttplätzen und Bachufern verwildert. Verbreitung: Europäisches Rußland.

Inhaltsstoffe: Senfölglykoside, flüchtige, antibiotisch wirkende Substanzen, Vitamin C.

Anwendung: In der Medizin in Fertigpräparaten gegen Entzündungen der Atem- und Harnwege.

Verwendung als Gewürz: Zu Fleischspeisen und Wurst.

Wichtig: Keine äußerliche Anwendung wegen der nicht ungefährlichen hautreizenden Wirkung!

171/172 Hirtentäschelkraut

Capsella bursa-pastoris
(Kreuzblütler)

Bis 40 cm hohe, wenigbehaarte Pflanze. Stengel aufrecht, einfach oder abstehend verzweigt. Grundständige Blätter in einer Rosette, gestielt, schmallänglich, buchtiggelappt oder fiederspaltig, seltener ganzrandig. Stengelblätter sitzend, den Stengel mit 2 spitzen Zipfeln umfassend, unregelmäßig gelappt oder fiederteilig, die obersten ungeteilt. Blüten in einer lockeren, blattlosen Traube, auf abstehenden Stielen, 4zählig. Kelchblätter 1–2 mm lang, eiförmig, aufrecht abstehend. Kronblätter 2–3 mm lang, verkehrteiförmig. Früchte bis 2 cm, langgestielt, dreieckig bis verkehrtherzförmig, mit fast geraden Seitenrändern, zusammengedrückt, an der Spitze gestutzt oder seicht ausgerandet, mit einem 0,4–0,6 mm langen Griffel. Blütezeit: III–XII. Standort: Äcker, Wege, Gärten, Schuttplätze. Verbreitung: Fast weltweit.

Inhaltsstoffe: Flavonglykosid, Saponine, Amine.

Anwendung: In der Medizin nur noch selten als blutstillendes Mittel, vor allem bei Gebärmutterblutungen. In der Homöopathie bei Blutungen, Gallen- und Nierenerkrankungen.

> **Tip für die Anwendung zu Hause:** Die jungen Blätter zu blutreinigenden Frühlingssalaten.

170

links
171
rechts
172

173 Echte Brunnenkresse

Nasturtium officinale
(Kreuzblütler)

Bis 50 cm hohe, fast kahle Pflanze. Stengel am Grund kriechend und an den Knoten wurzelnd, aufsteigend, seltener im Wasser flutend. Blätter gefiedert, mit breitelliptischen, ganzrandigen oder schwachgekerbten Seitenblättchen und einem etwas größeren Endblättchen, die untersten gestielt, die oberen sitzend mit 2 Öhrchen am Grund. Blüten in einer kurzen, blattlosen Traube. gestielt, 4zählig. Kelchblätter 2–3 mm lang, kahl. Kronblätter 3,5–5 mm lang. Staubblätter 6, 2 kurze und 4 längere; Staubbeutel gelb. Frucht eine 13–18 mm lange und 1,8–2,5 mm dicke Schote, in der die Samen 2reihig angeordnet sind. Blütezeit: VI–IX. Standort: Bäche, Quellfluren, Gräben. Verbreitung: Weltweit.

Ähnliche Art: **Kleinblättrige Brunnenkresse,** *Nasturtium microphyllum* (Blüten größer, Kronblätter 6 mm lang, Schoten 16–24 mm lang und 1,2–1,8 mm dick, Samen 1reihig angeordnet), an ähnlichen Standorten.

Inhaltsstoffe: Das Senfölglykosid Glukonasturtin, Bitterstoff, Jod, Vitamin C.

Anwendung: In der Medizin zur Förderung der Verdauungstätigkeit, bei Galleleiden.

Weitere Anwendung: Als Salat; außerdem als Gewürz zu Eiern, Käse und Eintöpfen.

Tip für die Anwendung zu Hause: Als blutreinigender und verdauungsfördernder Salat.

174 Rundblättriger Sonnentau

Drosera rotundifolia
(Sonnentaugewächse)

Bis 30 cm hohe Pflanze. Blätter in grundständiger Rosette, gestielt, mit rundlicher, 5–10 mm breiter Spreite oberseits und am Rand mit roten, klebrigen Fangdrüsen besetzt. Stengel blattlos, einen traubigen Blütenstand tragend. Kelchblätter 5, kurz bewachsen. Kronblätter frei, 4–6 mm lang. Fruchtkapsel glatt. Blütezeit: VI–VIII. Standort: Torfmoore. Verbreitung: Europa; Sibirien, Nordamerika.

Inhaltsstoffe: Droseron, Flavonoide, Naphtochinonderivate.

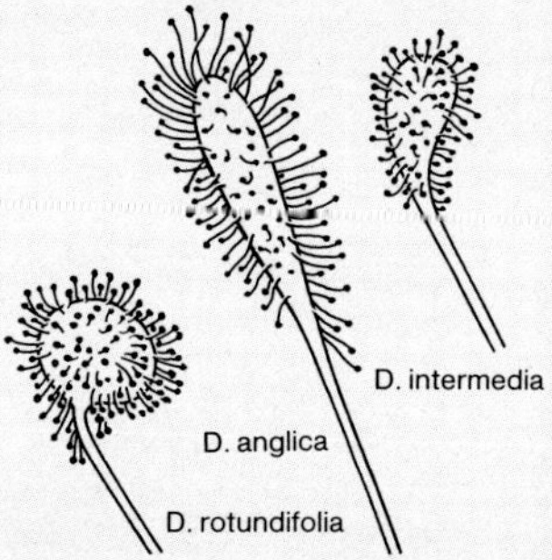

Blätter

Anwendung: In Medizin und Homöopathie bei Krampfhusten, Keuchhusten, Bronchialasthma.

Wichtig: Sonnentau ist geschützt. Nicht sammeln!

Verwechslungen: **Langblättriger Sonnentau,** *Drosera anglica* (Blätter schmal spatelförmig, Kapsel glatt). – **Mittlerer Sonnentau,** *Drosera intermedia* (Blätter kurz spatelförmig, Kapsel längsgefurcht), an ähnlichen Standorten.

173

174

175 Echtes Mädesüß

Filipendula ulmaria
(Rosengewächse)

Bis 2 m hohe, im oberen Teil verzweigte Pflanze. Stengel beblättert. Blätter oberseits dunkelgrün, kahl, unterseits meist weißfilzigbehaart, gefiedert, mit 5–11 feingezähnten Blättchen. Blüten dichtstehend, in zahlreichen vielblütigen, rispigen Teilblütenständen. Kelchblätter 1 mm lang. Kronblätter zu 5 oder 6, rundlich bis oval, 2–5 mm lang, gelblichweiß. Früchtchen kahl, schraubenartig gedreht. Blütezeit: VI–VIII. Standort: Hochstauden, Streuwiesen, Bachufer. Verbreitung: Fast ganz Europa; ostwärts bis Ostasien.

Inhaltsstoffe: Salicylsäureverbindungen, Flavonglykoside, ätherisches Öl, Gerbstoffe.

Anwendung: In der Medizin als harn- und schweißtreibendes Mittel, bei Grippe und Rheuma. In der Homöopathie bei rheumatischen Beschwerden.

Tip für die Anwendung zu Hause: Als harn- und schweißtreibender Tee: 1–2 Teelöffel Droge mit ¼ l kochendheißem Wasser übergießen und 10 Minuten ziehen lassen. 2 Tassen täglich.

Verwechslung: **Kleines Mädesüß,** *Filipendula vulgaris* (Blätter beiderseits grün, gefiedert, mit 21–82 grobgezähnten Blättchen, Kronblätter zu 6, 5–10 mm lang, Früchtchen behaart, gerade, aufrecht), in trockenen, mageren Wiesen.

176 Walderdbeere

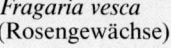

Fragaria vesca
(Rosengewächse)

Bis 20 cm hohe, behaarte Pflanze mit langen, wurzelnden Ausläufern. Blätter grundständig, langgestielt, handförmig 3teilig mit grobgezähnten Teilblättchen, Endzahn der Blättchen länger als die 2 benachbarten Zähne. Blütenstand bis 5blütig. Blütenstiele anliegend oder schief abstehend behaart. Blüten 1–1,5 cm breit, mit 5 einander berührenden Kronblättern. Frucht ist der fleischig werdende Blütenboden mit darauf sitzenden, winzigen Nüßchen. Blütezeit: V–VI. Standort: Lichte Wälder, Waldränder, Gebüsche. Verbreitung: Ganz Europa; Nordasien.

Inhaltsstoffe: Gerbstoff, ätherisches Öl, Flavonole.

Anwendung: In der Homöopathie gegen Frostbeulen.

Tip für die Anwendung zu Hause: Bei Darmstörungen und Durchfällen: 2 Teelöffel Droge mit ¼ l kochendheißem Wasser übergießen und 10 Minuten ziehen lassen. 3 Tassen täglich.

Verwechslungen: **Zimt-Erdbeere,** *Fragaria moschata* (Blütenstand 6- bis 15blütig, Blütenstiele senkrecht abstehend, behaart, Blüten 1,5–2,5 cm breit), in trockenen Wäldern. – **Erdbeer-Fingerkraut,** *Potentilla sterilis* (Endzahn der Blättchen deutlich kürzer als die 2 benachbarten Zähne, Blütenboden nicht fleischig werdend), in trockenen Wäldern.

175

176

177 Brombeere

Rubus fruticosus agg.
(Rosengewächse)

Bis 2 m hoher Strauch. Stengel aufrecht oder bogig zurückgekrümmt und zuweilen an den Spitzen einwurzelnd, rund oder kantig, mit geraden oder gebogenen Stacheln. Blätter mit einem stacheligen Stiel, 3- bis 5zählig gefingert mit elliptischen bis verkehrteiförmigen, grobgezähnten Blättchen, kahl oder unterseits behaart, zuweilen fast weißfilzig. Blüten in rispigen Blütenständen an den Enden kurzer Seitenzweige, oft mit drüsigen Blütenstielen. Kelchblätter 5, meist filzigbehaart und später zurückgeschlagen. Kronblätter weiß oder zuweilen rötlich. Staubblätter zahlreich. Frucht aus vielen Steinfrüchtchen zusammengesetzt, kahl, sich mit einem Teil der Blütenachse abbrechend, meist blauschwarz. Blütezeit: V–X. Standort: Waldränder, Gebüsche, Lichtungen. Verbreitung: Fast ganz Europa; Vorderasien, Nordafrika.

Inhaltsstoffe: Gerbstoff, Flavon, organische Säuren, Vitamin C.

Anwendung: In der Medizin bei Durchfall; äußerlich bei Hautausschlägen sowie bei Entzündungen im Mund- und Rachenraum.

Tip für die Anwendung zu Hause: Den Tee äußerlich zum Gurgeln bei Entzündungen im Rachenraum: 2 Teelöffel Droge mit ¼ l kochendheißem Wasser übergießen und 15 Minuten ziehen lassen.

178 Himbeere

Rubus idaeus
(Rosengewächse)

Bis 1,5 m hohe Pflanze. Stengel mit geraden Stacheln. Blätter gefiedert; Blättchen schmaleiförmig, scharfgesägt, oberseits kahl, unterseits weißfilzig. Blüten in traubigen Blütenständen. Kelchblätter nach der Blüte abstehend. Kronblätter schmal, weiß. Frucht rot, sich als Ganzes von der Blütenachse lösend. Blütezeit: V–VII. Standort: Wälder, Gebüsche, Bahndämme. Verbreitung: Auf der ganzen nördlichen Halbkugel.

Inhaltsstoffe und **Tip für die Anwendung zu Hause:** Wie bei Brombeere (177).

179/180 Schlehe

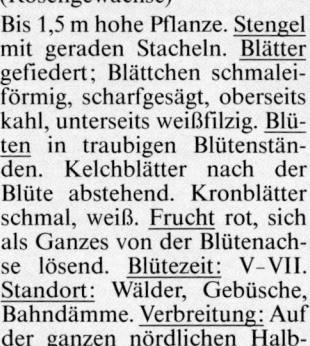

Prunus spinosa
(Rosengewächse)

Bis 5 m hoher Strauch. Blätter kurzgestielt, elliptisch, gesägt. Blüten sich vor den Blättern entfaltend, einzeln an winzigen Kurztrieben, 1–1,5 cm breit. Kelchblätter 2 mm lang. Kronblätter weiß. Staubblätter 20. Frucht eine kugelige, 1–1,5 cm dicke, schwarze, sauer schmeckende Steinfrucht. Blütezeit: III–IV. Standort: Waldränder, felsige Hänge. Verbreitung: Europa; Westasien, Nordafrika.

Inhaltsstoffe: Cumarinderivate, wenig Blausäureglykoside, Flavonglykosid.

Tip für die Anwendung zu Hause: Als milder Abführtee: 2 Teelöffel Droge mit ¼ l kaltem Wasser ansetzen und zum Sieden erhitzen. Täglich 2 Tassen.

177

178

links
179
rechts
180

181/182 Eingriffeliger Weißdorn

Crataegus monogyna
(Rosengewächse)

Bis 8 m hoher Strauch oder Baum mit kurzen, bis 1 cm langen Astdornen. Blätter an den Kurztrieben gehäuft, kurzgestielt, breiteiförmig bis rautenförmig, am Grund keilig bis fast gestutzt, 3- bis 7lappig, unterster Einschnitt fast bis zur Mitte reichend; Lappen nur gegen die Spitze zu unregelmäßig einfach- oder doppeltgesägt, sonst ganzrandig, in den Winkeln der Nerven mit kleinen Haarbüscheln; Nebenblätter (besonders an den Langtriebblättern) lanzettlichgebogen, drüsiggezähnt oder ganzrandig. Blüten in reichblütigen Doldenrispen, langgestielt. Kelchbecher eiförmig bis fast kugelig; Kelchblätter dreieckig, zum Schluß zurückgebogen. Kronblätter 5, kreisrund, 5–6 mm lang, weiß. Staubblätter 20. Griffel 1. Frucht (Foto unten links) eiförmig bis kugelig, mit 1 Stein, 7–10 mm lang. Blütezeit: V–VI. Standort: Laubwälder, Gebüsche, Hecken, in Anlagen kultiviert. Verbreitung: Fast ganz Europa.

Inhaltsstoffe: In den Blüten: Gerbstoffe, Flavonoide, ätherisches Öl, Triterpencarbonsäuren, Purinderivate. In den Früchten: Flavonoide, Gerbstoffe, Vitamine, Farbstoffe.

Anwendung: In Medizin und Homöopathie bei Herzbeschwerden, vor allem bei Altersherz, beginnender Herzschwäche, starken Herzbelastungen und mangelnder Herzmuskeldurchblutung; zur Unterstützung der Digitalis-Therapie.

Tip für die Anwendung zu Hause: Zur Beruhigung bei nervösen Herzbeschwerden: 2 Teelöffel Blüten mit ¼ l kochendheißem Wasser übergießen und 20 Minuten ziehen lassen. 2–3 Tassen täglich.

183 Zweigriffeliger Weißdorn

Crataegus laevigata
(Rosengewächse)

Bis 12 m hoher Strauch oder Baum, ähnlich wie bei vorhergehender Art. Blätter jedoch rautenförmig, rundlich oder verkehrteiförmig, nur im vorderen Teil 3-, seltener 5lappig oder fast ungeteilt; Rand der Lappen ungleichmäßig gezähnt, in den Winkeln der Nerven keine Haarbüschel. Blüten größer; Kronblätter kreisrund oder breitelliptisch, 5–8 mm lang. Griffel 2–3. Frucht breiteiförmig bis fast kugelig, bis 12 mm lang, von den bleibenden Kelchblättern gekrönt, mit 2–3 Steinen. Blütezeit: V–VI. Standort: Laubwälder, Gebüsche, Hecken, mehr schattenvertragend als die vorhergehende Art. Verbreitung: Europa, fehlt im östlichen Teil.

Inhaltsstoffe und Anwendung: Wie bei Eingriffeliger Weißdorn (181/182).

Tip für die Anwendung zu Hause: Kann wie der Eingriffelige Weißdorn (181/182) verwendet werden.

181

links
182
rechts
183

184/185 Eberesche, Vogelbeere

Sorbus aucuparia
(Rosengewächse)

Bis 12 m hoher Strauch oder Baum mit hellgrauer, glatter Rinde. Junge Zweige locker filzigbehaart, später verkahlend. Blätter gestielt, unpaarig gefiedert; Blättchen in 4–9 Paaren, länglichlanzettlich, sitzend, in den vorderen Zweidritteln scharfgesägt, oberseits dunkelgrün, unterseits hellgrün, behaart; Blattspindel rinnig, behaart, an der Ansatzstelle der Blättchen mit einer Drüse. Blütenstand breit doldenrispig. Kelchbecher wollig filzigbehaart, später verkahlend; Kelchblätter 3eckig, 1,5 mm lang, drüsig bewimpert. Kronblätter kreisrund oder breiteiförmig, 4–5 mm lang. Staubblätter 20, so lang wie die Kronblätter. Griffel meist 3. Frucht fast kugelig, 9–10 mm breit, scharlachrot, mit meist 3 Steinen. Blütezeit: V–VII. Standort: Lichte Laub- und Nadelwälder, Legföhrengebüsche, Hochmoore. Verbreitung: Fast ganz Europa; Kleinasien, Westsibirien.
Inhaltsstoffe: Gerbstoffe, organische Säuren Sorbinsäure und Parasorbinsäure, Vitamin C, Zucker, Pektin, Sorbit.
Verwendung: Die Früchte der Süßen Vogelbeere *(var. moravica)* zur Fruchtsaft- und Geleezubereitung.

Tip für die Anwendung zu Hause: Bei Appetitlosigkeit und Magenverstimmung mehrmals täglich ½–1 Teelöffel der zu Marmelade verarbeiteten Früchte.

186/187 Quitte

Cydonia oblonga
(Rosengewächse)

Bis 8 m hoher Baum oder seltener Strauch mit sparrigabstehenden Ästen, Junge Äste dichtfilzig, gelbgrün, später verkahlend. Blätter mit bis 2 cm langen, filzigbehaarten Stielen, eiförmig bis breitelliptisch, am Grund gerundet bis herzförmig, vorne kurzbespitzt, in der Jugend flockigfilzig, später oberseits verkahlend, dunkelgrün, unterseits hell graugrün, bis 10 cm lang und 7,5 cm breit; Nebenblätter am Grund des Blattstieles verkehrteiförmig, 6–12 mm lang, oberseits kahl, unterseits behaart und drüsig. Blüten einzeln an den Enden kleiner Kurzsprosse, 3–5 cm breit. Kelchblätter 5, zottigfilzig, 8–15 mm lang, bis zur Fruchtreife sich vergrößernd und erhalten bleibend. Kronblätter 5, weiß oder schwach rosa. Griffel 5. Frucht groß, quittengelb, lockerfilzig behaart, wohlriechend, von dem bleibenden Kelch gekrönt. Blütezeit: V–VI. Standort: Angebaut. Verbreitung: Vorderasien; in vielen Teilen der Welt verwildert und eingebürgert.
Inhaltsstoffe: Schleimstoffe, Blausäureglykosid Amygdalin, Gerbstoff, fettes Öl.
Anwendung: In der Medizin bei Verstopfungen, Darmträgheit und Husten; äußerlich bei Verbrennungen, Hautschrunden, Hämorrhoiden.
Weitere Verwendung: In der Kosmetik als Salbengrundlage. Die reifen Früchte zur Herstellung von Marmelade und Gelee.

184

185

links
186
rechts
187

188 Bockshornklee

Trigonella foenum-graecum
(Schmetterlingsblütler)

Bis 50 cm hohe, fast kahle Pflanze. Stengel kräftig, verzweigt. Blätter mit 3 verkehrteiförmigen bis lanzettlichen, im vorderen Drittel gezähnelten, bis 3 cm langen Blättchen. Blüten zu 1–2 in den Blattachseln, fast sitzend. Kelch röhrig mit 5 langen, schmalen, behaarten Zähnen. Krone 0,8–1,8 cm lang, weißlich bis blaßgelb. Flügel und Schiffchen viel kürzer als die Fahne. Hülse linealisch, bis 10 cm lang und 1 cm breit, langgeschnäbelt. Samen flach, ei- bis würfelförmig, gelbbraun. Blütezeit: IV–VII. Standort: In Mitteleuropa angebaut. Verbreitung: Mittelmeergebiet; Asien. Inhaltsstoffe: Schleim, Eiweiß, fettes und ätherisches Öl, Saponin, Alkaloid Trigonellin. Anwendung: In der Medizin bei Furunkeln und Nagelbettentzündungen.

> **Tip für die Anwendung zu Hause:** Als heißer Breiumschlag bei Furunkeln und Nagelbettentzündungen: 100 g gemahlene Samen mit wenig Wasser zu Brei verkochen und auflegen.

189 Geißraute

Galega officinalis
(Schmetterlingsblütler)

Bis 1 m hohe, kahle Pflanze. Blätter kurzgestielt, unpaarig gefiedert, mit 11–17 elliptischen, stachelspitzigen, bis 4 cm langen Blättchen. Blüten in langgestielten, reichblütigen Trauben. Kelch glockig, 5zähnig. Kronblätter weiß oder bläulich. Frucht eine 2–3 cm lange und 2–3 mm dicke Hülse. Blütezeit: VII–IX. Standort: Angebaut; verwildert in feuchten Wiesen, Röhricht. Verbreitung: Mittelmeergebiet; Vorderasien. Inhaltsstoffe: Alkaloide, Saponine, Flavonglykoside. Anwendung: In der Medizin selten zur unterstützenden Behandlung bei Diabetes.

190 Bohne

Phaseolus vulgaris
(Schmetterlingsblütler)

Bis 4 m hohe, windende Kletterpflanze. Blätter langgestielt mit 3 5–20 cm langen Blättchen. Blütenstände kurzgestielt, 2- bis 6blütig. Blüten langgestielt, 1–1,5 cm lang. Kelch glockig mit 5 ungleichen Zähnen. Kronblätter weißlich oder auch rosa bis violett. Frucht eine 10–20 cm lange flache Hülse. Samen groß. Blütezeit: VI–IX. Standort: Nur angebaut. Heimat: Amerika. Inhaltsstoffe: Trigonellin, Aminosäuren, Glukokinin. Anwendung: In Medizin und Homöopathie als harntreibendes Mittel.

> **Tip für die Anwendung zu Hause:** Als wassertreibender Tee bei Harnverhaltung, Wassersucht, Blasenleiden und Nierensteinen: 1 Eßlöffel Bohnenschalen mit ¼ l kaltem Wasser ansetzen, zum Sieden erhitzen, 3 Minuten kochen lassen. 2- bis 3mal täglich 1 Tasse.

Wichtig: Rohe Bohnen sind **stark giftig.** Nur gekocht verzehren!

188

links
189
rechts
190

191 Zitrone

Citrus limon
(Rautengewächse)

Bis 10 m hoher Baum. Junge Zweige kantig, mit kräftigen, blattachselständigen Dornen, später stielrund. Blätter wechselständig, dünnlederig, bis 16 cm lang, elliptisch, spitz, gesägt oder gekerbt; Blattstiel schmalgeflügelt bis fast ungeflügelt, deutlich von der Blattspreite abgesetzt. Blüten in ein- oder wenigblütigen, blattachselständigen Trauben. Kelchblätter 4–5, kurz. Kronblätter 5, weiß, auf der Außenseite purpurn überlaufen oder gestreift. Staubblätter 25–40. Frucht eine 6–12 cm lange, längliche oder eiförmige, vorne mit einem breiten, zitzenförmigen Fortsatz versehene, 8- bis 10fächerige Beere mit einer rauhen bis glatten, gelben Rinde und einer sauer schmeckenden Pulpa. Blütezeit: III–IX. Standort: Im Mittelmeergebiet und klimatisch ähnlichen Gebieten angebaut. Heimat: Südostasien.

Inhaltsstoffe: Ätherisches Öl, Cumarinderivate, Hesperidin, Bitterstoffe.

Anwendung: In der Medizin die reinen, isolierten Flavonoide, vor allem Hesperidin, bei Venenerkrankungen und grippalen Erkältungen.

Tip für die Anwendung zu Hause: Bei Appetitlosigkeit eine Teemischung aus gleichen Teilen Zitronenschalen, Tausendgüldenkraut und Hagebutten: 1 Teelöffel der Mischung mit ¼ l kochendheißem Wasser übergießen und 5 Minuten ziehen lassen. ½ Stunde vor den Mahlzeiten 1 Tasse.

192 Pomeranze, Bitterorange

Citrus aurantium
(Rautengewächse)

Bis 12 m hoher Baum. Junge Zweige kantig, mit dünnen, blattachselständigen Dornen, später stielrund. Blätter wechselständig, dünnlederig, gestielt, 7,7–10 cm lang, breitelliptisch, vorne spitz, ganzrandig; Blattstiel im oberen Teil breitgeflügelt, im unteren Teil schmalgeflügelt bis flügellos, gegen die Blattspreite deutlich abgesetzt. Blüten in ein- oder wenigblütigen, blattachselständigen Trauben, stark duftend. Kelchblätter 4–5, kurz. Kronblätter 5, weiß, länglich, Staubblätter 20. Frucht eine 7–8 cm große, fast kugelige, an beiden Enden schwach abgeflachte Beere mit 10–12 Fächern und einer dicken, rauhen, orangefarbenen Rinde und einer sauer und bitter schmeckenden Pulpa. Blütezeit: III–V. Standort: Im Mittelmeergebiet angebaut. Heimat: Südostasien.

Inhaltsstoffe: Ätherisches Öl, Flavonoide, vor allem Hesperidin, Bitterstoffe.

Anwendung: In der Medizin als appetitanregendes und verdauungsförderndes Mittel.

Tip für die Anwendung zu Hause: Zur Appetitförderung und zur Steigerung der Magensaftproduktion ein Tee aus gleichen Teilen Pomeranzenschalen, Tausendgüldenkraut und Hagebutten: 1 Teelöffel der Mischung mit ¼ l kochendheißem Wasser übergießen und 5 Minuten ziehen lassen. ½ Stunde vor den Mahlzeiten 1 Tasse.

191

192

193/194 Roßkastanie

Aesculus hippocastanum
(Roßkastaniengewächse)
Bis über 30 m hoher Baum mit glatter, zuletzt dünnschuppig abblätternder, graubrauner Borke. Junge Zweige braunfilzig behaart. Blätter 5- bis 7zählig gefingert, mit bis 20 cm langen, rinnigen Stielen. Blättchen sitzend, bis über 20 cm lang, schmal verkehrteiförmig, im oberen Drittel am breitesten, gegen den Grund keilförmig verschmälert, unregelmäßig gekerbt bis gesägt. Blüten in reichblütigen, aufrechten, kegelförmigen Rispen. Kelch ungleich 5lappig. Kronblätter 10–15 mm lang, rundlich bis eiförmig, genagelt, am Rand kraus zurückgebogen und bewimpert, weiß, am Grund mit gelbem bis rotem Saftmal. Frucht eine kugelige, bis 6 cm breite gelbgrüne, weichstachelige und feinbehaarte Kapsel. Samen flachkugelig, 1–2 cm breit, braun mit grauem Nabelfleck und derber Schale. Blütezeit: V. Standort: Angepflanzt und gelegentlich verwildert. Heimat: Südosteuropa; Kaukasien.
Inhaltsstoffe: Saponine, vor allem Aescin, Flavonglykoside, Gerbstoff.
Anwendung: In Medizin und Homöopathie in vielerlei Fertigpräparaten bei Erkrankungen des Gefäßsystems wie Krampfadern, Hämorrhoiden, venöse Stauungen, Durchblutungsstörungen und Frostschäden. Früher auch als Tee und Tinktur, die aber wegen der rezeptfrei erhältlichen Präparate nicht mehr verwendet werden.

195 Zweihäusige Zaunrübe

Bryonia cretica subsp. dioica
(Kürbisgewächse)
Pflanze mit rübenförmiger Wurzel und bis 4 m langen, verzweigten, mit Hilfe von Ranken kletternden dünnen Stengeln. Stengel kurz rauhborstig. Blätter kurzgestielt, breitherzförmig oder 5eckig bis handförmig, 5lappig, mit eiförmigen bis dreieckigen, spitzen, unregelmäßig eckig- bis buchtiggezähnten Lappen, beidseitig borstig-rauh. Blüten zweihäusig, das heißt männliche und weibliche Blüten auf getrennten Pflanzen. Männliche Blüten in langgestielten Trauben. Krone trichterig, 5lappig, 10 mm breit. Staubblätter 5, je 2 paarweise verwachsen, das fünfte frei. Weibliche Blüten in kurzgestielten, doldenartigen Büscheln. Kelch 5zipfelig, 6 mm lang. Krone trichterig, tief 5zipfelig geteilt, bis 20 mm breit, gelblichweiß, mit einem unterständigen, kugeligen Fruchtknoten. Frucht eine kugelige 6–7 mm dicke, rote Beere. Blütezeit: VI–IX. Standort: Hecken, Gebüsche, Zäune, Auwälder. Verbreitung: Mittel- und Südeuropa.
Inhaltsstoffe: Harze, Bitterstoffe, Alkaloid.
Anwendung: In der Medizin selten in Verbindung mit anderen Drogen als starkes Abführmittel. In der Homöopathie vor allem bei Rheuma und Gicht.
Wichtig: Tödlich giftig! Keine Selbstbehandlung!

links
193
rechts
194

195

196 Echte Myrte

Myrtus communis
(Myrtengewächse)

Immergrüner buschiger, niedriger oder bis 3 m hoher Strauch. Zweige 4kantig, in der Jugend feindrüsig flaumigbehaart. Blätter kreuzgegenständig, sitzend, eiförmig bis lanzettlich, zugespitzt, 1–3 cm lang, ganzrandig, kahl oder am Rand zerstreut flockigbehaart, lederartig, glänzend, mit auffallender Mittelrippe. Blüten einzeln in den Blattachseln, mit einem drüsigen Stiel, bis 3 cm breit. Kelchblätter 5, 3eckig, abstehend, zuletzt zurückgeschlagen. Kronblätter 5, flach ausgebreitet, weiß, verkehrteiförmig, mit feinen Drüsen und am Rand mit Haaren besetzt, wohlriechend. Staubblätter zahlreich, so lang wie die Kronblätter, mit gelben Staubbeuteln. Frucht eine rundlich bis eiförmige, erbsengroße, schwarzbläuliche Beere, vom Kelch gekrönt und wohlschmeckend. Blütezeit: VI–IX. Standort: An steinigen Hängen und in Strauchgesellschaften. Verbreitung: Mittelmeergebiet; Vorderasien.

Inhaltsstoffe: Ätherisches Öl mit Cineol, Myrtenol, Terpenen, Bitterstoffe, Gerbstoffe.

Anwendung: In der Medizin das ätherische Öl als sekretionsförderndes Mittel bei Bronchitis und Lungenerkrankungen. In der Homöopathie bei hartnäckigem Husten und Lungentuberkulose.

197/198 Faulbaum

Frangula alnus
(Kreuzdorngewächse)

Bis 3 m hoher Strauch mit glatter Rinde. Blätter an den Zweigenden gehäuft, kurzgestielt, breitelliptisch bis verkehrteiförmig, bis 5 cm lang, vorne spitz bis zugespitzt, meist ganzrandig, mit einem deutlichen Mittelnerv und beiderseits mit 7–9 gegen den Rand zu in scharfem Bogen zum nächstvorderen Nerv verlaufenden Seitennerven. Blüten in 2- bis 10blütigen, blattachselständigen Trugdolden, bis 12 mm, langgestielt. Kelch trichterförmig, bis zur Hälfte in 5 Zipfel geteilt, 6 mm lang. Kronblätter etwas kürzer als der Kelch, zwischen den Kelchzipfeln stehend, mit eingerollten Rändern und die 5 Staubblätter einhüllend. Frucht eine kugelige, 8 mm dicke, zur Reifezeit schwarzviolette Steinfrucht. Blütezeit: V–VI. Standort: Feuchte Wälder, Gebüsche, Moore. Verbreitung: Fast ganz Europa; Kleinasien, Kaukasus.

Inhaltsstoffe der ausschließlich verwendeten Rinde: In frischem Zustand Anthrone, die sich beim Lagern in Anthrachinone umwandeln, Gerbstoffe, Bitterstoffe, Saponin.

Anwendung: In der Medizin als mildes, den Dickdarm beeinflussendes Abführmittel.

Tip für die Anwendung zu Hause: Wegen der **Giftigkeit der frischen Pflanze** nur in Apotheke oder Drogerie gekaufte, abgelagerte Droge verwenden. Diese als milder Abführtee: 1 Teelöffel Rindendroge mit ¼ l kaltem Wasser ansetzen, 12 Stunden ziehen lassen. Vor dem Schlafengehen 1 Tasse Tee lauwarm trinken.

196

links
197
rechts
198

199 Feld-Mannstreu

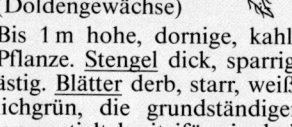

Eryngium campestre
(Doldengewächse)

Bis 1 m hohe, dornige, kahle Pflanze. Stengel dick, sparrig-ästig. Blätter derb, starr, weißlichgrün, die grundständigen langgestielt, breiteiförmig-dreieckig, handförmig zerteilt bis 3zählig, doppelt-fiederspaltig, die Abschnitte tief dorniggezähnt; Stengelblätter ähnlich aber kurzgestielt bis sitzend, die oberen weniger stark geteilt. Blütenstände kopfartig, eiförmig bis kugelig, an den Enden der Äste, reichblütig, bis 15 mm lang. Hüllblätter am Grund der Köpfe linealisch-lanzettlich, bis 4 cm lang und 0,5 cm breit, am Rand dornig oder auch fast wehrlos, in einen stechenden Enddorn auslaufend. Zwischen den Blüten linealische, dornige, 1 cm lange Schuppen. Kelchblätter 5, lanzettlich, in eine dornige Spitze auslaufend, 2 mm lang. Kronblätter weißlich, 1 mm lang. Blütezeit: VII–IX. Standort: Trockenrasen, Brachen, Wegränder, Weinberge, lichte Wälder. Verbreitung: Mittel- und Südeuropa; Vorderasien.
Inhaltsstoffe: Ätherisches Öl, Saponine, Gerbstoffe.
Anwendung: In der Medizin in einigen Präparaten und Teemischungen bei Husten und Keuchhusten sowie bei Erkrankungen der Harnwege.

200 Sanikel

Sanicula europaea
(Doldengewächse)

Bis 50 cm hohe Pflanze. Stengel einzeln, ungeteilt, schaftartig. Blätter alle grundständig, langgestielt, kreisrundlich-herzförmig, 4–6 cm lang und 6–10 cm breit, fast bis zur Mitte handförmig 5teilig, mit grobgezähnten Abschnitten. Stengelblätter klein, wenig geteilt, sitzend. Verzweigungen des Blütenstandes am Stengel doldenartig; Seitentriebe meist mit 3teiliger Verzweigung. Blüten in kopfartigen Dolden angeordnet, von 4–8 linealischen, zuletzt zurückgeschlagenen, kurzen Hüllblättern umgeben. Äußere Blüten männlich, gestielt, zahlreich, innere weißlich, zu 1–3. Kelchblätter 5, sehr schmal, 1 mm lang. Kronblätter 5, weißlich, verkehrteiförmig, an der Spitze mit einem eingeschlagenen Läppchen, 1,5 mm lang. Frucht kugelig, stachelig. Blütezeit: V–VI. Standort: Laubmischwälder, Buchenwälder; auf Kalk. Verbreitung: Europa; Westasien.
Inhaltsstoffe: Ätherisches Öl, Saponine, Gerbstoffe, Bitterstoffe, Allantoin.
Anwendung: In der Homöopathie bei Magen- und Darmgeschwüren.

Tips für die Anwendung zu Hause: Als Tee bei Husten, zum Gurgeln bei Mund- und Halsentzündungen sowie zu Umschlägen bei Hautausschlägen und Geschwüren: 2 Teelöffel Sanikelkraut mit ¼ l kochendheißem Wasser übergießen und 10 Minuten ziehen lassen. 2 Tassen täglich. Äußerlich für Umschläge und zum Gurgeln.

Wichtig: Wegen der Verwechslungsgefahr mit teilweise **tödlich giftigen** Doldengewächsen Sanikel nur im Fachhandel kaufen.

199

200

201 Gewöhnlicher Geißfuß, Giersch

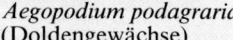

Aegopodium podagraria
(Doldengewächse)

Bis 1 m hohe, fast kahle Pflanze, mittels unterirdischer Ausläufer oft große Bestände bildend. Stengel hohl, kantiggefurcht, im oberen Teil verzweigt. Blätter 1- bis 2fach 3zählig, mit eiförmigen bis schmaleiförmigen, bis 6 cm langen, scharfgezähnten Abschnitten, die unteren gestielt, die oberen auf einer bauchig erweiterten Scheide sitzend. Blüten in ziemlich großen, 15- bis 25strahligen Doppeldolden. Hüll- und Hüllchenblätter fehlend. Kronblätter weiß, etwa 1,5 mm lang, verkehrtherzförmig, an der Spitze 2lappig ausgerandet, in der Ausrandung mit einem länglichen, zurückgeschlagenen Lappen. Früchte eiförmig, braun, mit fädlichen helleren Rippen, 3 mm lang. Blütezeit: VI–VIII. Standort: Feuchte Wälder, Gebüsche, Flußufer, Auen; oft als Massenunkraut in Gärten und Parkanlagen. Verbreitung: Fast ganz Europa; Kleinasien, Kaukasus, Nordasien.
Inhaltsstoffe: Ätherisches Öl (noch wenig untersucht).
Anwendung: In der Homöopathie bei Rheuma und Gicht. Die frühere volksheilkundliche Anwendung, vor allem gegen Gicht, ist heute nicht mehr üblich.

202 Kümmel

Carum carvi
(Doldengewächse)

Bis 1 m hohe, kahle Pflanze. Stengel kantig gerieft, oft schon vom Grund an verzweigt. Blätter 2- bis 3fach fiederigzerteilt, mit linealischen, stachelspitzigen Abschnitten letzter Ordnung, die unteren gestielt mit scheidig erweitertem Stielgrund, die oberen auf den Scheiden sitzend; Blattscheide am Grund beiderseits mit einem vielspaltigen Fiederabschnitt versehen. Blüten in mittelgroßen, 8- bis 16strahligen Dolden stehend. Hüll- und Hüllchenblätter meist fehlend. Kronblätter weiß oder auch rötlich oder rot, 1,5 mm lang. Frucht länglich-elliptisch, die 2 Teilfrüchte etwas gebogen, braun mit fädlichen Rippen, zerrieben mit dem typischen Kümmelgeruch. Blütezeit: V–VII. Standort: Mähwiesen, Weiden, Wegränder, besonders häufig auf Bergwiesen. Verbreitung: Europa (im Süden nur auf den Gebirgen); Nordasien, Nordafrika.
Inhaltsstoffe: Ätherisches Öl, vor allem Carvon.
Anwendung: In der Medizin bei Appetitlosigkeit, Verdauungsstörungen, Darmkrämpfen, Gallenkoliken.
Weitere Verwendung: Als Gewürz.

Tip für die Anwendung zu Hause: Bei Appetitlosigkeit, Magen- und Darmkrämpfen, vor allem aber bei Blähungen: 1 Teelöffel zerdrückte Kümmelfrüchte mit ¼ l kochendheißem Wasser übergießen und 10 Minuten ziehen lassen. 3 Tassen täglich.

Wichtig: Wegen der Verwechslungsgefahr mit ähnlich aussehenden und teilweise **tödlich giftigen** Doldengewächsen unbedingt nur käuflich erworbenen Kümmel verwenden!

201

202

203 Anis

Pimpinella anisum
(Doldengewächse)

Bis 50 cm hohe, behaarte Pflanze. Stengel gerillt, ästig. Untere Blätter langgestielt, rundlich-nierenförmig, eingeschnitten-gezähnt, mittlere und obere Blätter 3lappig. Blüten in 5- bis 15strahligen Doppeldolden. Hüllblätter meist fehlend, Hüllchenblätter fehlend oder wenige, fädlich. Kronblätter 1,5 mm lang, kurzborstig behaart. Frucht eiförmig, nach oben hin verschmälert, 3–4 mm lang, dicht kurzborstig behaart, zerrieben mit dem typischen Anisgeruch. Blütezeit: VII–VIII. Standort: Angebaut. Heimat: Asien.

Inhaltsstoffe: Ätherisches Öl, vor allem Anethol.

Anwendung: In der Medizin gegen Husten, bei Verdauungsstörungen, Darmkoliken, Blähungen.

Weitere Verwendung: Als Gewürz und zur Likörherstellung.

Tips für die Anwendung zu Hause: Bei Husten, bei Blähungen und Verdauungsstörungen, äußerlich zum Gurgeln bei Halsentzündungen: 1 Teelöffel zerstoßene Früchte, auch zu gleichen Teilen gemischt mit Fenchel und Kümmel, mit ¼ l kochendheißem Wasser übergießen und 10 Minuten ziehen lassen. 2–5 Tassen täglich.

204 Große Bibernelle

Pimpinella major
(Doldengewächse)

Bis 1 m hohe, kahle Pflanze mit kantiggefurchtem Stengel. Blätter einfach gefiedert, mit eiförmigen oder länglichen, ungleich eingeschnitten-gezähnten, glänzenden Abschnitten. Blüten in 9- bis 15strahligen Doppeldolden, Hüll- und Hüllchenblätter fehlend. Kronblätter weiß oder rosa, 1 bis 1,5 mm lang. Frucht schmaleiförmig, 2–2,5 mm lang. Blütezeit: VI–VIII. Standort: Fettwiesen, Hochstaudenfluren. Verbreitung: Europa.

Inhaltsstoffe: Ätherisches Öl, Saponin, Gerbstoffe, Bitterstoffe.

Anwendung: In der Medizin als Hustenmittel; in der Homöopathie bei Magen- und Darmstörungen.

205 Kleine Bibernelle

Pimpinella saxifraga
(Doldengewächse)

Ähnlich der Großen Bibernelle, aber Stengel feingerillt. Blattabschnitte rundlich, gekerbt. Frucht breiteiförmig, 2–2,5 mm lang. Blütezeit: VII–X. Standort: Trockenwiesen, lichte Wälder. Verbreitung: Fast ganz Europa.

Inhaltsstoffe und Anwendung wie bei Große Bibernelle (204).

203

links
204
rechts
205

206 Gefleckter Schierling

Conium maculatum
(Doldengewächse)

Bis 2 m hohe, kahle, unangenehm nach Mäusedreck riechende Pflanze. Stengel röhrig, hohl, stielrund, feingerillt, mit einem bläulichen, abwischbaren Reif überzogen, im unteren Teil meist rotgefleckt, sehr ästig. Blätter 2- bis 4fach gefiedert, mit schmaleiförmigen gezähnten Abschnitten; die unteren groß, bis 50 cm lang und 40 cm breit, mit einem stielrunden, röhrigen Stiel, die oberen kleiner, weniger zerteilt, auf den schmalen, weißhautrandigen Scheiden sitzend. Blüten in 10- bis 15strahligen Doppeldolden. Hüllblätter lanzettlich, zurückgeschlagen, Hüllchenblätter 3–6, einseitig zusammengedrängt, zurückgeschlagen. Kronblätter 1,5 mm lang. Früchte eiförmig, 2,5–3,5 mm lang, mit welliggekerbten Längsrippen. Blütezeit: VII bis IX. Standort: Wegränder, Schuttplätze; auf stickstoffhaltigem Boden. Verbreitung: Europa; Nordasien. Inzwischen aber weltweit verschleppt und eingebürgert.

Inhaltsstoffe: Alkaloide, vor allem Coniin, ätherisches Öl, Bitterstoffe, Flavonglykosid.

Anwendung: In der Homöopathie bei Schwindelzuständen, Drüsenschwellungen und Augenleiden.

Wichtig: Der Schierling ist **tödlich giftig!** Vergiftungen treten auf bei Verwechslungen mit ähnlich aussehenden, wildwachsenden Heilpflanzen oder Gewürzpflanzen. Daher bei Doldengewächsen immer nur Ware aus dem Fachhandel verwenden!

207 Koriander

Coriandrum sativum
(Doldengewächse)

Bis 50 cm hohe, kahle Pflanze. Stengel stielrund, feingerillt, oberwärts verzweigt. Blätter hellgrün, die grundständigen gestielt, ungeteilt bis 3lappig, gekerbt bis gezähnt; die folgenden 1- bis 2fach gefiedert, mit eiförmigen fiederspaltigen Abschnitten 1. Ordnung, die oberen 2- bis 3fach gefiedert, mit linealischen bis fädlichen, ganzrandigen Endabschnitten, auf den länglichen Scheiden sitzend. Blüten in flachen, 3- bis 5strahligen Doppeldolden. Hüllblätter fehlend. Hüllchenblätter meist 3, sehr schmal, in eine Haarspitze auslaufend, einseitswendig. Kelchzähne 5, lanzettlich. Kronblätter weiß oder rötlich, die der äußeren Blüten im Döldchen strahlend, 2 äußere deutlich länger als die nach innen gerichteten. Frucht kugelig, 2–5 mm dick, hellbraun. Blütezeit: VI–VII. Standort: Angebaut. Heimat: Wahrscheinlich Westasien.

Inhaltsstoffe: Ätherisches Öl, Bitterstoffe, Gerbstoff.

Anwendung: In der Medizin das ätherische Öl in Präparaten gegen Rheuma.

Weitere Verwendung: Als Gewürz.

Tip für die Anwendung zu Hause: Als Tee bei Blähungen und Völlegefühl, am besten gemischt mit gleichen Teilen Kümmel, Fenchel, Anis und Koriander: 2 Teelöffel der Mischung mit ¼ l kochendheißem Wasser übergießen und 10 Minuten ziehen lassen. 3 Tassen täglich.

206

207

208/209 Sellerie

Apium graveolens
(Doldengewächse)

Bis 1 m hohe, kahle Pflanze, mit spindelförmiger, bei Kulturformen dicker bis kugeliger Wurzel. Stengel kantiggefurcht, oft hohl, reichverzweigt. Blätter dunkelgrün, glänzend, die unteren langgestielt, 1- bis 2fach gefiedert, Abschnitte rhombisch, meist 3lappig, eingeschnitten gezähnt, die oberen 3teilig oder 3spaltig. Blüten (Foto oben rechts) in sehr zahlreichen, kleinen, oft scheinbar blattgegenständigen, sitzenden bis kurzgestielten Doppeldolden mit 6–12 kurzen Strahlen. Hüll- und Hüllchenblätter fehlend. Kronblätter nur etwa 0,5 mm lang, weiß, am Grund herzförmig, an der Spitze mit einem eingeschlagenen Zipfel. Frucht von der Seite gesehen kreisrund, etwas zusammengedrückt, mit kantig vorspringenden Längsrippen, 1,5–2 mm lang. Blütezeit: VI–X. Standort: Salzhaltige Stellen auf Wiesen, Sümpfen, Ufern. Verbreitung: Europa; Westasien, Amerika.
Inhaltsstoffe: Ätherisches Öl, Flavonglykosid Apiin.
Verwendung: Als Gemüse oder Salat.

> **Tips für die Anwendung zu Hause:** Als wassertreibendes Mittel bei Blasen- und Nierenleiden ist Selleriegemüse oder -salat sehr geeignet, ebenso der Tee aus Selleriekraut: 2 Teelöffel Kraut mit ¼ l kaltem Wasser ansetzen, zum Sieden erhitzen. 2 Tassen täglich.

Wichtig: Wegen der Seltenheit der wilden Pflanze und der Verwechslungsgefahr mit **giftigen** Doldengewächsen nur kultivierte Pflanzen verwenden!

210 Bärwurz

Meum athamanticum
(Doldengewächse)

Bis 60 cm hohe, kahle Pflanze mit würzigem Geruch. Stengel kantiggerieft, einfach oder wenig verzweigt, fast blattlos, am Grund mit einem Faserschopf aus alten Blättern. Blätter fast alle grundständig, langgestielt, länglich bis schmaleiförmig, 2- bis 4fach gefiedert, Abschnitte letzter Ordnung fiederteilig-vielspaltig, mit haardünnen, quirlig-gebüschelten, 4–6 mm langen, feingespitzten Zipfeln; Stengelblätter 1–2, weniger stark zerteilt, auf den Scheiden sitzend. Blüten in 6- bis 15strahligen Doppeldolden. Hüllblätter fehlend oder zu 1–8, schmal, Hüllchenblätter 3–8, pfriemlich. Kronblätter weiß bis schwach rötlich, papillös, 1,5 mm lang. Frucht eiförmig bis länglich, 6–10 mm lang, braun mit 5 fädlichen Längsrippen. Blütezeit: V–VIII. Standort: Auf Wiesen und Weiden der Mittelgebirge und Alpen; meist auf kalkfreiem Boden. Verbreitung: West- und Mitteleuropa.
Inhaltsstoffe: Ätherisches Öl, Harz, Gummi, Stärke, Zucker, fettes Öl.
Anwendung: In der Medizin früher als appetitanregendes und verdauungsförderndes Mittel.
Weitere Verwendung: Zur Herstellung eines magenstärkenden Schnapses.
Wichtig: Wegen der Verwechslungsgefahr mit **giftigen** Doldengewächsen nicht sammeln! Keine Selbstbehandlung!

links
208

rechts
209

210

211 Meisterwurz

Imperatoria ostruthium
(Doldengewächse)

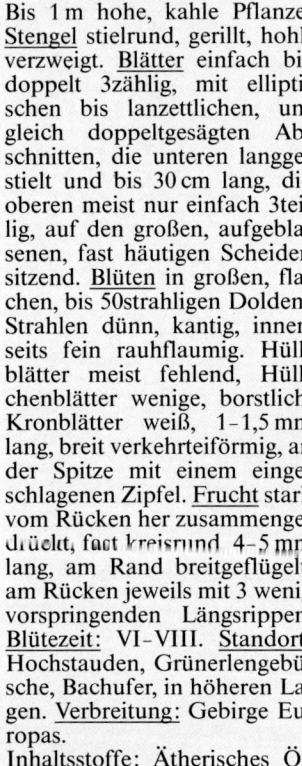

Bis 1 m hohe, kahle Pflanze. Stengel stielrund, gerillt, hohl, verzweigt. Blätter einfach bis doppelt 3zählig, mit elliptischen bis lanzettlichen, ungleich doppeltgesägten Abschnitten, die unteren langgestielt und bis 30 cm lang, die oberen meist nur einfach 3teilig, auf den großen, aufgeblasenen, fast häutigen Scheiden sitzend. Blüten in großen, flachen, bis 50strahligen Dolden; Strahlen dünn, kantig, innerseits fein rauhflaumig. Hüllblätter meist fehlend, Hüllchenblätter wenige, borstlich. Kronblätter weiß, 1–1,5 mm lang, breit verkehrteiförmig, an der Spitze mit einem eingeschlagenen Zipfel. Frucht stark vom Rücken her zusammengedrückt, fast kreisrund, 4–5 mm lang, am Rand breitgeflügelt, am Rücken jeweils mit 3 wenig vorspringenden Längsrippen. Blütezeit: VI–VIII. Standort: Hochstauden, Grünerlengebüsche, Bachufer, in höheren Lagen. Verbreitung: Gebirge Europas.

Inhaltsstoffe: Ätherisches Öl, Bitterstoffe, Gerbstoffe.

Tips für die Anwendung zu Hause: Als verdauungsfördernder und appetitanregender Tee: 2 Teelöffel Droge mit ¼ l kaltem Wasser ansetzen, zum Sieden erhitzen und 2 Minuten kochen lassen. Schluckweise 2–3 Tassen täglich. Als Dampfbad bei Bronchitis: 2 Eßlöffel Droge mit ½ l kochendheißem Wasser übergießen und die Dämpfe 10 Minuten inhalieren.

Wichtig: Wegen der Verwechslungsgefahr mit **giftigen** Doldengewächsen nur Droge aus dem Fachhandel verwenden! Nicht sammeln!

212 Wald-Engelwurz

Angelica sylvestris
(Doldengewächse)

Bis 2 m hohe, kahle Pflanze. Stengel stielrund, schwachkantig, röhrig, verzweigt. Blätter groß, die unteren bis 60 cm lang, mit einem langen hohlen, oberseits rinnigen Stiel, im Umriß 3eckig, 2- bis 3fach gefiedert, mit elliptischen, kurz zugespitzten, unregelmäßig spitzzähnigen Abschnitten; die oberen auf der sehr großen, bauchig aufgeblasenen Blattscheide sitzend, weniger stark zerteilt. Blüten in großen, gewölbten, 20- bis 40strahligen Doppeldolden. Hüllblätter fehlend oder zu 1–3, hinfällig, Hüllchenblätter zahlreich, sehr schmal, herabgebogen. Kronblätter 1–1,5 mm lang, weiß oder rötlich, eiförmig bis schmaleiförmig. Frucht vom Rücken her stark zusammengedrückt, breitelliptisch, mit flügelartigen Randrippen und kaum hervortretenden Rükkenrippen, 4–5 mm lang. Blütezeit: VII–VIII. Standort: Auwälder, feuchte Wiesen, Hochstaudenfluren. Verbreitung: Europa; Sibirien.

Inhaltsstoffe: Ätherisches Öl, Cumarin und Furocumarin.

Anwendung: In der Medizin früher die Wurzel bei Husten und Verdauungsbeschwerden. In der Homöopathie die Früchte bei nervösen Erschöpfungszuständen und nervösen Verdauungsbeschwerden.

211

212

213/214 Immergrüne Bärentraube

Arctostaphylos uva-ursi
(Heidekrautgewächse)

Niederliegender, reich verzweigter Zwergstrauch. Blätter immergrün, derb, oval, 1–3 cm lang, ganzrandig, unterseits netznervig; Blattstiel 1 mm lang. Blütenstände 3- bis 10blütig. Krone krugförmig, auf der Innenseite behaart. Frucht (Foto Mitte links) eine rote, 6–8 mm dicke Beere. Blütezeit: V–VIII. Standort: Kiefernwälder, Heiden. Verbreitung: Europa; Nordasien, Nordamerika.
Inhaltsstoffe: Arbutin, Gerbstoffe, Flavonglykoside.
Anwendung: In der Medizin bei Entzündungen der Harnwege und der Harnblase.

> **Tip für die Anwendung zu Hause:** Bei akuter Blasenentzündung 2 Teelöffel Droge mit ¼ l kaltem Wasser ansetzen und 12–24 Stunden ziehen lassen. 2–3 Tassen des Auszugs täglich lauwarm trinken. Während der Behandlung keine sauren Speisen und Getränke zu sich nehmen.

Wichtig: Die Pflanze ist geschützt! Nur Droge aus dem Fachhandel verwenden!

215 Preiselbeere

Vaccinium vitis-idaea
(Heidekrautgewächse)

Bis 30 cm hoher, niederliegender Halbstrauch. Blätter derb, verkehrteiförmig, vorne stumpf, mit eingerollten Rändern, oberseits dunkelgrün, unterseits bleichgrün. Blütenstände mehr- bis vielblütig, hängend. Krone glockig, 8–10 mm lang, bis zur Hälfte 5spaltig, mit spitzen, nach außen gebogenen Zipfeln, innen kahl. Frucht (Foto Mitte rechts) eine kugelige, rote Beere. Blütezeit: V–VI. Standort: Trockene Wälder, Moore, Heiden. Verbreitung: Mittel- und Nordeuropa; Nordasien, Nordamerika.
Inhaltsstoffe: Arbutin, Gerbstoffe, Flavonglykoside.
Anwendung: In der Medizin früher wie die Bärentraube.

216 Fieberklee

Menyanthes trifoliata
(Enziangewächse)

Bis 35 cm hohe, kahle Pflanze. Blätter langgestielt; Blattspreite 3teilig, kleeartig mit ovalen Blättchen. Blütenstand eine Traube, langgestielt. Kelch fast bis zum Grund 5teilig. Krone mit kurz trichterförmiger Röhre und 5 nach außen zurückgerollten, auf der Innenseite bärtigen Zipfeln. Blütezeit: V–VI. Standort: Flachmoore, quellige Stellen, Röhrichte. Verbreitung: Europa; Asien, Nordamerika.
Inhaltsstoffe: Bitterstoffe, Gerbstoffe, Flavonoide.
Anwendung: In der Medizin bei Verdauungsstörungen und Appetitlosigkeit; in der Homöopathie bei Grippe.

> **Tip für die Anwendung zu Hause:** Als Tee bei Appetitlosigkeit und Durchfall: 1 Teelöffel Droge mit ¼ l kaltem Wasser ansetzen, zum Sieden erhitzen, 1 Minute kochen lassen. 1 Tasse kurz vor den Mahlzeiten.

Wichtig: Die Pflanze ist geschützt! Nicht sammeln!

213

links
214
rechts
215

216

217/218 Ölbaum

Olea europaea
(Ölbaumgewächse)

Bis 10 m hoher Baum oder ein niedrigerer Strauch mit heller Rinde. Zweige rundlich bis 4kantig, anfangs filzigbehaart, zuweilen verdornend. Blätter gegenständig, derb, lanzettlich, zugespitzt, mit aufgesetzter Stachelspitze, ganzrandig mit leicht umgebogenem Rand, oberseits dunkelgrün, unterseits dicht mit Schildhaaren bedeckt, silbrig schimmernd. Blüten in blattachselständigen Rispen. Kelch becherförmig verwachsen, kurz 4zähnig. Krone kurzröhrig, mit 4 abstehenden, eiförmigen Zipfeln. Staubblätter 2, am Grund der Kronröhre entspringend. Fruchtknoten oberständig mit einem kurzen Griffel und einer 2lappigen Narbe. Frucht (Olive) eine länglich bis rundliche, anfangs grüne, dann rote und später blauschwarze Steinfrucht, bis 3,5 cm lang. Steinkern sehr hart, runzelig, hellbraun. Blütezeit: VI. Standort: Angebaut und verwildert, im Mittelmeergebiet an steinigen Hängen auch wild. Verbreitung: Mittelmeergebiet.

Inhaltsstoffe: In den Blättern bitter schmeckende Wirkstoffe, Alkaloide; in den Früchten fettes Öl, vor allem Glyceride der Ölsäure.

Anwendung: In der Medizin die Wirkstoffe der Blätter in Fertigpräparaten zur Herabsenkung des Blutdrucks.

Weitere Verwendung: Die unreifen und reifen Früchte als Genußmittel; das Öl als wertvolles Speiseöl (ungesättigte Fettsäuren) sowie als Salbengrundlage und in Hautpflegemitteln.

219 Manna-Esche

Fraxinus ornus
(Ölbaumgewächse)

Bis 8 m hoher Baum mit grauer Rinde. Junge Zweige grün, rundlich bis fast 4kantig. Blätter gegenständig, bis 30 cm lang, mit einem 4–8 cm langen Stiel, gefiedert, mit 7–9 elliptischen bis eiförmigen, lang zugespitzten, kerbiggesägten Blättchen, unterseits auf den Nerven rostfarben filzigbehaart. Blüten in aufrechten, später überhängenden, vielblütigen Rispen. Kelch sehr kurz, 1 mm lang, verwachsen, mit 4 breit-dreieckigen Zähnen. Kronblätter meist 4, linealisch bis schmal zungenförmig, 7–15 mm lang, am Grund paarweise miteinander verbunden, weiß. Staubblätter 2, den Fruchtknoten weit überragend. Frucht eine Flügelnuß, länglich, 20–25 mm lang und 4–6 mm breit, der Flügel etwa so lang wie die Nuß. Blütezeit: IV. Standort: Laubmischwälder, Gebüsche. Verbreitung: Südeuropa; Kleinasien.

Medizinisch verwendet wird das Manna, der durch Einschnitte in die Rinde gewonnene, an der Luft eingetrocknete Saft.

Inhaltsstoffe: Zuckeralkohol Mannit, mehrere Zucker, Harz, in Spuren das Glykosid Fraxin.

Anwendung: In der Medizin als mildes Abführmittel vor allem bei Kindern.

links
217
rechts
218

219

220 Schwalbenwurz

Vincetoxicum hirundinaria
(Schwalbenwurzgewächse)

Bis 1 m hohe, fast kahle Pflanze. Stengel unverzweigt. Blätter gegenständig, kurzgestielt, breitlanzettlich mit gerundetem oder herzförmigem Grund, unterseits auf den Nerven kurz flaumigbehaart. Blütenstände in den oberen Blattachseln, aus mehreren, von kleinen, lanzettlichen Hochblättern umgebenen, knäuelartigen Teilblütenständen zusammengesetzt; Kelchzipfel 2 mm lang, spitz. Krone trichterförmig, 4–5 mm breit, tief 5zipfelig. Frucht eine 2teilige Balgkapsel. Samen mit Haarschopf. Blütezeit: V–VIII. Standort: Trockenrasen, lichte Wälder, Gebüsche. Verbreitung: Europa mit Ausnahme des Nordens; Asien, Nordafrika.

Inhaltsstoffe: Ein Glykosidgemisch, Alkaloide, Flavonglykoside.

Anwendung: In der Homöopathie bei Bluthochdruck und bei fiebrigen Erkrankungen.

Wichtig: Schwalbenwurz ist **stark giftig.** Keine Selbstbehandlung!

221 Ackerwinde

Convolvulus arvensis
(Windengewächse)

Fast kahle Pflanze mit langkriechenden, unterirdischen Sprossen und bis 1 m langen, kriechenden oder windenden Stengeln. Blätter wechselständig, langgestielt, länglich-eiförmig mit pfeilförmigem Grund, vorne gerundet oder kurz zugespitzt, bis 4 cm lang, ganzrandig, gegen die Stengelspitze kleiner werdend und kürzer gestielt. Blüten einzeln in den Blattachseln, langgestielt. Kelch mit 3 längeren und 2 kürzeren elliptischen, 4–5 mm langen Zipfeln. Krone breittrichterförmig, 1,5–2,5 cm lang, weiß oder rosa, undeutlich zipfelig. Frucht eine breiteiförmige, 5–8 mm lange Kapsel. Blütezeit: V–IX. Standort: Felder, Gärten, Wegränder, Schuttplätze. Verbreitung: Fast über die ganze Erde verbreitet.

Inhaltsstoffe: Harzglykoside, Gerbstoffe, Flavonoide.

Anwendung: In der Medizin selten mit anderen abführenden Drogen bei Verstopfung und Darmträgheit.

222 Gemeine Zaunwinde

Calystegia sepium
(Windengewächse)

Bis 3 m lange, windende, kahle Pflanze. Blätter herzförmig oder pfeilförmig, spitz oder stumpf, deutlich gestielt, wechselständig. Blüten einzeln in den Blattachseln, 3,5–4 cm lang, am Grund von 2 breitlanzettlichen Hochblättern umgeben, die den Kelch teilweise bedecken. Kelch 10 mm lang. Krone groß, trichterförmig, weiß, an der Spitze kurz und breit 5zipfelig. Blütezeit: VI–IX. Standort: Auwälder, Röhrichte, Hecken, Zäune. Verbreitung: Weltweit.

Inhaltsstoffe: Harzglykoside, Gerbstoffe.

Anwendung: In der Medizin nur das aus der Pflanze gewonnene Harz als ein den Dünndarm beeinflussendes starkes Abführmittel.

links
220
rechts
221

222

223/224 Spanischer Pfeffer, Paprika

Capsicum annuum
(Nachtschattengewächse)
Bis 50 cm hohe, kahle Pflanze. Stengel aufrecht, sparrigverzweigt. Blätter wechselständig, langgestielt, lanzettlich bis eiförmig, am Grund keilig verschmälert, vorne lang zugespitzt, ganzrandig oder schwach ausgeschweift buchtig. Blüten einzeln oder seltener zu 2–4 in den Achseln der oberen Blätter, gestielt, nikkend. Kelch halbkugelig-glokkenförmig mit 5 kurzen Zipfeln. Krone mit kurzer trichterförmiger Röhre und 5 radförmig ausgebreiteten eiförmigen Zipfeln, 10 mm breit, weiß oder selten violett. Staubblätter 5, mit violetten Staubbeuteln. Frucht eine wenig saftige, aufgeblasene, 5–12 cm lange und bis 10 cm dicke, kugelige bis walzenförmige Beere, wenigstens im oberen Teil einfächerig, im unteren Teil 2- bis 3fächerig, vielsamig, rot, gelb oder grün. Blütezeit: VI–IX. Standort: Angebaut: Heimat: Amerika.

Inhaltsstoffe: Capsaicin (der scharf schmeckende Bestandteil), Carotinoide, Flavonglykoside, Vitamin C.

Anwendung: In der Medizin bei Appetitlosigkeit und Verdauungsstörungen. Äußerlich als Salbe, Pflaster oder Tinktur bei Rippenfellentzündung, Rheuma, Frostschäden. In der Homöopathie bei Hals- und Mittelohrentzündung.

Weitere Verwendung: Als Gemüse und Gewürz.

Wichtig: Bei zu hoher Dosierung Gefahr von Darmreizung. Keine Selbstbehandlung!

225 Stechapfel

Datura stramonium
(Nachtschattengewächse)
Bis 1 m hohe, kahle Pflanze. Stengel aufrecht, einfach oder gabelästig. Blätter langgestielt, eiförmig, am Grund in den Blattstiel verschmälert, vorne zugespitzt, grobbuchtig gezähnt bis fast gelappt, auf der Oberseite dunkelgrün, auf der Unterseite heller, bis 20 cm lang. Blüten einzeln in den Astgabeln und am Ende der Äste, aufrecht, gestielt. Kelch röhrig, 5kantig, etwas aufgeblasen, kurz 5zähnig, bis 4,5 cm lang. Krone 5,5–7,5 cm lang, röhrig mit trichterförmig ausgebogenem, 5zipfeligem Saum, Zipfel fein zugespitzt. Frucht eine bis 5 cm lange, eiförmige Kapsel, mit derben Stacheln besetzt, bei der Reife nicht ganz bis zum Grund 4klappig aufspringend. Samen zahlreich, netzgrubig punktiert, braunschwarz, 3 mm lang. Blütezeit: VI–X. Standort: Ödland, Schuttplätze, Gärten; auf stickstoffhaltigen Böden.

Verbreitung: Mittelamerika; heute weltweit verschleppt.

Inhaltsstoffe: Alkaloide Hyoscyamin, Scopolamin, Atropin und andere, Flavonoide.

Anwendung: In der Medizin als krampflösendes Mittel bei Husten und Asthma sowie bei Parkinsonscher Krankheit. In der Homöopathie bei Asthma, Krämpfen und Neuralgien.

Wichtig: Die Pflanze ist **tödlich giftig!** Keine Selbstbehandlung!

links
223
rechts
224

225

226 Melisse

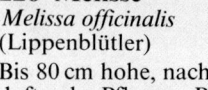

Melissa officinalis
(Lippenblütler)

Bis 80 cm hohe, nach Zitronen duftende Pflanze. Blätter gegenständig, gestielt, eiförmig, grobgesägt. Blüten zu 3–6 quirlständig in den Achseln der oberen Blätter. Kelch röhrig, 7–8 mm lang, 2lippig, Krone 12–15 mm lang, 2lippig, mit schwach ausgerandeter Oberlippe und 3lappiger Unterlippe. Blütezeit: VI–VIII. Standort: Angebaut. Heimat: Östliches Mittelmeergebiet. Inhaltsstoffe: Ätherisches Öl, Bitterstoff, Gerbstoff. Anwendung: In der Medizin bei nervösen Magen-, Darm- und Herzbeschwerden.

Tip für die Anwendung zu Hause: Bei nervösen Magen-, Darm- und Herzbeschwerden als Tee: 2 Teelöffel Droge mit ¼ l kochendheißem Wasser übergießen und 10 Minuten ziehen lassen. 3 Tassen täglich.

227 Basilienkraut

Ocimum basilicum
(Lippenblütler)

Bis 40 cm hohe, buschige, fast kahle, Pflanze. Blätter gegenständig, kurzgestielt, eiförmig bis rhombisch, 3–5 cm lang, ganzrandig bis gekerbt. Blüten in meist 6blütigen Scheinquirlen, einen ährenartigen Gesamtblütenstand bildend. Kelch 2lippig, mit kreisrunder, ungeteilter Oberlippe und 4zähniger Unterlippe. Krone 10–15 mm lang, kurzröhrig, 2lippig, mit breiter, stumpf 4lappiger Oberlippe und löffelförmiger Unterlippe. Blütezeit: VI–IX. Standort: Angebaut. Heimat: Indien. Inhaltsstoffe: Ätherisches Öl, Gerbstoffe, Saponin. Anwendung: In Medizin und Homöopathie bei Verdauungsstörungen, Magenverstimmungen, Blähungen.

Tip für die Anwendung zu Hause: Bei Blähungen und Magenverstimmungen als Tee: 1–2 Teelöffel Kraut mit ¼ l kochendheißem Wasser übergießen, 10–15 Minuten ziehen lassen. Bei Bedarf 1 Tasse.

228 Gemeiner Andorn

Marrubium vulgare
(Lippenblütler)

Bis 60 cm hohe, filzigbehaarte Pflanze. Blätter gegenständig, gestielt, breitoval, 2–4 cm lang, runzelig, stumpfgezähnt. Blüten in kugeligen Blütenständen in den Achseln der oberen Blätter. Kelch 4–6 mm lang, mit 10 stacheligen, zur Fruchtzeit hakigen Zähnen. Krone 6–7 mm lang, 2lippig. Blütezeit: VI–VIII. Standort: Wegränder, Schuttplätze. Verbreitung: Südeuropa; Mittelasien. Inhaltsstoffe: Bitterstoff Marrubiin, ätherisches Öl, Gerbstoffe.
Anwendung: In Medizin und Homöopathie als Hustenmittel und zur Anregung der Magensaft- und Galleabsonderung.

Tip für die Anwendung zu Hause: Zur Appetitanregung und Verdauungsförderung und bei Husten: 2 Teelöffel Andornkraut mit ¼ l kochendheißem Wasser übergießen, 3–5 Minuten ziehen lassen. 3–5 Tassen täglich.

links
226

rechts
227

228

229 Weiße Taubnessel

Lamium album
(Lippenblütler)

Bis 40 cm hohe Pflanze. Stengel meist einfach, 4kantig. Blätter gegenständig, gestielt, 3eckig-eiförmig, am Grund gestutzt bis schwach herzförmig, vorne zugespitzt, am Rand einfach grobgesägt, beiderseits lockerbehaart. Blüten sitzend, in quirlähnlichen, 6- bis 16blütigen, voneinander entfernt stehenden Teilblütenständen in den Achseln der oberen Stengelblätter. Kelch trichterartig mit ungleichen, spitzen Zähnen. Krone 2–2,5 cm lang, mit einer aufwärts gebogenen Röhre, 2lippig, mit gewölbter Oberlippe und 3lappiger nach unten gefalteter Unterlippe; Seitenabschnitte der Unterlippe mit je 1 schmallanzettlichen Zahn, Mittellappen eingeschnitten 2zipfelig. Blütezeit: IV–VIII. Standort: Gebüsche, Wegränder, Schuttplätze. Verbreitung: Große Gebiete Europas; Nord- und Ostasien.
Inhaltsstoffe: Saponin, Gerbstoff, ätherisches Öl, Schleim, Flavonglykoside.

> **Tips für die Anwendung zu Hause:** Bei schmerzhafter und unregelmäßiger Periode junger Mädchen sowie bei weißem Ausfluß als Tee; äußerlich zu Waschungen: 1–2 Teelöffel Taubnesselblüten mit ¼ l kaltem Wasser ansetzen, zum Sieden erhitzen und 5 Minuten ziehen lassen. 2–3 Tassen täglich über längere Zeit trinken.

Anwendung: In der Medizin in Teemischungen bei Infekten der Atemwege und bei Schlaflosigkeit.

230 Gemeiner Wolfstrapp

Lycopus europaeus
(Lippenblütler)

Bis 1 m hohe, fast kahle Pflanze. Stengel 4kantig, einfach oder mit abstehenden Ästen. Blätter gegenständig, sitzend oder kurzgestielt, lanzettlich, 3–8 cm lang, grob- und tiefgezähnt, kahl oder zerstreutbehaart. Blüten sitzend, zahlreich, quirlartig in den Achseln der oberen Laubblätter. Kelch 2,5–4 mm lang, weit glockig, mit 10 undeutlichen Nerven; Zähne 5, lanzettlich, stechend begrannt, doppelt so lang wie die Röhre. Krone 4–6 mm lang, 2lippig; Oberlippe weiß, schwach ausgerandet, Unterlippe weiß mit roten Punkten, 3lappig. Fertige Staubblätter 2, aus der Kronröhre weit hervorragend. Blütezeit: VII–IX. Standort: Röhrichte, Gräben, Verlandungssümpfe. Verbreitung: Fast ganz Europa; Nordasien.
Inhaltsstoffe: Bitterstoffe, Gerbstoffe, ätherisches Öl, Flavonglykoside.
Anwendung: In Medizin und Homöopathie bei leichteren Fällen von Schilddrüsenüberfunktion und deren Begleiterscheinungen wie nervöse Herzstörungen.

229

230

231 Gnadenkraut

Gratiola officinalis
(Braunwurzgewächse)

Bis 40 cm hohe, kahle Pflanze. Stengel aufrecht, hohl, verzweigt. Blätter gegenständig, lanzettlich, spitz, sitzend, scharf schmalzähnig, mit 3 deutlichen Längsnerven, beiderseits drüsigpunktiert. Blüten einzeln in den Achseln der oberen Blätter, gestielt. Kelch verwachsen, mit 5 langen, schmalen Zähnen. Krone 8–10 mm lang, 2lippig, mit einer weiten Röhre; Oberlippe zurückgebogen, eingeschnitten, Unterlippe abstehend, 3lappig, weiß und rötlich geadert oder rötlich überlaufen. Staubblätter 2. Frucht eine eiförmige bis fast kugelige, 4klappig aufspringende Kapsel. Blütezeit: VI–VIII. Standort: Sumpfwiesen, Tümpel, Gräben, Ufer. Verbreitung: Mittel- und Südeuropa; Nord- und Westasien, Nordamerika.

Inhaltsstoffe: Herzwirksame Glykoside, Bitterstoffe, Gerbstoffe, ätherisches Öl.

Anwendung: In der Medizin früher als starkes Abführmittel, wird aber wegen der Giftigkeit der Pflanze nicht mehr verwendet. In der Homöopathie bei Durchfällen, Magen- und Darmstörungen.

Wichtig: Die Pflanze ist **stark giftig,** mit ähnlicher Wirkung wie die beim Roten Fingerhut (142/143)! Keine Selbstbehandlung!

232 Gemeiner Augentrost

Euphrasia rostkoviana
(Braunwurzgewächse)

Bis 30 cm hohe, im oberen Teil drüsigbehaarte Pflanze. Stengel meist im unteren Teil verzweigt. Blätter sitzend, eiförmig, die oberen mit auf jeder Seite 3–6 kaum begrannten Zähnen. Blüten einzeln in den Achseln der oberen Blätter; Kelch 5–6 mm lang. Krone 8–14 mm lang, sich während der Blütezeit verlängernd und mit ihrer Röhre den Kelch überragend. Frucht eine 4–6 mm lange, behaarte Kapsel. Blütezeit: V–X. Standort: Wiesen, Weiden. Verbreitung: Europa, mit Ausnahme des Nordens und des Südens.

Inhaltsstoffe: Glykosid Aucubin, Gerbstoffe, Bitterstoffe, ätherisches Öl.

Anwendung: In der Homöopathie innerlich und äußerlich bei Augenentzündungen und Überanstrengung der Augen sowie bei Husten, Erkältungen, Rheuma und Gicht.

Tips für die Anwendung zu Hause: Bei Bindehautentzündung oder Lidrandentzündung sowie bei Ermüdung der Augen durch Überanstrengung innerlich als Tee und äußerlich für Umschläge: 1–2 Teelöffel Droge mit ¼ l kaltem Wasser ansetzen, zum Sieden erhitzen und 2 Minuten ziehen lassen. Täglich über den Tag verteilt 1 Tasse. Für die äußerliche Behandlung des sogenannten Gerstenkorns ein Tee aus gleichen Teilen Augentrost und Kamille.

Verwechslung: **Scheckiger Augentrost,** *Euphrasia picta* (wie Gemeiner Augentrost (232), aber Pflanze nicht drüsig, sondern nur einfach kurzhaarig), in den Alpen und im Alpenvorland.

231

232

233/234 Schwarzer Holunder

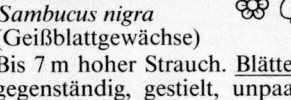

Sambucus nigra
(Geißblattgewächse)

Bis 7 m hoher Strauch. Blätter gegenständig, gestielt, unpaarig gefiedert, mit 5–7 elliptischen, zugespitzten, ungleichmäßig gesägten, spärlichbehaarten Blättchen. Blüten stark duftend, in reich- und dichtblütigen, endständigen, schirmförmigen, flachen Trugdolden. Kelch kurzröhrig mit 5 kurzen Zähnen. Krone am Grund verwachsen mit 5 radförmig ausgebreiteten Zipfeln, 6–9 mm breit, weiß bis gelblichweiß. Staubblätter 5 mit gelben Staubbeuteln. Frucht eine kugelige, 5–6 mm dicke, glänzend schwarzviolette Beere. Blütezeit: VI–VII. Standort: Laubwälder, Waldränder, Hekken, Ufer, Auen. Verbreitung: Fast ganz Europa; Kleinasien, Kaukasus, Westsibirien.

Inhaltsstoffe: In den Blüten ätherisches Öl, Flavonoide, Gerbstoffe, Blausäureglykosid, organische Säuren; in den Früchten organische Säuren, Zucker, Gerbstoffe, Anthocyane, Vitamine.

Anwendung: In der Homöopathie gegen Nachtschweiß.

Tip für die Anwendung zu Hause: Als schweißtreibendes Mittel bei fiebrigen Erkältungskrankheiten:
2 Teelöffel Blüten mit ¼ l kochendheißem Wasser übergießen und 10 Minuten ziehen lassen. Zum Schwitzen 2 Tassen heiß trinken. Die vitaminreichen Früchte bei Erkältungskrankheiten als Saft oder Kompott.

Verwechslung: **Traubenholunder,** *Sambucus racemosa* (wie Schwarzer Holunder (233/234), aber Blüten in eiförmigen, rispigen, dichtbehaarten Trugdolden, Früchte scharlachrot), in schattigen Wäldern, Hecken, an Waldrändern.

235 Zwergholunder

Sambucus ebulus
(Geißblattgewächse)

Bis 2 m hohe, krautige, kaum behaarte Pflanze. Stengel aufrecht, einfach, im Herbst absterbend. Blätter gegenständig, gestielt, unpaarig gefiedert mit 5–9 länglichen bis lanzettlichen, zugespitzen, am Rand scharfgesägten Blättchen. Nebenblätter krautig, lanzettlich, gesägt. Blüten nach bitteren Mandeln riechend, in einer endständigen, schirmförmigen, reichblütigen Trugdolde. Kelch kurz 5zähnig. Krone radförmig, 6–8 mm breit, weiß oder rötlich, 5zipfelig. Staubblätter 5, mit purpurnen Staubbeuteln. Früchte elliptisch, 4 mm lang, glänzendschwarz. Ganze Pflanze mit widerlichem Geruch. Blütezeit: VI–VIII. Standort: Feuchte Waldränder und Lichtungen, Hecken, Wegränder. Verbreitung: Mittel- und Südeuropa; Nordafrika, Westasien.

Inhaltsstoffe: Bitterstoffe, Saponine, Gerbstoff.

Anwendung: In der Medizin in Fertigpräparaten als harntreibendes Mittel und zur Ausschwemmung von Wasseransammlungen.

Wichtig: Der Zwergholunder ist **giftig!** Keine Selbstbehandlung!

links
233
rechts
234

235

236 Waldmeister

Galium odoratum
(Rötegewächse)

Bis 30 cm hohe, kahle Pflanze. Stengel aufrecht, 4kantig, einfach. Blätter zu 6–9 quirlständig, lanzettlich, spitz, im vorderen Drittel am breitesten, ganzrandig, sitzend, mit einem auffälligen Nerv. Blütenstände doldenartig, wenigblütig, endständig oder in den Achseln der oberen Blätter. Kelch fehlend; Krone trichterförmig, mit 1 mm langer Röhre und 4 ausgebreiteten, spitzen Zipfeln, 4–6 mm breit. Frucht nußartig, kugelig, 2–3 mm hoch, mit hakenförmigen Haaren bedeckt. Blütezeit: IV–V. Standort: Wälder, vor allem Buchenwälder. Verbreitung: Fast ganz Europa; Nordasien.
Inhaltsstoffe: Cumaringlykosid, das beim Trocknen Cumarin abspaltet und den charakteristischen Geruch verleiht, Glykosid Asperulosid, Gerbstoffe, Bitterstoffe.
Anwendung: In der Medizin in Fertigpräparaten bei Venenerkrankungen und bei Durchblutungsstörungen.
Wichtig: Die früher übliche Verwendung in der Volksheilkunde ist nicht unproblematisch, da es durch die gefäßerweiternde Wirkung des Cumarins leicht zu inneren Blutungen kommen kann, besonders bei Magen- oder Darmgeschwüren. Deshalb ist auch die Verwendung von Waldmeister zur Herstellung der Maibowle vom gesundheitlichen Standpunkt aus gesehen nicht erwünscht, und der Verkauf von Waldmeisterkraut dafür weitgehend eingestellt worden.

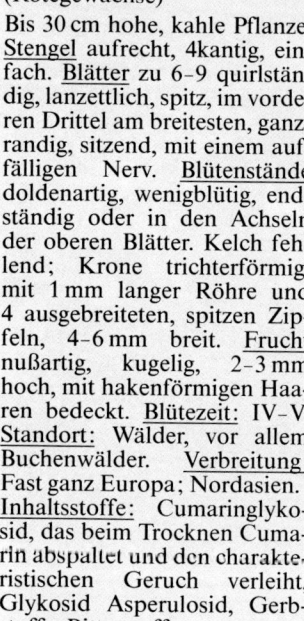

237 Gänseblümchen

Bellis perennis
(Korbblütler)

Bis 15 cm hohe, rasig wachsende, behaarte Pflanze. Blätter alle in einer dichten, grundständigen Rosette vereinigt, spatelförmig bis schmal verkehrteiförmig, entfernt gekerbt, 1nervig, am Grund plötzlich in den breiten Stiel verschmälert. Stengel schaftartig, blattlos, 1köpfig. Köpfchen 10–20 mm breit. Hülle halbkugelig; Hüllschuppen krautig, länglich, stumpf, fast gleichlang, in 2 Reihen angeordnet. Randblüten zahlreich, schmal zungenförmig, 0,5–1 mm breit, weiß, an der Spitze oft rötlich oder seltener ganz rot. Blüten der Scheibe zahlreich, röhrig, an der Spitze 5zähnig, viel kürzer als die Zungenblüten, gelb. Früchte klein, 1 mm lang, verkehrteiförmig, seitlich zusammengedrückt, glatt, ohne Pappus. Blütezeit: III–XI. Standort: Wiesen, Rasen, Wegränder, Waldlichtungen. Verbreitung: Europa; Kleinasien; vielerorts eingebürgert.
Inhaltsstoffe: Saponine, Gerbstoff, Bitterstoff, ätherisches Öl, Inulin.
Anwendung: In der Homöopathie bei Verstauchungen, Prellungen, Furunkeln und Ekzemen.

Tip für die Anwendung zu Hause: Den Tee äußerlich für Umschläge bei schlecht heilenden Wunden, Hautausschlägen und Ekzemen: 2 Teelöffel Droge mit ¼ l kochendheißem Wasser übergießen, 10 Minuten ziehen lassen.

236

237

238/239 Kanadisches Berufkraut

Conyza canadensis
(Korbblütler)

Bis 1 m hohe, zerstreutbehaarte Pflanze. Stengel aufrecht, stielrund, oberwärts stark verzweigt. Blätter wechselständig, lanzettlich bis linealisch-lanzettlich, ganzrandig oder entfernt gezähnt, die unteren in einen kurzen Stiel verschmälert, die oberen mit verschmälertem Grund sitzend. Köpfchen sehr zahlreich, in einer meist reichästigen, verlängerten, endständigen Rispe zusammengedrängt, 3–5 mm breit. Hülle walzlich, mit vielen schmallanzettlichen, spitzen, mehrreihigen Hüllblättern. Blüten kaum länger als die Hülle, die randständigen schmal zungenförmig, weiß oder rötlich, die Scheibenblüten röhrig, gelblichweiß. Früchte 1 mm lang, fast kahl, mit einem bis 3 mm langen, vielborstigen, schmutzigweißen Pappus. Blütezeit: VI–X. Standort: Schuttplätze, Wegränder, Bahndämme, Äkker. Verbreitung: Weltweit.
Inhaltsstoffe: Ätherisches Öl, Gerbstoffe.
Anwendung: In der Homöopathie bei Blutungen verschiedener Art, zum Beispiel bei Nasenbluten.

240 Gemeine Schafgarbe

Achillea millefolium
(Korbblütler)

Bis 60 cm hohe, behaarte Pflanze. Stengel aufrecht, erst im Blütenstandbereich verzweigt. Blätter schmallanzettlich, 2- bis 3fach fiederteilig, mit etwas schräg zur Achse gestellten Abschnitten 1. Ordnung, Endabschnitte lanzettlich, 0,5–1 mm breit, spitz. Blütenköpfe 4–8 mm breit, zu einer reichköpfigen, flachen, doldenartigen Rispe vereinigt. Hülle eiförmig, 3–4,5 mm lang; Hüllblätter gelbgrün, hellbraun bis schwarzbraun häutig berandet. Randständige Blüten zu 4–6, mit einer breiteiförmigen, 3zähnigen Zunge, weiß; Scheibenblüten röhrig, kurz 5zähnig, schmutzigweiß, zwischen den Blüten auf dem Köpfchenboden häutige Schuppen. Früchte 1,8–2 mm lang, am Rand seitlich kurzgeflügelt, ohne Pappus. Blütezeit: VI–X. Standort: Fettwiesen, Weiden. Verbreitung: Europa; Nordasien.
Inhaltsstoffe: Ätherisches Öl, vor allem Cineol und Chamazulen, Bitterstoffe, Gerbstoffe.
Anwendung: In der Medizin bei Appetitlosigkeit, Verdauungsstörungen, Leber- und Galleleiden. In der Homöopathie bei inneren Blutungen.

Tips für die Anwendung zu Hause: Zur Anregung der Verdauung und bei Leber- und Gallebeschwerden: 2 Teelöffel Droge mit ¼ l kochendheißem Wasser übergießen und 15 Minuten ziehen lassen. 2–3 Tassen täglich. Dieser Tee ist auch äußerlich zum Waschen von Wunden geeignet.

links
238
rechts
239

240

241 Römische Kamille

Chamaemelum nobile
(Korbblütler)

Bis 30 cm hohe, wenigbehaarte Pflanze. Blätter wechselständig, 2fach fiederspaltig, mit linealischen spitzen Abschnitten, sitzend. Blütenköpfe einzeln an den Enden der Äste, gestielt, 2–2,5 cm breit. Hülle halbkugelig, 4–6 mm hoch; Hüllschuppen länglich bis verkehrteiförmig, glänzend, fast kahl, am Rand sehr breit häutig. Köpfchenboden verlängert-kegelförmig. Randblüten mit einer 10 mm langen, elliptischen, weißen Zunge, zuweilen fehlend, bei kultivierten Pflanzen (gefüllte) oft alle Blüten zungenförmig; Scheibenblüten röhrig, gelb, zwischen den Blüten stehen lanzettliche, kahnförmige, spelzenartige Schuppen. Blütezeit: VI–X. Standort: Angebaut. Verbreitung: Westeuropa.

Inhaltsstoffe: Ätherisches Öl mit Chamazulen, Bitterstoff, Cumarine, Flavonglykoside.

Anwendung: In der Medizin bei Appetitlosigkeit und zur Förderung der Verdauung.

242 Echte Kamille

Matricaria recutita
(Korbblütler)

Bis 50 cm hohe, fast kahle Pflanze. Stengel aufrecht, oft reichverzweigt. Blätter wechselständig, sitzend, länglich, 2- bis 3-fach fiederteilig, mit linealischen, spitzen Zipfeln. Köpfe endständig an den Ästen, 1,8–2,5 cm breit. Hülle halbkugelig; Hüllblätter länglich, stumpf, grün mit schmalem Hautrand. Köpfchenboden kegelförmig, hohl. Randblüten zungenförmig, weiß, Scheibenblüten röhrig, 5zähnig, gelb. Pflanze mit typischem Kamillegeruch. Blütezeit: V–IX. Standort: Äcker, Wegränder, Schuttplätze. Verbreitung: Fast ganz Europa; West- und Mittelasien.

Inhaltsstoffe: Ätherisches Öl, vor allem Chamazulen, Flavonoide, Cumarine.

Anwendung: In der Medizin als hochwirksames entzündungshemmendes Mittel in vielen Fertigpräparaten und Tees bei Entzündungen im Magen-Darm-Bereich und Entzündungen der Haut.

Tips für die Anwendung zu Hause: Bei Entzündungen im Magen-Darm-Bereich als Tee: 1–2 Teelöffel Droge mit kochendheißem Wasser übergießen und 10 Minuten ziehen lassen. 3 Tassen täglich auf leeren Magen. Auch als Rollkur: Morgens vor dem Aufstehen 1 Tasse Tee trinken, dann jeweils 5 Minuten auf dem Rücken, dem Bauch und den beiden Seiten liegen. Bei Entzündungen im Rachenraum ein Dampfbad: 1 kleine Handvoll Blüten mit 1 l kochendheißem Wasser übergießen; Kopf und Gefäß abdecken und die Dämpfe 10 Minuten einatmen. Der Tee auch zu Spülungen und Umschlägen bei Entzündungen der Haut und der Schleimhäute.

Verwechslung: **Duftlose Kamille,** *Tripleurospermum inodorum* (wie Echte Kamille (242), aber Pflanze ohne den typischen Kamillegeruch, Köpfchenboden halbkugelig, markig), an ähnlichen Standorten.

241

242

243 Mutterkorn ⊞

Claviceps purpurea
(Schlauchpilze)

Die Dauer- und Überwinterungsform eines auf Gräsern parasitierenden Pilzes (Sklerotium). Die Sklerotien entwikkeln sich in den befallenen Fruchtknoten und sind beim Abfallen linealisch bis schmal spindelförmig bis hornartig gebogen, 3–50 mm lang und 1–5 mm dick, violett bis schwarzbraun. Die weitere Entwicklung und die Sporenbildung finden im Frühjahr statt. Wirtspflanzen: Vor allem Roggen, seltener Gerste und Weizen, sowie zahlreiche Wildgräser. Verbreitung: Fast weltweit.
Inhaltsstoffe: Alkaloide der Lysergsäure-Gruppe, Clavinalkaloide.
Anwendung: In der Medizin als reine Alkaloide, vor allem bei Gebärmutterblutungen. In der Homöopathie bei Durchblutungsstörungen des Gehirns und der Beine.
Wichtig: Mutterkorn ist **stark giftig!** Keine Selbstbehandlung!

244/245 Ackerschachtelhalm

Equisetum arvense
(Schachtelhalmgewächse)

Sterile Laubsprosse bis 50 cm hoch. Stengel 3–5 mm dick, gegliedert, schwach rauh, mit 6–20 glatten Rippen. Stengelscheiden eng trichterförmig, 10–12 mm lang, am oberen Rand mit 6–20 dreieckiglanzettlichen, scharfspitzigen, schwärzlichen, kurzen Zähnen. Äste quirlständig, am Grund der Scheiden durchbrechend, einfach, selten verzweigt, hohl, 4- bis 5kantig, das unterste Glied deutlich länger als die zugehörige Stengelscheide. Astscheiden mit 4 abstehenden Zähnen. Sporentragende Sprosse vor den Laubsprossen erscheinend, hellbraun, mit einem 1–4 cm langen, walzlichen Sporangienstand. Sporenreife: III–IV. Standort: Wegränder, feuchte Ufer, Unkrautfluren. Verbreitung: Nördliche gemäßigte Breiten.
Inhaltsstoffe: Flavonglykoside, Kieselsäure, Saponine.
Anwendung: In der Medizin bei Nieren- und Blasenerkrankungen.

Wichtig: Ackerschachtelhalm kann leicht mit dem giftigen Sumpfschachtelhalm verwechselt werden. Nicht sammeln! Keine Selbstbehandlung!

246 Isländisch Moos

Cetraria islandica
(Flechten)

Bodenbewohnende, 4–10 cm hohe, sparrigverzweigte Flechte. Lappen blattartig flach, 5–20 mm breit, gabelig oder geweihartig verzweigt, oberseits braun oder braungrün, unterseits weißgrün bis hellbraun, am Rand borstig bewimpert. Standort: Heiden, Nadelwälder, bis in die alpine Stufe. Verbreitung: Arktis, Antarktis; sonst fast weltweit in den Gebirgen.
Inhaltsstoffe: Schleimstoffe, Flechtensäuren, Vitamine, Jod.
Anwendung: In der Medizin bei Reizhusten, Entzündungen der Atemwege und im Magen-Darm-Bereich.

243

links
244
rechts
245

246

247 Keulen-Bärlapp Ⓢ ⊞

Lycopodium clavatum
(Bärlappgewächse)

Ausdauernde überwinternde, kahle Sporenpflanze. Hauptstengel bis 4 m lang, weithin über den Boden kriechend, in Abständen wurzelnd, gabelig verzweigt, mit aufrechten, 5-20 cm hohen, oft wiederholt verzweigten Ästen. Blätter dicht schraubig stehend, linealisch, ganzrandig, 3-4 mm lang, in eine fast ebenso lange, haarfeine, farblose Spitze auslaufend. Sporenstände meist zu 2, gestielt, 3-6 cm lang und 3-4 mm dick. Sporangientragende Hochblätter dichtstehend, sich dachziegelartig dekkend, eiförmig, spitz, 3-5 mm lang, auf der Oberseite mit je 1 kugelig-nierenförmigen, ockergelben Sporangium. Sporenreife: VI-VIII. Standort: Heiden, lichte, trockene Wälder, Waldschlage. Verbreitung: Europa, mit Ausnahme des Südens; Westasien.
Inhaltsstoffe: Alkaloide Lycopodin, Clavatin, Clavotoxin.
Anwendung: In der Homöopathie bei Erkrankungen der Leber und Galle, Verdauungsstörungen, Nieren- und Blasenleiden, bei Rheuma und Gicht.
Wichtig: Die **giftige** Pflanze ist geschützt! Nicht sammeln! Keine Selbstbehandlung!

248 Frauenhaar

Adiantum capillus-veneris
(Frauenhaargewächse)

Pflanze mit einem kriechenden unterirdischen Erdstock. Blätter 2zeilig gestellt, meist niederliegend oder herabhängend, kahl; 10-50 cm lang; Blattstiel bis 20 cm lang, dünn, glänzendschwarz, am Grund mit braunen, schmalen Schuppen besetzt; Blattspreite im Umriß eiförmig bis länglich-eiförmig, 2- bis 4fach gefiedert, hellgrün; Abschnitte haardünn gestielt, rhombisch-verkehrteiförmig, am oberen Rand kurz handförmig gelappt, kerbiggezähnt, die sporangientragenden Randläppchen fast quadratisch bis halbmondförmig, nach unten zurückgeschlagen und so die Sporangien vollständig einhüllend. Sporenreife: VI-IX. Standort: An feuchten Stellen um Quellen, Brunnen und in Höhleneingängen. Verbreitung: Mittelmeergebiet; fast alle warmen Gebiete der Erde.
Inhaltsstoffe: Gerbstoffe, Bitterstoffe, Zucker, ätherisches Öl.
Anwendung: In der Medizin früher als schleimlösendes Mittel bei Husten und Bronchialkatarrh.

247

248

249/250 Gemeiner Wurmfarn

Dryopteris filix-mas
(Schildfarngewächse)
Pflanze mit einem kurzen unterirdischen, dicht mit Blattresten und braunen, häutigen Schuppen bedeckten Erdsproß. Blätter sommergrün, bis 1,3 m hoch, oft trichterförmig zusammenstehend; Blattstiel 2- bis 3mal kürzer als die Spreite, dick, hellbraun, mit braunen Schuppen bedeckt; Blattspreite länglich, zur Spitze hin allmählich verschmälert, 2fach gefiedert; Abschnitte 1. Ordnung jederseits 20–35, lanzettlich, zugespitzt, gefiedert oder sehr tief fiederspaltig, die Endabschnitte länglich, schief aufwärts stehend, mit Ausnahme der untersten am Grund miteinander zusammenfließend, abgerundet, scharfgezähnt. Sporangienhäufchen (Foto unten links) unterseits im oberen Teil des Blattes, auf den Abschnitten in 2 Reihen, von einem nierenförmigen Schleier bedeckt. Sporenreife: VII–IX. Standort: Wälder, Hochstaudenfluren, Schutthalden, Bergweiden, schattige Felsen. Verbreitung: Europa; Nordasien, Nordamerika.
Inhaltsstoffe: Phloroglucin-Derivate, Gerbstoffe, Bitterstoffe.
Anwendung: In der Medizin früher als beliebtes Mittel gegen Bandwürmer. Heute wegen der Giftigkeit und zum Teil gefährlicher Nebenwirkungen kaum mehr gebräuchlich.
Wichtig: Der Wurmfarn ist **giftig!** Keine Selbstbehandlung!

251 Gemeiner Tüpfelfarn

Polypodium vulgare
(Tüpfelfarngewächse)
Pflanze mit einem oberirdischen oder flach unterirdischen, dicht mit braunen, sehr schmalen häutigen Schuppen bedeckten Erdsproß. Blätter wintergrün, im Frühjahr absterbend, zweizeilig am Erdsproß stehend, steif aufrecht, kahl, bis 60 cm lang; Blattstiel strohgelb oder grünlich, meist kürzer als die Spreite; Blattspreite linealisch bis schmallanzettlich, bis über die Mitte gleichbreit, dann plötzlich zugespitzt, lederartig, tief fiederteilig; Abschnitte jederseits 7–28, schmal-länglich, stumpf. Sporenhäufchen blattunterseits zu beiden Seiten der Mittelrippe der Abschnitte stehend, rund, stets ohne einen Schleier. Sporenreife: VII–VIII. Standort: In lichten Wäldern, an schattigen Felsen und Mauern, am Fuß alter Bäume. Verbreitung: Europa, mit Ausnahme des Südens; Nordasien, Nordamerika.
Ähnliche Art: **Gesägter Tüpfelfarn**, *Polypodium interjectum* (ähnlich, aber Blattspreite eiförmig bis schmaleiförmig, Abschnitte oft scharfgesägt, Sporenhäufchen oval), an Felsen und Mauern in Westeuropa.
Inhaltsstoffe: Gerbstoffe, Saponine, ätherisches Öl, Schleimstoffe, Zucker.
Anwendung: In der Medizin nur noch selten bei Husten, Heiserkeit, bei Galleerkrankungen und als mildes Abführmittel.

links
250
rechts
251

252 Fichte, Rottanne

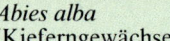

Picea abies
(Kieferngewächse)

Ein 25–40 m hoher Baum mit bis 2 m Stammdurchmesser und einer spitzkegelförmigen Krone. Stamm gerade, jung mit glatter, hellbrauner, später mit rotbrauner bis grauer, in dünnen Schuppen abblätternder Rinde, auffallend regelmäßig verzweigt, mit etagenartig, fast waagerecht abstehenden Ästen. Junge Triebe kahl oder schwachbehaart, die Knospen zugespitzt und ohne Harzüberzug. Blätter nadelförmig, immergrün, linealisch, fast 4kantig, stachelspitzig, 25–35 mm lang, spiralig an den Zweigen auf einem Nadelkissen sitzend. Männliche Blüten als kurze, rote bis rotgelbe Kätzchen ausgebildet. Weibliche Zapfen zur Zeit der Bestäubung zylindrisch, 6 cm lang, rot, aufrecht, später hängend, zur Zeit der Samenreife hellbraun, 10–15 cm lang und 3–4 cm dick, hängend, mit verkehrteiförmigen bis fast rundlichen, vorne ausgerandeten bis spitzen Samenschuppen. Samen spitzeiförmig, 4–5 mm lang, mit einem bis 15 mm langen, hellbraunen, durchscheinenden Flügel. Blütezeit: V–VI. Standort: Mischwälder oder häufiger in fast reinen Beständen im Nadelwaldgürtel der Berg- und Voralpenstufe. Verbreitung: Fast ganz Europa, im Süden nur in den Gebirgen. Inhaltsstoffe: Ätherisches Öl. Anwendung: In der Medizin das ätherische Öl oder in Form von Franzbranntwein zu Einreibungen bei Erkrankungen der Atmungsorgane, Muskelschmerzen, Rheuma; Fichtennadelextrakte zu stärkenden Bädern.

253 Weißtanne

Abies alba
(Kieferngewächse)

Bis 50 m hoher Baum mit bis zu 2 m Stammdurchmesser und einer kegelförmigen, im Alter walzlichen Krone. Stamm gerade, mit weißgrauer, glatter Rinde, mit fast waagerecht abstehenden Ästen. Junge Triebe kurz rauhhaarig, die Knospen ohne Harzüberzug. Blätter 2zeilig gestellt, nadelförmig, immergrün, linealisch, vorne stumpf oder ausgerandet, bis 25 mm lang und 3 mm breit, unterseits mit 2 weißlichen Wachsstreifen. Männliche Blüten zur Zeit des Stäubens gelb, 20–25 mm lang. Weibliche Zapfen zur Zeit der Bestäubung etwa 6 cm lang, hellgrün, aufrecht stehend, zur Zeit der Samenreife 8–16 cm lang, aufrecht stehend und zum Schluß zerfallend, so daß nur die Zapfenspindel stehen bleibt. Deckschuppen länger als die Samenschuppen und mit ihrer Spitze aus dem Zapfen hervorragend. Samen fast 3kantig, 8–12 mm lang, mit einem festen Flügel versehen. Blütezeit: V–VI. Standort: Im Buchen-Tannen-Wald, Tannen-Fichten-Wald, aber auch in Reinbeständen von der Bergstufe bis in die subalpine Stufe. Verbreitung: Süd- und mitteleuropäische Gebirge. Inhaltsstoffe: Ätherisches Öl mit Pinen, Limonen und andere.

Anwendung: In der Medizin das ätherische Öl in verschiedenen Fertigpräparaten zu Einreibungen und Bädern bei Rheuma, Durchblutungsstörungen, aber auch zur Inhalation bei Erkrankungen der Atemwege.

252

253

254 Waldkiefer, Föhre

Pinus sylvestris
(Kieferngewächse)

Bis über 40 m hoher Baum, mit unregelmäßig schirmförmiger Krone. Stamm mit zunächst fuchsroter, später graubrauner Rinde. Blätter nadelförmig, zu 2 an den Enden von Kurztrieben, 4-6 cm lang und 1,5-2 mm breit, im Querschnitt halbkreisförmig. Männliche Blüten in größerer Zahl gehäuft, spiralig stehend, gelb. Weibliche Zapfen gestielt, zur Zeit der Bestäubung 5 mm lang, kugelig bis eiförmig, tiefrot, an den Enden der Langtriebe stehend, zur Zeit der Samenreife eiförmig bis schwach kegelförmig, 2,5-7 cm lang, als Ganzes abfallend, zuletzt mit spreizenden, spatelförmigen Samenschuppen, diese an der Spitze mit einem mattglänzenden Schild mit einem zentralen, hellbraunen Nabel. Blütezeit: V. Standort: Mischwälder oder im Reinbestand auf trokkenen oder moorigen Böden. Verbreitung: Mittel- und Nordeuropa; Nordasien, Kleinasien.
Inhaltsstoffe: Ätherisches Öl mit Phellandren, Pinen und anderen, Gerbstoff, Bitterstoff.
Anwendung: In der Medizin das ätherische Öl zur Inhalation bei Erkrankungen der Atemwege, zu Einreibungen bei Rheuma und zur Förderung der Durchblutung.

Tip für die Anwendung zu Hause: 1 Handvoll Sproßspitzen der Kiefer als Badezusatz bei Rheuma und zur Förderung der Durchblutung.

255 Bergkiefer, Latsche

Pinus mugo
(Kieferngewächse)

Niederliegender, 2-5 m hoher Strauch, mit aufsteigenden Ästen. Rinde braunschwarz, sich kleinschuppig ablösend. Knospen mit einem glänzenden Harzüberzug. Blätter zu 2 an den Enden von Kurztrieben, nadelförmig, immergrün, 1-5 cm lang und 1,5 mm breit, im Querschnitt halbkreisförmig. Männliche Blüten in größerer Zahl gehäuft, spiralig stehend, gelb. Weibliche Zapfen sitzend, zur Zeit der Bestäubung 5 mm lang, kugelig bis eiförmig, rot, einzeln oder zu mehreren an der Spitze diesjähriger Triebe, aufrecht; zur Zeit der Samenreife aufrecht abstehend bis abwärts geneigt, 2-5 cm lang und 1,5-2,5 cm dick, als Ganzes abfallend, zuletzt mit spreizenden, spatelförmigen Samenschuppen, diese mit einem lackglänzenden Schild. Blütezeit: VI-VII. Standort: Häufig in Reinbeständen im Krummholzgürtel der Gebirge. Verbreitung: Ostalpen, Sudeten, Erzgebirge.
Inhaltsstoffe: Ätherisches Öl, meist Pinen, Phellandren, Limonen.
Anwendung: In der Medizin das ätherische Öl, meist in Fertigpräparaten, zu Einreibungen und Bädern bei Rheuma und Nervenschmerzen, in Schnupfentropfen und zur Inhalation bei Erkältungen und Erkrankungen der Atemwege.

254

255

256 Echte Zypresse

Cupressus sempervirens
(Zypressengewächse)

Säulenförmiger Baum mit senkrecht aufstrebenden Ästen oder Baum mit breiter Krone und waagerecht abstehenden Ästen. Zweige 4kantig bis rundlich. Blätter gegenständig, in 4 Längsreihen, sich deckend, schuppenförmig, eiförmig, spitz, 0,5–1 mm lang. Männliche Blüten 4–8 mm lang. Weibliche Zapfen 2,5–4 cm im Durchmesser, kugelig, zur Zeit der Samenreife gelbgrau, mit 8–14 holzigen, unregelmäßig 5eckigen Schuppenschildern. Blütezeit: IV. Standort: Die Säulenform in wärmeren Gebieten angebaut, die breitwüchsige Form an steinigen Hängen. Verbreitung: Östliches Mittelmeergebiet.
Inhaltsstoffe: Ätherisches Öl.
Anwendung: In der Medizin das ätherische Öl in Präparaten zu Einreibungen und Inhalationen bei Husten, Keuchhusten und Asthma.

257 Wacholder

Juniperus communis
(Zypressengewächse)

Bis 12 m hoher Strauch oder Baum. Blätter in 3zähligen Wirteln, nadelförmig, bis 20 mm lang und 2 mm breit, spitz bis stachelspitzig, oberseits mit einem bläulichen Wachsstreifen. Männliche und weibliche Blüten meist auf verschiedenen Pflanzen. Weibliche Blüten mit mehreren 3gliederigen Quirlen länglicher Schuppenblätter. Reife Beerenzapfen schwarzbraun, bläulich bereift, kugelig bis eiförmig, 4–9 mm dick. Blütezeit: V–VI. Standort: Heiden, Sandfluren, lichte Nadelwälder. Verbreitung: Europa; Nordasien, Nordamerika.
Inhaltsstoffe: Ätherisches Öl, Gerbstoffe, Harz.
Anwendung: In der Medizin das ätherische Öl in Präparaten zu Einreibungen bei Rheuma und zur Inhalation bei Bronchitis.
Weitere Verwendung: Als Gewürz und zur Herstellung von Wacholderschnaps.

Tip für die Anwendung zu Hause: Zur Entwässerung des Körpers, bei Durchfällen und Blähungen ein Tee aus gleichen Teilen Wacholderbeeren, Liebstöckelwurzel und Süßholzwurzel: 2 Teelöffel der Mischung mit ¼ l kochendheißem Wasser übergießen, 10 Minuten ziehen lassen. 1–2 Tassen täglich.

258 Sadebaum

Juniperus sabina
(Zypressengewächse)

Niederliegender, reichästiger, meist nur 2 m hoher Strauch. Blätter gegenständig, immergrün, schuppenförmig, 1–2,5 mm lang, außen mit einem durchschimmernden Ölbehälter. Weibliche Blüten mit sternförmig spreizenden Samenschuppen, die je 1 Samenanlage tragen, später einen erbsengroßen, blauschwarzen Beerenzapfen bildend. Blütezeit: III–V. Standort: Steinige Hänge. Verbreitung: Gebirge Süd- und Mitteleuropas; Nordasien.
Anwendung: In der Homöopathie bei Menstruationsstörungen.
Wichtig: Die Pflanze ist **giftig!** Keine Selbstbehandlung!

256

257

258

259/260 Ginkgo

Ginkgo biloba
(Ginkgogewächse)

Hoher, sommergrüner Baum mit reichverzweigter, kegelförmiger Krone. Stamm aufrecht, recht dick werdend. Blätter spiralig an den Langtrieben oder büschelig an Kurztrieben stehend, langgestielt mit rhombischer bis halbkreisförmiger, sehr verschiedenartig ausgebildeter Spreite; am Grund breitkeilig bis breit quergestutzt, vorne keilig bis breitgerundet, unregelmäßig gelappt bis fast ganzrandig, der Mitteleinschnitt immer der tiefste, mit offener, mehrfach gabeligverzweigter Nervatur. Männliche Blüten in den Achseln unscheinbarer Niederblätter der Kurztriebe, gestielt, locker kätzchenförmig. Weibliche Blüten ebenfalls an den Kurztrieben, langgestielt mit 2 gabeliggestellten, von einem manschettenartigen Wulst umgebenen Samenanlagen am Ende. Samen pflaumengroß, gelblich, mit einer verholzten, 2kantigen Innenschicht und einer fleischigen Außenschicht, diese bald nach dem Abfallen der Samen intensiv nach ranziger Butter riechend. Blütezeit: IV–V. Standort: Nur angebaut. Heimat: China.
Inhaltsstoffe: Flavonoide, Ginkgetin und andere spezifische Stoffe.
Anwendung: In der Medizin Auszüge der Wirkstoffe in Fertigpräparaten bei Durchblutungsstörungen vor allem älterer Menschen.

261/262 Meerträubel

Ephedra distachya
(Meerträubelgewächse)

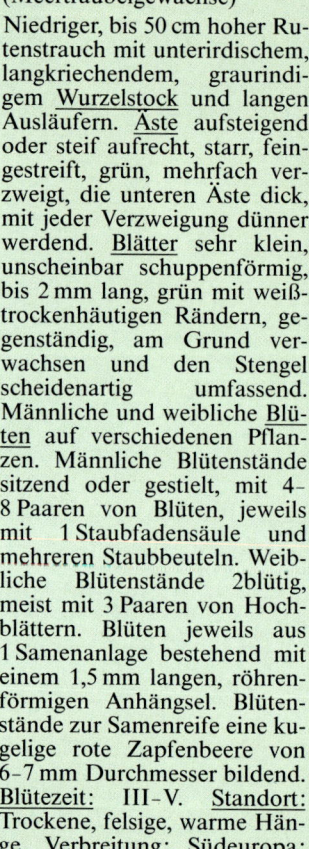

Niedriger, bis 50 cm hoher Rutenstrauch mit unterirdischem, langkriechendem, graurindigem Wurzelstock und langen Ausläufern. Äste aufsteigend oder steif aufrecht, starr, feingestreift, grün, mehrfach verzweigt, die unteren Äste dick, mit jeder Verzweigung dünner werdend. Blätter sehr klein, unscheinbar schuppenförmig, bis 2 mm lang, grün mit weißtrockenhäutigen Rändern, gegenständig, am Grund verwachsen und den Stengel scheidenartig umfassend. Männliche und weibliche Blüten auf verschiedenen Pflanzen. Männliche Blütenstände sitzend oder gestielt, mit 4–8 Paaren von Blüten, jeweils mit 1 Staubfadensäule und mehreren Staubbeuteln. Weibliche Blütenstände 2blütig, meist mit 3 Paaren von Hochblättern. Blüten jeweils aus 1 Samenanlage bestehend mit einem 1,5 mm langen, röhrenförmigen Anhängsel. Blütenstände zur Samenreife eine kugelige rote Zapfenbeere von 6–7 mm Durchmesser bildend. Blütezeit: III–V. Standort: Trockene, felsige, warme Hänge. Verbreitung: Südeuropa; Vorderasien.
Inhaltsstoffe: Alkaloide Pseudoephedrin und Ephedrin, Gerbstoff, Saponin.
Anwendung: In der Medizin wird die gefäßverengende Wirkung des Ephedrin zur Stabilisierung des Blutdrucks und zur Abschwellung der Nasenschleimhäute bei Schnupfen und Erkältungskrankheiten genutzt. Das Alkaloid wird heute meist synthetisch hergestellt.

links
259
rechts
260

links
261
rechts
262

263 Gemeine Quecke

Elymus repens
(Süßgräser)

Bis 1,5 m hohes Gras mit meist unterirdisch langkriechendem, verzweigtem, weißlichbleichem Erdsproß. Stengel aufrecht, glatt. Blätter grasartig; Blattscheiden glatt, in der Jugend behaart, später kahl, am Übergang zur Spreite mit 2 langen, spitzen, übereinandergreifenden Öhrchen; Blattspreite flach, 3–10 mm breit, oberseits zerstreut langhaarig. Ährchen 2zeilig an der Ährenachse angeordnet, sitzend, mit 2 sterilen, 6–11 mm langen, kurzbegrannten Hüllspelzen am Grund und 3–6 blütentragenden, 8–11 mm langen Deckspelzen. Blütezeit: VI–VII. Standort: Äcker, Gärten, Wegränder. Verbreitung: Europa; Nordasien, Nordafrika, Nordamerika.
Inhaltsstoffe: Kohlehydrate, Schleimstoffe, Kieselsäure, Saponine.

> **Tip für die Anwendung zu Hause:** Als harntreibendes Mittel bei Erkrankungen der Harnwege und zur allgemeinen Entwässerung und Entschlackung des Körpers: 2 Teelöffel Quekkenwurzel mit ¼ l kaltem Wasser ansetzen und zum Sieden erhitzen. 2 Tassen täglich.

264 Saathafer

Avena sativa
(Süßgräser)

Bis 1,5 m hohes Gras. Stengel am Grund büscheligverzweigt. Blattscheiden glatt, am Übergang zur Spreite mit einem kurzen Blatthäutchen, ohne Öhrchen; Spreite schmal, beiderseits rauh. Ährchen in einer breiten Rispe; Hüllspelzen länger als die blütentragenden Deckspelzen, diese zu 2–3, die unterste mit einer langen, rükkenständigen Granne. Blütezeit: VI–VIII. Standort: Angebaut und zuweilen verwildert. Heimat: Nicht genau bekannt. Inhaltsstoffe: Stärke, Eiweiß, Fett, Saponin, Mineralstoffe. Anwendung: In der Homöopathie bei Schlaflosigkeit und nervöser Erschöpfung.

> **Tip für die Anwendung zu Hause:** Haferbrei oder Haferschleim als bewährte Schonkost bei Magen- und Darmstörungen.

265 Sechszeilige Gerste

Hordeum vulgare
(Süßgräser)

Bis 1,3 m hohes, fast kahles Gras. Blätter mit 2 deutlichen, den Stengel umfassenden Öhrchen an der Spitze der Scheide. Ährchen in einer endständigen Ähre, in 2 Reihen sitzend, 3blütig; Deckspelzen mit einer langen Granne, daher 6 Grannenzeilen an der Ähre. Blütezeit: V–VI. Standort: Angebaut. Heimat: Vorderasien.
Inhaltsstoffe: Kohlehydrate, Eiweiß, Mineralstoffe, Vitamine.
Anwendung: In der Medizin zur Stimulierung des Kreislaufs.
Weitere Verwendung: Zur Bierherstellung.

> **Tip für die Anwendung zu Hause:** Gerstenschleim als Schonkost bei Magen- und Darmstörungen.

263

links
264
rechts
265

266 Sandsegge

Carex arenaria
(Sauergräser)

Grasartige Pflanze mit weit kriechendem Erdsproß. Stengel 3kantig, bis 40 cm hoch. Blätter grasartig, 3–4 mm breit, starr. Blütenstand aus 6–16 fast sitzenden Ährchen bestehend, die unteren nur weibliche, die oberen männliche und weibliche Blüten tragend. Tragblätter schmaleiförmig, spitz, bräunlich. Frucht in einen 4–4,5 mm langen, flachen, schmal eiförmigen, schnabelartig verjüngten und kurz 2zähnigen, am Rand breitgeflügelten Schlauch eingeschlossen. Blütezeit: V–VI. Standort: Sandige Heiden, Dünen, lichte Wälder. Verbreitung: Küstengebiete in fast ganz Europa.
Inhaltsstoffe: Saponine, Gerbstoffe, Kieselsäure, Glykoside, Schleim, Stärke, wenig ätherisches Öl.
Anwendung: In der Medizin als harn- und schweißtreibendes Mittel.

267 Kalmus

Acorus calamus
(Aronstabgewächse)

Bis 1,5 m hohe, kahle Pflanze. Stengel 3kantig. Blätter steif, grasartig, bis 2 cm breit. Blütenstand (Kolben) scheinbar seitenständig. Hochblatt bis 10mal so lang wie der Kolben, wirkt wie die Fortsetzung des Stengels. Blüten sehr klein. Blütenhüllblätter weniger als 1 mm lang, gelbgrün. Frucht eine rötliche Beere. Blütezeit: V–VII. Standort: Stehende oder langsam fließende Gewässer mit schlammigem Grund; Röhricht- und Großseggengesellschaften. Verbreitung: Große Gebiete Europas; Asien, Nordamerika.
Inhaltsstoffe: Ätherisches Öl mit Asoron, Bitterstoffe, Gerbstoffe.
Anwendung: In der Medizin bei Appetitlosigkeit, Magen-, Darm- und Gallebeschwerden.

Tip für die Anwendung zu Hause: Bei Appetitlosigkeit, nervösen Magen- und Darmbeschwerden: 2 Teelöffel Kalmuswurzel mit ¼ l kochendheißem Wasser übergießen und 15 Minuten ziehen lassen. 2mal täglich 1 Tasse lauwarm trinken.

268 Einbeere

Paris quadrifolia
(Liliengewächse)

Bis 40 cm hohe, kahle Pflanze. Stengel aufrecht. Blätter in einem Quirl an der Spitze des Stengels, meist 4, gelegentlich 5 oder 6, netznervig. Blüte einzeln endständig, auf einem 2–5 cm langen Stiel; Perigonblätter grün, in 2 Quirlen zu je 4, lanzettlich bis linealisch; 8 Staubblätter (selten mehr), mit orangefarbenen, langzugespitzten Staubbeuteln. Frucht eine schwarze, blaubereifte, kugelige, bis 1 cm dicke Beere. Blütezeit: V–VI. Standort: Laubwälder, seltener Nadelwälder. Verbreitung: Fast ganz Europa; Asien.
Inhaltsstoffe: Saponine, organische Säuren.
Anwendung: In der Homöopathie bei Nervenschmerzen im Bereich von Kopf und Gesicht; bei Kehlkopfkatarrh.
Wichtig: Die Einbeere ist **stark giftig!** Keine Selbstbehandlung!

links
266
rechts
267

268

269 Purpurweide

Salix purpurea
(Weidengewächse)

Bis 6 m hoher, kahler Strauch. Blätter wechselständig bis gegenständig, schmallanzettlich, bis 12 cm lang und bis 1,5 cm breit, im vorderen Teil scharfgesägt, oberseits dunkelgrün, unterseits blaugrün. Männliche Kätzchen aufrecht, bis 5 cm lang. Staubblätter 2. Weibliche Kätzchen bis 2 cm lang. Fruchtknoten eiförmig, kegelartig zugespitzt, dicht weißhaarig. Blütezeit: III–V. Standort: Auwälder, Ufer. Verbreitung: Mittel- und Südeuropa; Asien, Nordafrika.
Inhaltsstoffe: Salicylsäureverbindungen, Glykoside, Gerbstoffe.
Anwendung: In der Medizin als fieber- und entzündungshemmendes Mittel bei Rheuma, Erkältungskrankheiten, Magen- und Darmkatarrhen.

270 Zitterpappel

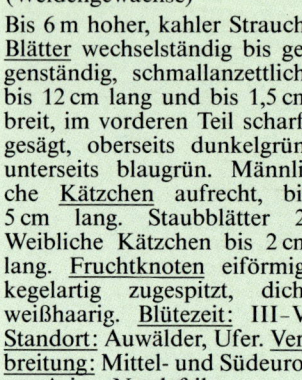

Populus tremula
(Weidengewächse)

Bis 10 m hoher Baum mit schwarzgrauer, borkiger Rinde. Blätter langgestielt, fast kreisrund, 3–7 cm lang, am Rand grob ausgeschweift, stumpfgezähnt, am Grund gestutzt bis herzförmig ausgerandet, oberseits glänzend, unterseits zunächst seidenhaarig zottig, später kahl. Kätzchen 4–11 cm lang, vielblütig, hängend. Männliche Blüten mit 4–12 Staubblättern. Weibliche Blüten mit einem kegelförmigen grünen Fruchtknoten mit 2 purpurroten Narben. Blütezeit: III–IV. Standort: Lichte Laubmischwälder, Waldränder. Verbreitung: Europa; Nordasien, Nordafrika.
Inhaltsstoffe: Verschiedene Salicylsäureverbindungen, Flavonglykoside, Gerbstoffe.
Anwendung: In der Homöopathie bei Blasenkatarrh, Prostataerkrankungen, Gelenkentzündungen.

271 Echte Walnuß

Juglans regia
(Walnußgewächse)

Bis 25 m hoher, fast kahler Baum mit graubrauner, rissiger Borke. Blätter wechselständig, langgestielt, unpaarig gefiedert; Blattstiel bis 35 cm lang, am Grund stark angeschwollen; Fiederblättchen 2–11, breitelliptisch, zugespitzt, ganzrandig, glänzendgrün, in der Jugend drüsig punktiert. Männliche Kätzchen bis 15 cm lang. Weibliche Blüten in 1- bis 5blütigen, endständigen Blütenständen, unscheinbar. Frucht eine kugelige bis eiförmige, grüne Steinfrucht mit lederiger Schale und einem grubig-runzeligen Steinkern. Blütezeit: IV–V. Standort: Angebaut. Heimat: Südosteuropa; Vorderasien.
Inhaltsstoffe: Gerbstoffe, ätherisches Öl, Juglon, Flavonoide.
Anwendung: In der Medizin bei Magen- und Darmentzündungen, bei Hautkrankheiten.

Tips für die Anwendung zu Hause: Bei Entzündungen im Magen-Darm-Trakt sowie äußerlich bei Hautkrankheiten, Ekzemen, Frostschäden: 2 Teelöffel Droge mit ¼ l kaltem Wasser übergießen, erhitzen, 3–5 Minuten am Sieden halten. 2–3 Tassen täglich; äußerlich für Waschungen.

269

270

271

272 Hängebirke

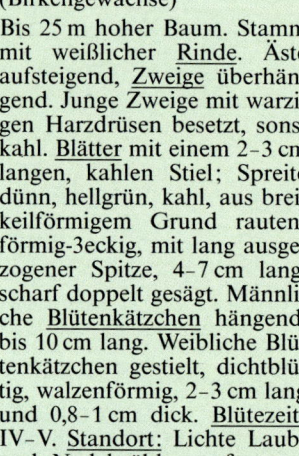

Betula pendula
(Birkengewächse)

Bis 25 m hoher Baum. Stamm mit weißlicher Rinde. Äste aufsteigend, Zweige überhängend. Junge Zweige mit warzigen Harzdrüsen besetzt, sonst kahl. Blätter mit einem 2–3 cm langen, kahlen Stiel; Spreite dünn, hellgrün, kahl, aus breit keilförmigem Grund rautenförmig-3eckig, mit lang ausgezogener Spitze, 4–7 cm lang, scharf doppelt gesägt. Männliche Blütenkätzchen hängend, bis 10 cm lang. Weibliche Blütenkätzchen gestielt, dichtblütig, walzenförmig, 2–3 cm lang und 0,8–1 cm dick. Blütezeit: IV–V. Standort: Lichte Laub- und Nadelwälder, auf sauerhumosem Boden, auf Mooren. Verbreitung: Europa, im Süden nur in den Gebirgen; Nordasien.
Ähnliche Art: **Moorbirke,** *Betula pubescens* (Zweige abstehend oder aufrecht, jung dicht flaumigbehaart, Blätter aus meist herzförmigem bis abgerundetem Grund, eiförmig, kurz zugespitzt, unterseits in den Aderwinkeln behaart), an feuchten Standorten.
Inhaltsstoffe: Flavonglykoside, Gerbstoffe, ätherisches Öl.
Anwendung: In der Medizin bei Wasseransammlungen, Erkrankungen von Niere und Blase, Rheuma und Gicht.

Tip für die Anwendung zu Hause: Wirksames Mittel bei Wasseransammlungen: 2 Teelöffel Droge mit ¼ l kochendheißem Wasser übergießen und 10 Minuten ziehen lassen. 3 Tassen täglich.

273/274 Stieleiche

Quercus robur
(Buchengewächse)

Bis 50 m hoher Baum. Stamm mit graubrauner Rinde in tiefrissige Borke übergehend. Blätter mit einem 2–7 mm langen, kahlen Stiel, 8–15 cm lang, buchtig-fiederlappig, jederseits mit 5–6 stumpfen Lappen und unregelmäßigen, stumpfen und ziemlich tiefen Buchten. Männliche Kätzchen lockerblütig, hängend, 2–4 cm lang. Weibliche Blüten einzeln oder entfernt ährig zu 2–5 auf einem gemeinsamen langen, aufrechtstehenden Stiel sitzend. Frucht (Eichel) länglich-eiförmig, zugespitzt, 2–3 cm lang, im unteren Teil von einem mit festanliegenden Schuppen bedeckten Becher eingeschlossen. Blütezeit: IV–V. Standort: In reinen Beständen oder in Laubmischwäldern. Verbreitung: Fast ganz Europa.
Ähnliche Art: **Traubeneiche,** *Quercus petraea* (ähnlich wie die Steineiche, aber Blätter mit einem 10–30 mm langen Blattstiel, weibliche Blütenstände und Fruchtstände sitzend), in West- und Mitteleuropa.
Inhaltsstoffe: Bis zu 20% Gerbstoffe.
Anwendung: In der Medizin äußerlich bei Hautentzündungen und Frostschäden.

Tip für die Anwendung zu Hause: Für feuchte Umschläge bei Hautentzündungen und Frostschäden: 1–2 Teelöffel Droge mit ¼ l kaltem Wasser übergießen, zum Sieden erhitzen, 3–5 Minuten kochen lassen.

272

links
273
rechts
274

275/276 Echte Kastanie

Castanea sativa
(Buchengewächse)

Bis über 30 m hoher Baum, seltener strauchartig. Stamm mit einer von Längsrissen durchfurchten, bräunlichgrauen bis schwarzgrauen Borke. Junge Zweige glatt, olivgrün bis olivbraun. Blätter kurzgestielt, länglich-lanzettlich, 8–25 cm lang und 3–8 cm breit, etwas lederartig, vorne kurz zugespitzt, grob ausgeschweift und stachelspitzig gezähnt, oberseits kahl, unterseits zunächst graufilzig, später meist verkahlend. Männliche Blüten (Foto oben) zu mehreren knäuelartig gedrängt, viele dieser Knäuel ährenartig in verlängerten, 10–20 cm langen, unterbrochenen, aufrechten Kätzchen angeordnet; Blütenhüllen 6spaltig; Staubblätter 8–12. Weibliche Blüten einzeln oder zu 2–3 am Grund der männlichen Scheinähren stehend, zusammen von einem grünen, schuppigen Fruchtbecher umgeben. Frucht eine dunkelbraune, glatte, 1samige, 2–3 cm lange, an der Spitze seidenhaarige Nuß, zumeist 2 von dem anfangs grünen, später gelbbraunen, kugeligen, außen dicht dünnstacheligen Fruchtbecher eingeschlossen. Blütezeit: VI. Standort: Laubwälder; auf trockenem, warmem, oft steinigem Boden. Verbreitung: Südeuropa; Kleinasien, Kaukasus, Nordafrika.

Inhaltsstoffe: Gerbstoffe, Harze, Flavonoide.

Anwendung: In der Medizin in verschiedenen Präparaten bei Husten und Keuchhusten.

Weitere Verwendung: Die Früchte als stärkereiches Nahrungsmittel.

277 Haselwurz

Asarum europaeum
(Osterluzeigewächse)

Bis 10 cm hohe Pflanze. Stengel kriechend, verzweigt, mit bleichen Schuppenblättern besetzt, an den Knoten wurzelnd, mit kurzen, aufsteigenden, zottigbehaarten, blatt- und blütentragenden Stengeln. Blätter zu 2, seltener 3 oder 4 an der Spitze der Stengel, langgestielt, rundlich-herzförmig bis nierenförmig, lederig, dunkelgrün, oberseits glänzend. Blüte einzeln endständig, kurzgestielt, aromatisch pfefferartig duftend. Kelch fehlend. Krone 1–1,5 cm lang, krugförmig-glockig, außen grünlichbraun, innen rotbraun, vorne tief 3spaltig, Abschnitte aufrecht, eiförmig, in eine einwärtsgebogene Spitze verschmälert. Staubblätter 12, in 2 Reihen stehend, die äußeren kürzer als die inneren. Fruchtknoten unterständig, mit einem kurzen, dicken Griffel und einer 6strahligen Narbe. Frucht eine rundliche, lederige, 6fächerige Kapsel. Blütezeit: IV–V. Standort: Laubmischwälder; meist auf Kalk. Verbreitung: Fast ganz Europa; Nordasien.

Inhaltsstoffe: Ätherisches Öl, vor allem Asaron, Gerbstoffe, Flavonoide.

Anwendung: In der Homöopathie bei Übelkeit, nervöser Erschöpfung, mangelnder Durchblutung der Hände.

Wichtig: Haselwurz ist **giftig!** Keine Selbstbehandlung!

275

276

277

278 Feldulme

Ulmus minor
(Ulmengewächse)

Bis 40 m hoher Baum. Zweige in der Jugend drüsig, oft mit Korkleisten. Blätter kurzgestielt, elliptisch bis verkehrteiförmig, mit keilförmiger, stark asymmetrischer Basis, die längere Blatthälfte scharf zum Stiel umbiegend, vorne spitz zulaufend, Rand doppeltgesägt, unterseits drüsig und spärlichbehaart. Blüten zu 15–35 in dichten, büschelartigen Trugdolden, 3 mm lang, lange vor den Blättern erscheinend. Flügelfrüchte verkehrteiförmig bis herzförmig, am Grund keilig, vorne eingeschnitten, 13–25 mm lang; Same in der oberen Hälfte der Frucht sitzend. Blütezeit: III–IV. Standort: Laubmischwälder. Verbreitung: Süd- und Mitteleuropa; Vorderasien.
Inhaltsstoffe: Schleim, Gerbstoffe, Flavonoide und andere.
Anwendung: In der Homöopathie bei Schmerzen der Hand- und Fußgelenke.

279 Große Brennessel

Urtica dioica
(Brennesselgewächse)

Bis 1,5 m hohe ausdauernde Pflanze mit Brennhaaren. Blätter gegenständig, gestielt, eiförmig, am Grund herzförmig, vorne lang zugespitzt, grobgezähnt. Blütenstände rispenartig in den Blattachseln, länger als die Blattstiele. Männliche und weibliche Blüten auf getrennten Pflanzen, alle langgestielt. Blütenhüllblätter 4, klein, grünlich. Blütezeit: VII–X. Standort: Wegränder, Schuttplätze, Kahlschläge, Flußufer. Verbreitung: Weltweit in den gemäßigten Zonen.
Inhaltsstoffe: Acetylcholin, Histamin, Ameisensäure, in den Brennhaaren ein unaufgeklärtes Nesselgift.
Anwendung: In der Medizin bei Rheuma, Erkrankungen der Niere, als harntreibendes Mittel.

> **Tip für die Anwendung zu Hause:** Bei rheumatischen Beschwerden und bei erschwertem Harnlassen: 2 Teelöffel Droge mit ¼ l kaltem Wasser ansetzen, zum Sieden erhitzen und 5 Minuten kochen lassen. Morgens und abends je 1 Tasse.

280 Kleine Brennessel

Urtica urens
(Brennesselgewächse)

Bis 60 cm hohe einjährige Pflanze mit Brennhaaren. Blätter langgestielt, elliptisch bis eiförmig, am Grund keilförmig bis fast herzförmig, vorne scharf zugespitzt, 1–5 cm lang, eingeschnitten-gesägt. Blütenstände mit männlichen und weiblichen Blüten, rispenartig in den Achseln der Blätter. Blütezeit: V–XI. Standort: Gärten, Äcker, Schuttplätze. Verbreitung: Europa; Asien, Nordamerika.
Inhaltsstoffe: Wie bei Großer Brennessel (279).
Anwendung: In der Homöopathie bei nesselartigen Hautausschlägen, leichten Verbrennungen, Gelenkentzündungen.

> **Tip für die Anwendung zu Hause:** Wie bei Große Brennessel (279).

links
279
rechts
280

281 Echter Feigenbaum

Ficus carica
(Maulbeergewächse)

Bis 10 m hoher Baum oder Strauch mit lockerer, breiter Krone und bräunlicher bis dunkelgrauer Rinde. Junge Zweige glatt, kahl. Blätter wechselständig, 4–8 cm, langgestielt; Spreite lederig, rundlich bis länglich, 3- bis 5lappig, am Grund breitkeilig bis schwach herzförmig, 8–15 cm lang; Lappen schmal verkehrteiförmig bis verkehrteiförmig, gegen den Grund zu verengt, gegen die Spitze zu meist grobgekerbt, oberseits dunkelgrün, von kleinen Borsten rauh, unterseits heller, meist weichbehaart. Blütenstände von einer fleischigen, birnenartigen Blütenstandachse eingeschlossen. Blüten unscheinbar. Frucht (Feige) birnenförmig, grün braun oder violett, 5–8 cm lang, weich, mit wohlschmekkendem Fruchtfleisch, im Inneren kleine Nüßchen enthaltend. Blütezeit: VI–IX. Standort: Felshänge; in den warmen Gebieten der Erde kultiviert. Verbreitung: Mittelmeergebiet; Vorderasien bis Indien, Nordafrika.
Inhaltsstoffe: Sehr viel Invertzucker, Pektine, Vitamine, Fruchtsäuren, Enzyme, Schleim.
Anwendung: In der Medizin als mildes Abführmittel.
Weitere Verwendung: Als Nahrungsmittel.

Tip für die Anwendung zu Hause: Die Früchte können ohne weiteres als mildes Abführmittel verwendet werden.

282/283 Hopfen

Humulus lupulus
(Hanfgewächse)

Kletternde, bis 6 m hohe Pflanze. Triebe rechtswindend, mit hakigen Kletterhaaren besetzt. Blätter gegenständig, langgestielt, rundlich bis eiförmig, tief 3- bis 7spaltig, am Grund herzförmig, mit grob stachelspitzig gezähnten Lappen, rauh von dichtstehenden, angedrückten Borsten, mit gelben Drüsen besetzt. Männliche und weibliche Blüten auf verschiedenen Pflanzen. Männliche Blüten (Foto unten links) in lockeren, rispenartigen, blattachselständigen Blütenständen, 3 mm lang; Blütenhüllblätter 5, grünlich, Staubblätter 5. Weibliche Blüten in zapfenartigen, gestielten Blütenständen, zu 4 in den Achseln der großen, bis 2 cm langen, ovalen Tragblätter; diese auf der Innenseite dicht mit Drüsen bedeckt. Blütezeit: VII–IX. Standort: Auwälder. Verbreitung: Fast ganz Europa; Nordasien, Nordamerika.
Inhaltsstoffe: In den Drüsen Harz mit Humulon und Lupulon, ätherisches Öl, Gerbstoffe.
Anwendung: In der Medizin als mildes Schlaf- und Beruhigungsmittel. In der Homöopathie als Beruhigungsmittel und bei nervösen Magenbeschwerden.

Tip für die Anwendung zu Hause: Bei nervösen Erregungen und Einschlafstörungen: 2 Teelöffel Droge mit ¼ l kochendheißem Wasser übergießen, 15 Minuten ziehen lassen. Täglich 2 Tassen. Als Schlaftee noch 1 Teelöffel Baldrianwurzel zufügen.

281

links
282
rechts
283

284 Mistel

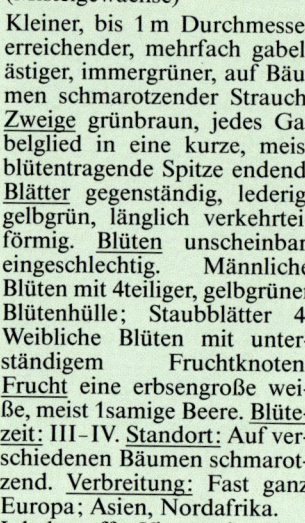

Viscum album
(Mistelgewächse)

Kleiner, bis 1 m Durchmesser erreichender, mehrfach gabelästiger, immergrüner, auf Bäumen schmarotzender Strauch. Zweige grünbraun, jedes Gabelglied in eine kurze, meist blütentragende Spitze endend. Blätter gegenständig, lederig, gelbgrün, länglich verkehrteiförmig. Blüten unscheinbar, eingeschlechtig. Männliche Blüten mit 4teiliger, gelbgrüner Blütenhülle; Staubblätter 4. Weibliche Blüten mit unterständigem Fruchtknoten. Frucht eine erbsengroße weiße, meist 1samige Beere. Blütezeit: III–IV. Standort: Auf verschiedenen Bäumen schmarotzend. Verbreitung: Fast ganz Europa; Asien, Nordafrika. Inhaltsstoffe: Viscotoxin, Cholin, Histamin.
Anwendung: In der Medizin bei zu hohem Blutdruck, bei Gelenkentzündungen und zur Unterstützung bei der Krebsbehandlung.

285 Sauerampfer

Rumex acetosa
(Knöterichgewächse)

Bis 1 m hohe, kahle Pflanze. Stengel aufrecht, einfach. Grundständige Blätter länglich mit pfeilförmigem Grund, vorne stumpf, ganzrandig, 2- bis 4mal so lang wie breit, langgestielt; Stengelblätter allmählich kürzer, die oberen sitzend, mit stengelumfassenden Spießecken. Nebenblattscheiden fransig zerschlitzt. Blütenstand schmal, rispenartig. Männliche und weibliche Blüten auf verschiedenen Pflanzen. Blütenhüllblätter 6, die äußeren kleiner, zurückgeschlagen, die inneren bei der weiblichen Blüte zuletzt fast kreisrund, 3–3,5 mm lang, die nußartige Frucht einschließend. Blütezeit: V–VII. Standort: Wiesen, Weiden, Unkrautfluren. Verbreitung: Europa; Nordasien, Nordamerika.
Inhaltsstoffe: Kaliumoxalat, Oxalsäure, Flavonglykosid, Vitamin C.

Tip für die Anwendung zu Hause: Als Tee zu blutreinigenden Frühjahrskuren: 2 Teelöffel Droge mit ¼ l kochendheißem Wasser übergießen und 10 Minuten ziehen lassen. 2 Tassen täglich.

286 Alpenampfer

Rumex alpinus
(Knöterichgewächse)

Bis 2 m hohe Pflanze. Grundblätter bis 50 cm lang, rundlich-herzförmig, stumpf, am Grund breit und tief herzförmig, langgestielt; Stengelblätter schmäler, die oberen mit verschmälertem Grund, alle gestielt; Nebenblattscheiden groß, weiß. Blütenstände stark rispigverzweigt. Blüten zwitterig; Blütenhüllblätter 6, die äußeren kleiner, angedrückt, die inneren zur Fruchtzeit breiteiförmig mit fast herzförmigem Grund, 4–6 mm lang, die nußartige Frucht einschließend. Blütezeit: VI–VIII. Standort: Wiesen, Hochstauden; auf stickstoffhaltigem Boden. Verbreitung: Gebirge Mittel- und Südeuropas.
Inhaltsstoffe: Anthrachinone, ätherisches Öl, Gerbstoff.
Anwendung: In der Homöopathie bei Husten, Bronchialkatarrh, Durchfällen.

284

links
285
rechts
286

287 Spießblättrige Melde

Atriplex prostrata
(Gänsefußgewächse)

Bis 1 m hohe, in der Jugend oft mehlartig bestäubt wirkende Pflanze, vom Grund an ästig-verzweigt mit abstehenden Ästen. Blätter gestielt, die unteren und mittleren 3eckig-spießförmig, am Grund gestutzt mit abstehenden oder abwärts gerichteten Spießekken, vorne zugespitzt, ganzrandig, die oberen lanzettlich. Blütenstand eine Rispe mit zahlreichen, gemischtblütigen Knäueln. Männliche Blüten mit 5 Kronblättern und 5 Staubblättern. Weibliche Blüten ohne Blütenhülle, von 2 3eckig-rhombischen bis elliptisch-rhombischen, bis zur Mitte verwachsenen Hochblättern eingeschlossen. Blütezeit: VI–IX. Standort: Wegränder, Schuttplätze. Verbreitung: Fast ganz Europa; Asien, Nordamerika.

Inhaltsstoffe: Saponine, Mineralstoffe.

Anwendung: In der Medizin früher bei Leber-, Blasen- und Lungenleiden sowie zur Blutreinigung.

288 Gartenmelde

Atriplex hortensis
(Gänsefußgewächse)

Bis 2,5 m hohe, in der Jugend oft mehlartig bestäubt wirkende Pflanze. Stengel und Äste weiß- und grüngestreift. Blätter kurzgestielt, die unteren eiförmig bis 3eckig-spießförmig, zugespitzt, leicht buchtiggezähnt bis ganzrandig, die oberen länglich oder lanzettlich, ganzrandig. Blütenstand eine endständige, dichte Rispe. Männliche Blüten unscheinbar, zu wenigen den weiblichen Blüten beigemischt, mit 5 Staubblättern. Weibliche Blüten ohne Blütenhülle, von 2 rundlich-herzförmigen, häutigen, bis zum Grund freien, bis 1,5 cm langen Hochblättern eingehüllt. Blütezeit: VII–VIII. Standort: Selten angebaut. Heimat: Unbekannt.

Inhaltsstoffe: Saponine, Mineralstoffe.

Verwendung: Als Gemüse.

Tip für die Anwendung zu Hause: Zur Blutreinigung und Entschlackung des Körpers sowie bei Hautunreinheiten: 1 Teelöffel Droge mit ¼ l kochendheißem Wasser übergießen und 10 Minuten ziehen lassen. 1–2 Tassen täglich.

289 Kahles Bruchkraut

Herniaria glabra
(Nelkengewächse)

Niederliegende, kriechende, fast kahle Pflanze mit stark verzweigten, brüchigen Stengeln. Blätter gegenständig, mit häutigen Nebenblättern, oval, 3–8 mm lang. Blüten klein, knäuelartig in den Blattachseln. Kelchblätter 5, grünlich, 0,5 mm lang. Kronblätter fehlend. Blütezeit: VII–IX. Standort: Sandige Plätze, Wegränder. Verbreitung: Europa; Westasien.

Inhaltsstoffe: Saponine, Flavonoide, Cumarine, Gerbstoff, ätherisches Öl.

Anwendung: In der Medizin bei chronischem Blasenkatarrh und Nierenkoliken.

Wichtig: Die seltene Pflanze nicht sammeln!

287

links
288
rechts
289

290 Schwarze Johannisbeere

Ribes nigrum
(Stachelbeergewächse)

Bis 2 m hoher, unangenehm riechender Strauch. Blätter groß, gestielt, rundlich, 3- bis 5lappig, am Grund herzförmig, mit 3eckig-eiförmigen, spitzen bis stumpflichen, grob doppeltgesägten Lappen, oberseits fast kahl, unterseits behaart und mit gelblichen Harzdrüsen besetzt. Blüten in achselständigen Trauben, gestielt. Kelch glockig, 5zipfelig, behaart, drüsigpunktiert. Kronblätter 5, klein, aufrecht, weißlichgrün. Frucht eine kugelige, schwarze, drüsigpunktierte Beere. Blütezeit: IV–V. Standort: Auwälder, Ufer. Verbreitung: Mittel- und Nordeuropa; Nordasien. Inhaltsstoffe: Gerbstoff, Rutin, Vitamin C, ätherisches Öl. Verwendung: Die Früchte zu Marmelade und Saft.

Tip für die Anwendung zu Hause: Bei Wassersucht, Harnverhaltung und Rheuma: 2 Teelöffel Droge mit ¼ l kaltem Wasser ansetzen und zum Sieden erhitzen. 2–3 Tassen täglich.

291 Alpen-Frauenmantel

Alchemilla alpina
(Rosengewächse)

Niedrige, silbrigschimmernd behaarte Pflanze mit niederliegenden bis aufsteigenden, mit einer Blattrosette abschließenden Sprossen. Rosettenblätter langgestielt, handförmig 5- bis 7teilig, mit lanzettlichen, bis zum Grund getrennten, gegen die Spitze zu fein- und scharfgezähnten Abschnitten, am Rand und unterseits silbrigglänzend seidenhaarig. Stengelblätter wenige, kleiner, kurzgestielt. Blüten geknäuelt in einer kurzen Rispe, klein, 3–4 mm breit, mit 4 Kelchblättern; Kelchbecher behaart. Krone fehlend. Blütezeit: VI–VIII. Standort: Wiesen, Weiden, Felshänge. Verbreitung: Gebirge Europas. Inhaltsstoffe: Gerbstoffe, Bitterstoffe, wenig ätherisches Öl.

Tip für die Anwendung zu Hause: Als Tee bei Beschwerden der Wechseljahre, zu starker Monatsblutung und bei Hautunreinheiten junger Mädchen: 1 Teelöffel Droge mit ¼ l kaltem Wasser übergießen, zum Sieden erhitzen und 10–15 Minuten ziehen lassen. 1–3 Tassen täglich.

292 Bergwiesen-Frauenmantel

Alchemilla monticola
(Rosengewächse)

Bis 30 cm hohe, abstehendbehaarte Pflanze. Grundständige Blätter langgestielt, Spreite rundlich, 3–10 cm im Durchmesser, 7- bis 9teilig mit fast halbkreisförmigen, gezähnten Abschnitten; Stengelblätter kleiner, kurzgestielt. Blüten in einer lockeren bis dichten Rispe, klein, mit 4 abstehenden, grünen Kelchblättern. Kronblätter fehlend. Blütezeit: V–IX. Standort: Magere Wiesen und Weiden. Verbreitung: Europa; Sibirien.

Inhaltsstoffe und **Tip für die Anwendung zu Hause:** Wie bei Alpen-Frauenmantel (291).

links
290
rechts
291

292

293 Johannisbrotbaum

Ceratonia siliqua
(Schmetterlingsblütler)

Bis 6 m hoher Baum mit sparrigen Ästen, breiter Krone und rissiger, graubrauner Borke. Blätter lederig, immergrün, kurzgestielt, unpaarig gefiedert; Blättchen 3–9, verkehrteiförmig, vorne oft ausgerandet, 4–5 cm lang, kahl, oberseits glänzend dunkelgrün, unterseits rotbraun. Blüten eingeschlechtig. Blütenstände trauben- bis kätzchenförmig, aufrecht, seitenständig an altem Holz, oft gebüschelt mit zum Schluß verholzenden Achsen. Kelch 5zipfelig. Krone fehlend. Männliche Blüten mit 5 langen Staubblättern, weibliche Blüten mit einem kurzgestielten Fruchtknoten. Frucht eine »Hülse«, 10–20 cm lang und 2 cm breit, flach, derblederig, braunviolett, mit weichem, süßlichem, später verhärtendem Fruchtfleisch und vielen glänzendbraunen Samen, die in von Häuten ausgekleideten Hohlräumen liegen. Blütezeit: V–X. Standort: Trockene Hänge, lichtes Buschwerk. Verbreitung: Östliches Mittelmeergebiet, Vorderasien; in anderen Gebieten angepflanzt.
Inhaltsstoffe: Zucker, Pektin, Schleimstoffe, Gerbstoffe, organische Säuren.
Anwendung: In der Medizin in verschiedenen Fertigpräparaten gegen Magenentzündung und Durchfall.
Weitere Verwendung: Früher als Nahrungsmittel, heute nur noch als Viehfutter.

294 Einjähriges Bingelkraut

Mercurialis annua
(Wolfsmilchgewächse)

Bis 40 cm hohe, fast kahle, buschig wachsende Pflanze. Stengel stumpfkantig, reichverzweigt, an den Knoten verdickt, auf der ganzen Länge beblättert. Blätter gegenständig, gestielt, länglich-eiförmig, spitzlich, grob stumpfgezähnt, am Rand häufig bewimpert. Männliche und weibliche Blüten auf getrennten Pflanzen. Männliche Pflanzen mit reichblütigen, ährenartigen Blütenständen. Blüten klein, grün, mit 3teiligem Kelch, ohne Krone, mit 8–12 Staubblättern. Weibliche Blüten einzeln oder zu 2–3 in den Blattachseln, fast sitzend oder gestielt, mit einem 2teiligen Fruchtknoten. Frucht 2fächerig mit 2 einsamigen Teilfrüchten; Fruchtstiele kürzer als die Frucht. Blütezeit: V–X. Standort: Gärten, Äcker. Verbreitung: Europa; Vorderasien, Nordafrika.

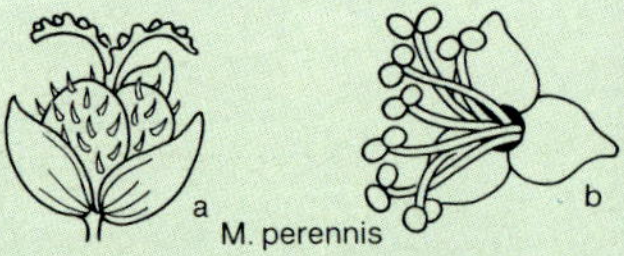

Weibliche (a) und männliche (b) Blüte

Ähnliche Art: **Wald-Bingelkraut,** *Mercurialis perennis* (Stengel einfach, Blätter im oberen Teil des Stengels gedrängt, Fruchtstiel mehrmals so lang wie die Frucht), in Buchen- und Laubmischwäldern.
Inhaltsstoffe: Saponine, ätherisches Öl, Amine.
Anwendung: In der Homöopathie bei Rheuma, Entzündungen der Mundschleimhaut.
Wichtig: Bingelkraut ist **giftig!** Keine Selbstbehandlung!

293

294

295/296 Purgier-Kreuzdorn

Rhamnus catharticus
(Kreuzdorngewächse)

Bis 3 m hoher, sparrigwachsender Strauch mit lockerer Krone. Zweige meist gegenständig, oft verdornend. Blätter gegenständig, elliptisch bis kreisrund und stumpf oder eiförmig, zugespitzt, in den Stiel keilförmig zusammengezogen oder am Grund gerundet bis schwachherzförmig, 3–6 cm lang, am Rand feingekerbt bis stumpfgezähnt, beiderseits der Mittelrippe mit 3–4 starkgebogenen Seitennerven. Blüten unvollständig eingeschlechtig, das heißt, jeweils mit den verkümmerten Resten des anderen Geschlechts, 4zählig. Kelchblätter schmal 3eckig, 2–3 mm lang. Kronblätter lineallanzettlich, spitz, doppelt so lang wie die Kelchblätter, grünlich, Staubblätter 4, in den weiblichen Blüten verkümmert. Fruchtknoten in der becherförmigen Blütenachse stehend, bei den männlichen Blüten verkümmert. Frucht eine erbsengroße, schwarze, kugelige Steinfrucht. Blütezeit: V–VI. Standort: Lichte Wälder, Gebüsche, Moore. Verbreitung: Fast ganz Europa; Westasien.
Inhaltsstoffe: Anthrachinon-Verbindungen, Flavonglykoside.
Anwendung: In der Medizin in einigen Fertigpräparaten als mildes, auf den Dickdarm wirkendes Abführmittel.
Wichtig: Wegen möglicher Vergiftungen keine Selbstbehandlung!

297/298 Sanddorn

Hippophae rhamnoides
(Ölweidengewächse)

Bis 6 m hoher Strauch. Äste sparrig abstehend, glatt, rotbraun; 1jährige Zweige silbergrau behaart, häufig frühzeitig verdornend. Blätter wechselständig, sehr kurz gestielt, lineallanzettlich, 1–7 cm lang und 0,3–1 cm breit, zugespitzt, ganzrandig, oberseits durch Sternhaare anfangs silberglänzend schimmernd, später verkahlend, unterseits durch dichtstehende Schildhaare mit silbergrauem bis kupferrotem Glanz. Blüten eingeschlechtig, männliche und weibliche auf verschiedenen Pflanzen. Männliche Blüten sitzend, in kugeligen Blütenständen am Grund der diesjährigen Triebe; Kelchblätter 2, Krone fehlend, Staubblätter 4. Weibliche Blüten in wenigblütigen Trauben, röhrig. Frucht eine orangerote, eiförmige, 7–8 mm lange Steinfrucht. Blütezeit: IV–V. Standort: Bestandbildend auf Sand und Kies an der Meeresküste und an den Ufern der Gebirgsflüsse und Seen. Verbreitung: Europa; große Teile Asiens.
Inhaltsstoffe: Viel Vitamin C und andere Vitamine, Mineralstoffe, Fruchtsäuren, Zucker, Flavonoide, Anthocyane.
Anwendung: In der Medizin als wertvoller Vitaminlieferant bei Erkältungskrankheiten, in der Rekonvaleszenz und bei Erschöpfungszuständen.

Tip für die Anwendung zu Hause: Als Saft oder Konzentrat überall in Apotheken, Drogerien und Reformhäusern erhältlich.

links
295
rechts
296

links
297
rechts
298

299/300 Gartenpetersilie

Petroselinum crispum
(Doldengewächse)

Bis 1 m hohe, kahle, würzigriechende Pflanze mit einer spindel- bis rübenförmigen Wurzel. Stengel zu mehreren, aufrecht, stielrund, oft röhrig, von der Mitte an verzweigt. Blätter dunkelgrün, gestielt, im Umriß 3eckig, 2- bis 3fach 3zählig; Abschnitte 1. Ordnung deutlich gestielt, die beiden unteren etwa so lang wie der Rest der Spreite, Abschnitte letzter Ordnung eiförmig, fiedrig-eingeschnitten bis 3lappig; obere Blätter weniger zerteilt, auf der breit weißhautrandigen Scheide sitzend. Bei kultivierten Formen die ganze Spreite krausgewellt. Blüten (Foto oben rechts) in langgestielten 10- bis 20strahligen Doppeldolden. Hüllblätter wenige, Hüllchenblätter 6–8, sehr schmal. Kronblätter 5, grünlichgelb. Frucht breiteiförmig, 2,5–3 mm lang, mit dünnen Längsrippen. Blütezeit: VI–VII. Standort: Angebaut. Heimat: Östlicher Mittelmeerraum. Inhaltsstoffe: Ätherisches Öl, Flavonglykosid Apiin, Furocumarine.

Anwendung: In der Medizin bei Entzündungen der Harnwege, Nierensteinen, Wasseransammlungen und bei Menstruationsstörungen.

Weitere Verwendung: Als Küchengewürz.

Verwechslung: **Hundspetersilie** [+], *Aethusa cynapium* (Blätter immer flach, Hüllblätter fehlend, Hüllchenblätter 3, einseitswendig, Kronblätter weiß), in Äckern und Gärten.

Wichtig: Wegen der Verwechslungsgefahr mit Hundspetersilie nur die krausblättrige Petersilie anbauen!

301 Echte Engelwurz

Angelica archangelica
(Doldengewächse)

Bis 2 m hohe, kahle, aromatischriechende Pflanze mit rübenförmiger Wurzel. Stengel am Grund bis armdick, gerillt. Grundblätter 60–90 cm lang, mit langem, stielrund-röhrigem Stiel, 3fach fiederschnittig; Abschnitte letzter Ordnung eiförmig, 5–8 cm lang, gezähnt. Blüten in bis 15 cm breiten, 20- bis 40strahligen, gewölbten Doppeldolden. Hüllblätter fehlend, Hüllchenblätter zahlreich, linealisch. Kronblätter grünlich, 1–1,5 mm lang, elliptisch. Frucht breitelliptisch, 5–8 mm lang, mit 3 deutlichen Rückenrippen und flügelartigen Randrippen, blaßgelb. Blütezeit: VII–VIII. Standort: Wiesen, Moore, Gräben, Gebüsche. Verbreitung: Nordeuropa; Nordasien. Inhaltsstoffe: Ätherisches Öl, Gerbstoffe, Bitterstoffe, Harz, Furocumarine, Zucker.

Anwendung: In der Medizin bei Verdauungsbeschwerden.

Wichtig: Wegen Verwechslungsgefahr mit giftigen Doldengewächsen Droge nur im Fachhandel kaufen!

Tips für die Anwendung zu Hause: Bei Magenbeschwerden und Appetitlosigkeit: 2 Teelöffel Droge mit ¼ l kaltem Wasser übergießen, zum Sieden erhitzen und 2 Minuten kochen lassen. 2–3 Tassen am Tag. Bei Rheuma und Muskelschmerzen als Bad: 100 g Droge mit 1 l Wasser ansetzen, 15 Minuten kochen lassen und dem Bad zusetzen. 2 Bäder pro Woche.

links
299
rechts
300

301

302/303 Efeu

Hedera helix
(Efeugewächse)

Bis 20 m hohe, mittels Haftwurzeln kletternde Pflanze. Stamm im unteren Teil verholzt, verzweigt. Blätter wechselständig, immergrün, lederig; in der Jugend behaart, im Alter kahl, oberseits dunkelgrün glänzend, mit handförmiger Nervatur, gestielt, verschiedenartig geformt: Schattenblätter aus herzförmigem Grund 3- bis 5eckig gelappt, sehr derb; Sonnenblätter (meist im Bereich der Blütenstände) rhombisch-eiförmig bis lanzettlich, langzugespitzt, ganzrandig, zarter und matter. Blüten klein, 5zählig, in einfachen, halbkugeligen Dolden angeordnet. Blütenstiele bis 2 cm lang, behaart. Kelch sehr kurzzähnig. Kronblätter 5, dickfleischig, eiförmig, spitz, 3–4 mm lang, außen braun, innen grün, hinfällig. Staubblätter 5. Fruchtknoten halbunterständig. Frucht eine 8–10 mm dicke, kugelige, blauschwarze Beere. Blütezeit: IX–XII. Standort: Wälder, an Felsen, in Gärten; oft angepflanzt. Verbreitung: Europa, mit Ausnahme des Nordens; Vorderasien.
Inhaltsstoffe: Saponine, vor allem Hederasaponin C, Alkaloide, Mineralstoffe, Jod.
Anwendung: In der Medizin in Fertigpräparaten gegen Husten, Keuchhusten und Bronchitis. In der Homöopathie bei Schilddrüsenüberfunktion, Gallebeschwerden und Bronchialasthma.
Wichtig: Efeu ist **giftig!** Keine Selbstbehandlung!

304 Gemeine Esche

Fraxinus excelsior
(Ölbaumgewächse)

Bis 40 m hoher Baum. Stamm glatt. Blätter gegenständig, bis 40 cm lang, mit einem 5–10 cm langen Stiel, unpaarig gefiedert; Blättchen sitzend, vorne lang zugespitzt, klein- und scharfgesägt, oberseits kahl, unterseits an den stärkeren Nerven lockerfilzig behaart oder verkahlend. Blüten meist zwitterig, aber auch eingeschlechtig und dann zuweilen auf verschiedene Pflanzen verteilt. Blütenstand eine vor den Laubblättern erscheinende, endständige, zuletzt überhängende Rispe. Kelchblätter und Kronblätter fehlend. Staubbeutel 2–3, mit purpurroten Staubbeuteln. Weibliche Blüten aus einer 2lappigen Narbe und 2 spatelförmigen, sterilen Staubblättern bestehend. Frucht eine 8–15 mm lange, schmale Flügelnuß. Blütezeit: V. Standort: Laubmischwälder, Auwälder. Verbreitung: Europa; Kleinasien.
Inhaltsstoffe: Flavonoide, Cumarine, Bitterstoffe, ätherisches Öl.

Tips für die Anwendung zu Hause: Als leicht wassertreibender Tee bei Nierenerkrankungen, Wasseransammlungen sowie bei Rheuma: 1 Eßlöffel Droge mit ¼ l kaltem Wasser ansetzen, zum Sieden erhitzen und 3 Minuten ziehen lassen. 3 Tassen täglich; bei Rheuma kurmäßig 2 Tassen täglich, aber über mindestens 14 Tage.

links
302
rechts
303

304

305 Tollkirsche

Atropa belladonna
(Nachtschattengewächse)

Bis 1,5 m hohe, verzweigte, behaarte Pflanze. Blätter wechselständig oder gepaart, jeweils mit einem größeren und kleineren Blatt, eiförmig bis elliptisch, zugespitzt, ganzrandig, bis 15 cm lang, kurzgestielt. Blüten gestielt, einzeln in den Blattachseln. Kelch 5spaltig, mit eiförmigen, zugespitzten Zipfeln. Krone glockig-röhrig, 2,5–3,5 cm lang, mit kurzem 5teiligem, zurückgebogenem Rand, außen braunviolett, innen gelbgrün mit roten Adern. Frucht eine kugelige, 1–1,5 cm breite, glänzendschwarze Beere. Blütezeit: VI–VIII. Standort: Kahlschläge, Waldränder. Verbreitung: Europa; Asien. Inhaltsstoffe: Alkaloide, vor allem Hyoscyamin, Atropin, Scopolamin.
Anwendung: In der Medizin bei krampfartigen Schmerzen im Magen-Darm-Trakt und der Gallen- und Harnwege. In der Homöopathie bei Kopfschmerzen, Entzündungen.
Wichtig: Die Tollkirsche ist **tödlich giftig!** Keine Selbstbehandlung!

306 Bilsenkraut

Hyoscyamus niger
(Nachtschattengewächse)

Bis 80 cm hohes, klebrig-zottig behaartes Kraut. Blätter wechselständig, länglich-eiförmig, buchtig fiederspaltig gezähnt mit spitzen Abschnitten, die unteren gestielt, die oberen mit herzförmigem Grund halbstengelumfassend sitzend. Blüten fast sitzend in den Achseln der Blätter, einseitswendig. Kelch röhrig-glockig, mit 5 ste chend zugespitzten Zähnen. Blütenkrone trichterförmig, schwach zygomorph, der Saum schmutziggelb, violett geadert, der Schlund rotviolett. Frucht eine bauchige Deckelkapsel. Blütezeit: VI–X. Standort: Wegränder, Schuttplätze. Verbreitung: Europa; Asien, Nordafrika.
Inhaltsstoffe: Alkaloide Hyoscyamin, Scopolamin, Atropin und andere Gerbstoffe.
Anwendung: In der Medizin bei Asthma, Koliken, Parkinsonscher Krankheit. In der Homöopathie bei Husten, hysterischen Anfällen und Krämpfen.
Wichtig: Bilsenkraut ist **tödlich giftig!** Keine Selbstbehandlung!

307 Knotige Braunwurz

Scrophularia nodosa
(Braunwurzgewachse)

Bis 1,2 m hohe, behaarte Pflanze. Stengel aufrecht, 4kantig, einfach, oben drüsigflaumig behaart. Blätter gegenständig, gestielt, eiförmig, stumpflich, am Grund gerundet bis herzförmig, grobkerbig gesägt. Blüten in armblütigen, blattachselständigen Trugdolden. Kelchzipfel stumpf, braun hautrandig. Krone bauchig, 5–6 mm lang, mit 2teiliger Oberlippe und kurz 3teiliger Unterlippe, braunrot. Blütezeit: VI–VII. Standort: Wälder, Gebüsche. Verbreitung: Europa; Asien. Inhaltsstoffe: Saponine, Flavonglykoside, Alkaloide, Herzglykoside.
Anwendung: In der Homöopathie bei Drüsenschwellungen, Ekzemen, Skrophulose.
Wichtig: Die Pflanze gilt als **giftig.** Keine Selbstbehandlung!

links
305
rechts
306

307

308 Großer Wegerich

Plantago major
(Wegerichgewächse)

Bis 30 cm hohe, schwachbehaarte Pflanze. Blätter in grundständiger Rosette, breitoval, plötzlich in den deutlich abgesetzten Stiel zusammengezogen, 5- bis 9nervig. Blütenähre dicht, zylindrisch, bis 10 cm lang, zur Fruchtzeit bis 20 cm lang, kurzgestielt. Kelchblätter 4, frei. Krone röhrenförmig, mit 4 Zipfeln. Frucht eine meist 8samige, bis 4 mm lange Deckelkapsel. Blütezeit: VI–X. Standort: Wege, feuchte Wiesen, Viehläger. Verbreitung: Weltweit verschleppt.
Inhaltsstoffe: Schleim, Gerbstoff, Aucubin, Vitamin C, Kieselsäure.
Anwendung: In der Homöopathie bei Zahnschmerzen, Mittelohrentzündungen, Bettnässen.
Verwechslung: **Mittlerer Wegerich,** *Plantago media* (Blätter rhombisch-elliptisch, in einen breiten, kurzen Stiel zusammengezogen, Blütenähre langgestielt), in trockenen Wiesen.

309 Spitzwegerich

Plantago lanceolata
(Wegerichgewächse)

Bis 40 cm hohe, kahle oder schwachbehaarte Pflanze. Blätter grundständig, in Rosetten, aufrecht, lanzettlich, zum Grund hin verschmälert, mit kräftigen Längsnerven. Blüten klein, in zunächst kugelförmigen, später walzenförmigen, langgestielten Ähren. Kelch und Krone 4teilig. Frucht eine 2samige Deckelkapsel. Blütezeit: IV–IX. Standort: Fettwiesen, Weiden, Wegränder. Verbreitung: Europa; weltweit verschleppt.
Inhaltsstoffe: Schleim, Gerbstoff, Aucubin, Vitamin C, Kieselsäure.
Anwendung: In der Medizin bei Entzündungen der Atemwege.

Tips für die Anwendung zu Hause: Bei Husten, Heiserkeit und Erkältungen: 1–2 Teelöffel Droge mit ¼ l kochendheißem Wasser übergießen und 15 Minuten ziehen lassen. 2–3 Tassen täglich. Zur Behandlung von schlecht heilenden Wunden, Juckreiz und Insektenstichen, gemischt mit Kamillentee, zu Umschlägen.

310 Sand-Wegerich

Plantago afra
(Wegerichgewächse)

Bis 40 cm hohe, behaarte und drüsige Pflanze. Stengel verzweigt. Blätter gegenständig, linealisch bis linealisch-lanzettlich, 6–8 cm lang, 3–4 mm breit, sitzend. Blütenstände in den Achseln der oberen Blätter gegenständig, 5–8 cm lang, gestielt, ährig, sehr dicht vielblütig, 1–1,5 cm lang. Tragblätter der unteren Blüten eiförmig, in eine bis 6 mm lange Spitze verschmälert, die oberen kürzer. Kelchblätter 4, frei. Krone 4 mm lang, röhrenförmig, mit 4 spitzen Zipfeln. Frucht eine 3–3,5 mm lange, 2samige Kapsel. Blütezeit: VI–IX. Standort: Äcker, Wegränder, Schuttplätze. Verbreitung: Süd- und Osteuropa; Westasien.
Inhaltsstoffe: Schleim, Gerbstoffe, fettes Öl, Aucubin.
Anwendung: In der Medizin bei Darmentzündung und chronischer Verstopfung.

links
308
rechts
309

310

311/312 Gemeiner Beifuß

Artemisia vulgaris
(Korbblütler)

Bis 1,3 m hohe Pflanze. Stengel aufrecht, kantig, schwachbehaart, meist reichverzweigt. Blätter deutlich 2farbig, oberseits dunkelgrün, meist kahl, unterseits weiß- bis graufilzig behaart, die unteren gestielt, bis 10 cm lang, 1- bis 2fach fiederteilig, mit lanzettlichen, spitzen, ganzrandigen oder wenigzähnigen, 3–6 mm breiten Abschnitten. Blütenköpfchen in einer vielköpfigen, reichverzweigten, von lanzettlichen Hochblättern durchblätterten Rispe, eiförmig, 3–4 mm lang und 2–3 mm breit. Hüllblätter in 2 Reihen, die äußeren kurz, lanzettlich, spitz, die inneren länglich, stumpf, breit hautrandig. Blüten gelblich oder rotbraun, die Hülle wenig überragend. Blütezeit: VII–IX. Standort: Flußufer, Wegränder, Schuttplätze. Verbreitung: Fast weltweit verschleppt.
Inhaltsstoffe: Ätherisches Öl, Bitterstoffe.
Verwendung: Als Gewürz zu fetten Speisen.

Tip für die Anwendung zu Hause: Bei Appetitlosigkeit, Verdauungsstörungen, Durchfall: 1 Teelöffel Droge mit ¼ l kochendheißem Wasser übergießen, 1–2 Minuten ziehen lassen. 1–3 Tassen täglich.

313/314 Gemeine Pestwurz

Petasites hybridus
(Korbblütler)

Zur Blütezeit bis 40 cm, zur Fruchtzeit bis 1 m hohe, graufilzig behaarte Pflanze. Grundständige Blätter gestielt, sehr groß, bis 60 cm breit, rundlich-herzförmig, am Grund eingebuchtet, flachbuchtig gezähnt, oberseits trübgrün, unterseits graufilzig. Am Stengel nur lanzettliche, bleichrötliche, schuppenartige Blätter. Blütenköpfchen in einer dichten Traube, 2häusig verteilt, die der weiblichen Pflanze mit 5 mm breiter Hülle, die der männlichen mit 1 cm breiter Hülle. Blüten (Foto unten links) alle röhrenförmig, mit rötlicher Krone.

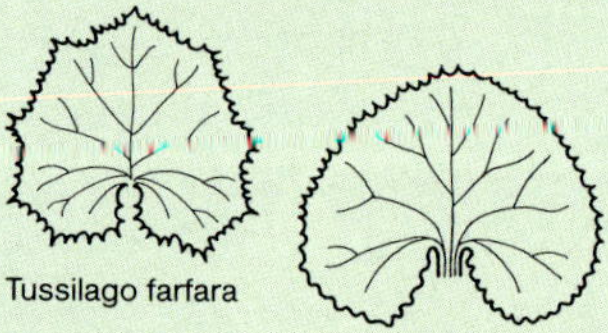

Blätter

Früchte mit weißem haarigem, bis 1 cm langem Pappus. Blütezeit: III–V. Standort: Bach- und Flußufer, Erlengebüsch, feuchte Schuttplätze. Verbreitung: Fast ganz Europa; Nord- und Westasien.
Inhaltsstoffe: Schleim, Petasitin, ätherisches Öl.
Anwendung: In der Medizin als krampflösendes, schmerzstillendes und beruhigendes Mittel bei Erkrankungen von Magen, Darm und Galle. In der Homöopathie bei Husten, Heiserkeit, Harnbeschwerden und Gallenkoliken.
Verwechslung: Der in den Blättern ähnliche Huflattich (→ Seite 70).

links
311
rechts
312

links
313
rechts
314

Kleine Pflanzenkunde

Die etwa 250 000 Blütenpflanzen unserer Erde sind alle nach einem ähnlichen Bauplan gebaut, der durch die drei Grundorgane Wurzel, Sproß und Blatt vorgegeben ist.

Die Wurzel

Die Wurzeln dienen der Verankerung der Pflanze im Boden sowie der Aufnahme von Wasser und Nährsalzen. Sie sind blattlos. An der Hauptwurzel, die meist senkrecht in den Boden eindringt, entstehen Seitenwurzeln, die sich verzweigen können. So entsteht ein Wurzelsystem. Ist die Hauptwurzel mäßig verdickt, spricht man von Pfahlwurzel, ist sie dick und fleischig, nennt man sie Rübe.

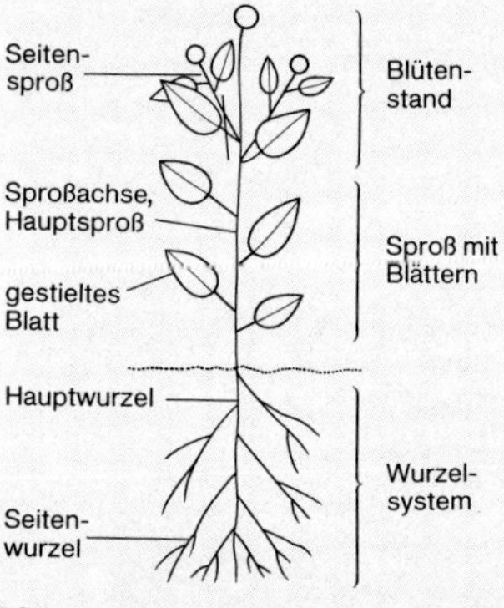

Pflanze, schematisch dargestellt

Der Sproß

Ist der Sproß krautig und stirbt im Herbst ab, spricht man von Stengel, überdauert er mehrere Jahre, wird dabei dicker und verholzt, dann bezeichnet man ihn als Stamm. Der Sproß ist gegliedert in Sproßabschnitte und dazwischenliegende Knoten. An den Knoten stehen die Blätter in unterschiedlicher Anordnung. Der Hauptsproß bildet oft Seitenäste, die stets aus Knospen in den Blattachseln hervorgehen. Ebenso wie die Blätter kann der Sproß kahl oder in unterschiedlicher Weise behaart sein. Nach ihrer Konsistenz unterscheidet man: Borstenhaare (Borsten): einfach, steif, oft stechend; Filzhaare: dicht ineinander verwebt, weich; Flaumhaare: zerstreut stehend, zart; rauhe Haare: derb, lang, abstehend; Seidenhaare: dicht anliegend, weich, glänzend; Wollhaare: weich, gebogen, oft lang; Wimpern: wie Augenwimpern angeordnete Haare; Drüsenhaare: gestielte Drüsen.

Lebensdauer der Pflanzen: Man unterscheidet zwischen ein- und zweijährigen sowie ausdauernden Pflanzen. Bei den einjährigen Pflanzen erfolgen Keimung, Wachstum, Blüte und Samenreife innerhalb eines Jahres; die zweijährigen gelangen erst im zweiten Jahr zu Blüte und Samenreife; die ausdauernden Pflanzen blühen und fruchten mehrere bis viele Jahre hintereinander. Zu ihnen gehören die Stauden, deren oberirdische, krautige Teile nach der Samenreife absterben, die Halbsträucher, deren untere, verholzte Teile erhalten bleiben und im Frühjahr neu austreiben, und die Holzpflanzen, deren Sproßachsen verholzt sind und ganz erhalten bleiben (Bäume und Sträucher).

Das Blatt

Blattstellung: Blätter wachsen als seitliche Anhängsel der Sproßachse an den Knoten. Findet sich nur ein Blatt an jedem Knoten, wobei das nächst höhere am Stengel in der Regel nicht genau über dem unteren Blatt steht, dann bezeichnet man die Blattstellung als wechselständig. Sitzen zwei Blätter an jedem Knoten, ist die Blattstellung gegenständig, wobei die Blätter von Knoten zu Knoten jeweils um 90 Grad versetzt sind. Wachsen an jedem Knoten drei bis viele Blätter, stehen sie wirtelig oder quirlständig.

Bau des Blattes: Ein vollständiges Blatt ist gegliedert in die grüne Blattspreite, den Blattstiel und den Blattgrund. Der Blattstiel kann fehlen, dann nennt man das Blatt sitzend, andernfalls ist es gestielt. Der Blattgrund ist häufig unscheinbar; zuweilen bildet er eine den Stengel umgebende Blattscheide oder Nebenblätter aus.

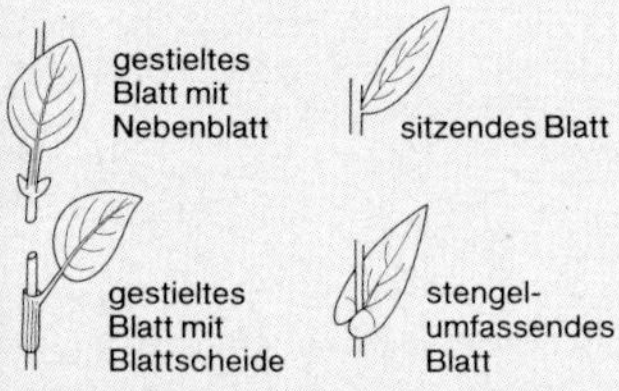

Bau des Blattes

Blattformen: Die Blattspreite, also die Blattform – oft ein wichtiges Bestimmungsmerkmal – kann sehr unterschiedlich ausgebildet sein: Es gibt einfache Blätter, deren Spreite ungeteilt ist, und zusammengesetzte Blätter. Nach dem Verlauf der Blattnerven unterscheiden wir bogen- oder parallelnervige Blätter, deren Nerven bogenförmig oder parallel verlaufen, ohne daß ein Mittelnerv hervortritt, und fiedernervige Blätter mit einem hervortretenden Mittelnerv und Seitennerven. Ein Blatt kann linealisch, lanzettlich, elliptisch, eiförmig, spießförmig, nierenförmig, herzförmig, rautenförmig, spatelförmig oder pfeilförmig sein (→ Seite 1).
Auch der Rand der Blattspreite, also der Blattrand, kann unterschiedlich gestaltet sein: ganzrandig, gekerbt, gesägt, gezähnt, gebuchtet, fiedrig geteilt oder handförmig geteilt (→ vordere Umschlaginnenseite).
Ebenso vielfältig sind die Formen zusammengesetzter Blätter. Ihre Blattfläche besteht aus mehreren voneinander getrennten Blättchen; sitzen diese Blättchen paarweise an der verlängerten Blattspindel, die dem Mittelnerv eines einfachen Blattes entspricht, handelt es sich um ein gefiedertes Blatt, das unpaarig gefiedert ist, wenn es ein Endblättchen besitzt, und paarig gefiedert, wenn ein Endblättchen fehlt. Gefingert nennen wir ein zusammengesetztes Blatt, dessen Blättchen wie die Finger einer Hand von einem Punkt ausgehen (→ vordere Umschlaginnenseite).

Die Blütenstände

Die blütentragenden Sproßabschnitte werden als Blütenstände bezeichnet. Selten trägt ein Sproß an seinem Ende nur eine Blüte, meist finden sich mehrere bis viele, die jeweils unterschiedlich angeordnet sind (→ vordere Umschlaginnenseite): Die Ähre ist aus Blüten zusammengesetzt, die ungestielt an der Blütenstandsachse sitzen. Die Traube ist ähnlich, besitzt aber gestielte Blüten. Die Rispe ist eine zusammengesetzte Traube; die der Hauptachse ansitzenden Seitenachsen sind mehrblütig und oft mehrmals verzweigt. Die Dolde besteht aus Blüten, deren Stiele alle etwa gleich lang sind und einem gemeinsamen Punkt entspringen; oft umgibt eine Hülle von Tragblättern den Grund der Blütenstiele (Doldenstrahlen). Häufig sind zusammengesetzte Dolden. Der Kopf besteht aus zahlreichen Blüten, die ungestielt oder kurzgestielt am Ende der Hauptachse gedrängt stehen. Der Korb ist ein Kopf mit meist zahlreichen Blüten, die auf dem verbreiterten Ende des Sprosses (dem Köpfchenboden) sitzen und von einer aus Hochblättern gebildeten Hülle umgeben sind. Oft wird der Korb der Körbchenblütler auch als Köpfchen bezeichnet.

Die Blüte

Aufbau der Blüte (→ auch Seite 256): Die Blüte ist ein gestauchter Sproß, der die Fortpflanzungsorgane trägt; ihre Einzelteile sind umgebildete Blätter: Die Blütenhülle besteht entweder aus Blütenblättern oder aus Kelch- und Kronblättern. Der männliche Blütenanteil (Androeceum) sind die Staubblätter, der weibliche Blütenanteil (Gynaeceum) die Fruchtblätter, die insgesamt als Stempel bezeichnet werden.
Blütenhülle (→ auch Seite 256):

Die Blütenorgane sind meist in mehreren Kreisen angeordnet. Den äußeren beziehungsweise untersten Kreis bilden die Blütenblätter; sind sie gleichgestaltet, nennt man sie Perigonblätter, die Blütenhülle dann Perigon. Häufiger jedoch ist die Blütenhülle in den äußeren, meist grünen Kelch und die innere, meist farbige Krone gegliedert, wobei die Kelchblätter frei oder verwachsen sein können. Den verwachsenen Teil nennt man Kelchröhre oder Kelchbecher mit freien Kelchzähnen oder -zipfeln. Zuweilen wird der Kelch noch von einem Außenkelch umgeben – Hochblättern am Grunde des Kelches. Die Kronblätter, insgesamt als Krone bezeichnet, sind meist auffallend gefärbt. Zuweilen findet sich am Grunde der Kronblätter eine Ausstülpung, die Nektar enthält, ein Sporn. Ebenso wie die Kelchblätter können auch die Kronblätter frei oder verwachsen sein. Bei windblütigen, also durch den Wind bestäubten Pflanzen kann die Krone zurückgebildet sein oder fehlen; dann spricht man von einer einfachen Blütenhülle.

Fortpflanzungsorgane (→ auch Seite 256): Nach innen folgen auf die Blütenhülle ein Kreis oder mehrere Kreise von Staubblättern, die aus einem meist dünnen Staubfaden bestehen und den Staubbeuteln mit dem Blütenstaub, dem Pollen. Mittelpunkt der Blüte ist der Stempel (Gynaeceum), der aus mindestens einem Fruchtblatt, oft aber aus mehreren Fruchtblättern gebildet wird, die entweder frei oder verwachsen sind. Der Stempel gliedert sich in Fruchtknoten, Griffel und Narbe (Narben). Der Fruchtknoten kann über der Blütenhülle stehen, dann ist er oberständig, oder unterhalb der Blütenhülle, dann ist er unterständig, er kann auch halbunterständig oder mittelständig sein.

Symmetrie-Verhältnisse: Hat eine Blüte mehr als zwei Symmetrie-Ebenen, so bezeichnet man sie als radiärsymmetrisch oder strahlig. Blüten mit nur einer Symmetrie-Ebene sind zygomorph, dabei ist die Blütenhülle häufig in eine Ober- und eine Unterlippe gegliedert. Blüten, in denen ein Geschlecht ausgefallen ist, die also entweder nur Staubblätter oder nur Fruchtblätter besitzen, nennt man eingeschlechtig.

Die Frucht

Die Frucht entsteht nach der Befruchtung aus dem Fruchtknoten, sie schützt die Samen bis zur Reife und besitzt häufig Vorrichtungen zur Samenverbreitung (→ auch hintere Umschlaginnenseite).

Streufrüchte nennt man jene Früchte, die sich öffnen, um ihre Samen zu entlassen. Aus einem Fruchtblatt gebildet sind der Balg, der sich an der Verwachsungsnaht (Bauchnaht) öffnet, und die Hülse, die sich an Bauch- und Rückennaht öffnet. Aus mehreren Fruchtblättern zusammengesetzt ist die Kapsel, die ein- oder mehrfächerig sein kann und sich mit Spalten, Zähnen, Poren oder mit einem Deckel öffnet. Eine Form der Kapsel ist die Schote; sie besteht aus zwei Fruchtblättern, deren verwachsene Ränder die Samen tragen. Zwischen den Rändern ist eine Scheidewand eingezogen. Die Schote öffnet sich, indem sich die Fruchtwand in zwei Klappen von den Rändern abhebt. Sind Schoten weniger als dreimal so lang wie breit, nennt man sie Schötchen.

Schließfrüchte nennt man jene Früchte, die sich nicht öffnen, also gemeinsam mit dem Samen verbreitet werden. Die Nuß ist meist einsamig mit harter Fruchtwand. Eine Art Nuß ist die Achäne, die aus einem unterständigen Fruchtknoten hervorgeht. Bei der Steinfrucht ist die Fruchtwand außen fleischig, innen verhärtet. Bei der Beere ist die ganze Fruchtwand fleischig. Spaltfrüchte zerfallen bei der Reife in mehrere Teilfrüchte. Die Sammelfrüchte entstehen aus einem Stempel (Gynaeceum) mit zahlreichen, nicht miteinander verwachsenen Fruchtblättern; jedes Fruchtblatt liefert ein Samengehäuse (Früchtchen). Die Früchtchen können als Nüßchen, kleine Bälge oder als Beerchen ausgebildet sein. Schließfrüchte sind häufig mit Vorrichtungen zur Verbreitung der Samen versehen, so mit Flügeln (Flügelnuß), mit haar- oder federartigen Anhängseln, dem Pappus, der hervorgegangen ist aus dem umgewandelten Kelch der Körbchenblütler.

Rat fürs Sammeln, Aufbereiten, Anwenden

Wichtig für Sammler

Heilpflanzen mit ihren vielfältigen Inhaltsstoffen sind ein Geschenk der Natur. Viele von ihnen sind seit Jahrhunderten in Gebrauch und haben sich zur Behandlung bestimmter Beschwerden und Krankheiten bewährt, andere sind in Vergessenheit geraten. Gerade heute besinnt man sich in zunehmendem Maße wieder auf die Heilkräfte der Natur. Wer jedoch Heilpflanzen selber sammelt, übernimmt damit eine große Verantwortung, da es durch Unkenntnis zu Verwechslungen, auch mit giftigen Pflanzen, kommen kann. Nur wer eine Heilpflanze genau kennt, darf sie sammeln! Beim geringsten Zweifel sollte man auf das Sammeln verzichten und die Droge im Fachhandel kaufen.

Oberstes Gebot beim Sammeln von Heilpflanzen muß der Schutz der Natur sein. Ernten Sie deshalb nie einen Bestand vollständig ab. Bei einer seltenen Heilpflanze verzichten Sie bitte auf das Sammeln. Betreten Sie Wiesen oder andere Biotope vorsichtig und achten Sie darauf, nur möglichst wenig Pflanzen zu schädigen.

Sammeln Sie nur einwandfreies Pflanzenmaterial. Ausdauernde Pflanzen sollten Sie immer ein Stück über dem Boden abschneiden, damit sie wieder austreiben können. Früchte sollten Sie in vollreifem Zustand ernten, Wurzeln im Frühjahr oder im Herbst ausgraben.

Aufbereiten der Heilpflanzen

Die frisch gesammelten Heilpflanzen müssen so aufbereitet werden, daß sie als Droge das ganze Jahr hindurch zur Verfügung stehen. Für Blätter, Blüten oder zarte Kräuter reicht die natürliche Trocknung aus: Die Pflanzenteile werden an einem luftigen und schattigen Ort in dünner Schicht auf sauberen Papierlagen (keine Zeitung) ausgebreitet und öfters gewendet. Pflanzenteile, die ätherische Öle als Wirkstoffe enthalten, sollten immer auf diese Weise getrocknet werden; bei künstlicher Trocknung verlieren sie einen Teil ihrer Wirkstoffe. Künstliche Trocknung empfiehlt sich bei schwer trocknenden, fleischigen Pflanzenteilen wie Früchten, Wurzeln, aber auch für Holunderblüten. Am besten legen Sie diese Pflanzenteile zuerst ein bis zwei Tage an die Luft und trocknen sie im Backrohr oder über der warmen Heizung bei Temperaturen bis 45 °C nach.

Aufbewahren der Droge

Sind die Drogen einwandfrei trokken – die Pflanzenteile müssen brüchig, Beeren und Wurzeln dürfen auch innen nicht mehr weich sein –, werden schlechte Teile entfernt. Anschließend wird die Droge zerschnitten, so daß sie als Tee Verwendung finden kann. Jede Droge wird am besten in einer gutschließenden Weißblechdose aufbewahrt (durch Lichteinwirkung werden oft die Inhaltsstoffe und damit die Heilwirkung verändert). Vergessen Sie nicht, Angaben über Inhalt und Erntejahr auf dem Etikett zu vermerken. Viele Drogen können bei zu langer Aufbewahrung ihre Wirksamkeit verlieren, deshalb hat es wenig Sinn, zu große Vorräte anzulegen.

Heilpflanzen-Anwendungen

Der Tee ist wohl die älteste und auch gebräuchlichste Anwendungsform der Heilpflanzen. Ein Tee ist ein wäßriger Auszug, der entweder mit heißem Wasser oder durch Kaltansatz hergestellt wird. Jede Droge bedarf zur optimalen Entfaltung ihrer Heilkräfte einer bestimmten Art der Zubereitung. In den »Tips für die Anwendung zu Hause« sind jeweils die richtige Art der Zubereitung und die Anwendung beschrieben. In jedem Fall soll Tee immer frisch angesetzt werden; bereiten Sie nicht mehr, als Sie für einen Tag brauchen. Früchte, die ätherisches Öl enthalten, wie Kümmel, Fenchel, Anis sollten vor der Teezubereitung grob zerstoßen werden. Vor Gebrauch muß der Tee abgeseiht werden. Sofern nicht anders angegeben, wird Tee heiß schluckweise vor oder nach dem Essen getrunken. Zur Herstellung von Tees für Kinder wird die angegebene Drogenmenge verwendet, allerdings ist darauf zu achten, daß jeweils nur eine halbe Tasse Tee eingenommen wird.

Man kann einen Tee innerlich und äußerlich anwenden. Von äußerlicher Anwendung spricht man auch, wenn damit gegurgelt wird; in diesem Fall sollte der Tee nicht wärmer als 35 °C sein. Zu Umschlägen für die Behandlung von Wunden und Ekzemen wird unverdünnter, handwarmer Tee verwendet. Am besten legen Sie einen mit Tee getränkten Wattebausch auf die zu behandelnde Stelle und befestigen ihn luftig mit Mull oder einem Leinentuch. Eine Wunde nie luftdicht, beispielsweise mit Plastiktüchern, verschließen! Zur Behandlung von Hand- und Fußerkrankungen können die Glieder etwa 10 bis 15 Minuten in 35 bis 40 °C heißem Tee gebadet werden. Für Vollbäder benötigt man bedeutend mehr Droge – etwa 100 bis 300 Gramm, je nach Anweisung –, die mit 2 bis 3 Liter Wasser vorschriftsmäßig angesetzt wird. Nach dem Abseihen wird die Flüssigkeit dem Badewasser zugesetzt. Badedauer bis 15 Minuten, Wassertemperatur um 35 °C. Nachruhe ist empfehlenswert. Auch Inhalationen bei Schnupfen und Nebenhöhlenentzündungen sind äußerliche Anwendungen. Man gibt eine Handvoll Droge in einen Topf mit etwa 1 Liter Wasser und erhitzt zum Sieden. Den Kopf und das Gefäß mit einem Tuch bedeckt, werden die Kräuterdämpfe etwa 5 bis 10 Minuten lang durch Mund und Nase eingeatmet.

Die wichtigsten Wirkstoffe

Die Wirkstoffe von Drogen gehören verschiedenen chemischen Stoffklassen an. Sie werden im Verlauf des Stoffwechsels der Pflanzen gebildet und sind in allen oder nur in bestimmten Teilen der Pflanze abgelagert. Meist besitzen Heilpflanzen mehrere Wirkstoffe, die einander häufig in ihrer Wirkung ergänzen. Neben den Wirkstoffen enthalten Pflanzen vielerlei andere Stoffe, die teils indifferent sind, teils die Heilkraft der Wirkstoffe unterstützen, teils aber auch unerwünschte Nebenwirkungen verursachen. Die Inhaltsstoffe vermögen eine schwache oder starke Wirkung zu entfalten; ist sie so stark, daß der Körper geschädigt wird, spricht man von Giftstoffen. Sie können in standardisierten Präparaten und in der Hand des Arztes wertvolle Medikamente darstellen. Heilpflanzen mit Giftstoffen eignen sich in keinem Fall zur Selbstbehandlung!

Ätherische Öle sind leicht flüchtig und haben meist einen charakteristischen, oft aromatischen Geruch. Sie sind in Wasser fast unlöslich, lassen sich aber leicht mit Wasserdampf verflüchtigen. Sie besitzen eine anregende Wirkung auf Haut und Schleimhäute, sind schleimlösend und auswurffördernd. Drogen, die ätherische Öle enthalten, werden deshalb häufig bei Erkrankungen im Mund- und Rachenraum verwendet, dienen aber auch als verdauungs- und appetitanregende Mittel sowie als Gewürze. Besonders häufig finden sich Heilpflanzen mit ätherischen Ölen in den Familien der Doldengewächse und Lippenblütler.

Alkaloide sind sehr verschiedenartig aufgebaute stickstoffhaltige Verbindungen. Sie zeigen sehr unterschiedliche, aber meist starke physiologische Wirkungen. Viele zählen zu den Giftstoffen, einige von ihnen sind die stärksten Gifte, die wir kennen. Alkaloiddrogen eignen sich deshalb nicht zur Selbstbehandlung. In der Hand des Arztes sind sie unentbehrliche Heilmittel, so die Opium-Alkaloide des Schlafmohns »Codein« und »Morphin«. Alkaloide sind auch in Genußmitteln enthalten, etwa Coffein in Kaffee und Tee; überdies sind sie Bestandteile der stärksten Suchtdrogen, die wir kennen, zum Beispiel Opium, Morphium und das daraus hergestellte Heroin, oder das Nikotin in den Tabakblättern. Besonders alkaloidreiche Heilpflanzen finden sich unter den Lilien-, Hahnenfuß-, Mohn- und Nachtschattengewächsen.

Bitterstoffe sind verschiedenartig aufgebaute intensiv bitter schmekkende Stoffe. (Ebenfalls bitter schmeckende Alkaloide werden nicht dazugerechnet.) Bitterstoffe bewirken eine Steigerung der Magensaftsekretion, des Speichel- und Galleflusses. Insgesamt ergibt sich so eine Verbesserung der Verdauungstätigkeit, der Appetit wird angeregt, Fäulnis- und Gärungsprozesse werden günstig beeinflußt. Zubereitungen aus Bitterstoffdrogen müssen vor den Mahlzeiten eingenommen werden. Bitterstoffe finden sich besonders häufig in Enziangewächsen, Lippen- und Korbblütlern.

Flavonoide sind häufig gelb gefärbte Stoffe, die meist mit Zucker verbunden sind. Sie finden sich in vielen Pflanzenarten, stellen aber nur selten den Hauptwirkstoff einer Droge dar. Sie haben unter anderem oft eine günstige Wirkung auf die Wände der feinen Blutgefäße und werden deshalb zum Beispiel zur Behandlung von Venenerkrankungen, Arteriosklerose, Bluthochdruck eingesetzt. Vielfach unterstützen sie die Wirkung anderer Pflanzeninhaltsstoffe.

Gerbstoffe gehören zu den Inhaltsstoffen, die in vielen Pflanzen zu finden sind. Sie haben die Eigenschaft, tierisches Eiweiß zu härten und so Haut in Leder zu verwandeln. Aufgrund dieser eiweißfällenden Wirkung vermögen Gerbstoffdrogen eine zusammenhängende Schutzschicht auf entzündeter Haut und auf Schleimhäuten zu bilden. Dadurch wird die Wundsekretion gehemmt, Blutungen werden gestillt, das Eindringen von Bakterien oder Fremdstoffen in Wunden oder entzündetes Gewebe wird gehemmt, der Schmerz gelindert. Man verwendet Gerbstoffdrogen deshalb äußerlich zur Behandlung von Wunden und Ausschlägen, bei Entzündungen der Mund- und Rachenschleimhäute sowie bei leichteren Frostschäden, innerlich bei Entzündungen im Magen-Darmtrakt.

Herzwirksame Glykoside sind kompliziert gebaute organische Stoffe, die, an Zucker gebunden, eine besonders starke Wirkung auf die Herztätigkeit ausüben. Sie sind meist stark giftig, deshalb muß ihre Anwendung strenger ärztlicher Kontrolle unterliegen. Am bekanntesten sind die Digitalisglykoside der Fingerhutarten, die bei Herzschwäche eingesetzt werden.

Heilpflanzen-Sammelkalender

Aus der Fülle der Heilpflanzen sind in diesem Kalender jene zusammengestellt, die sich zur Selbstanwendung eignen und gesammelt werden dürfen.

Heilpflanze	Seite	Pflanzenteil	Sammelzeit Monate
Andorn	178	blühendes Kraut	VI–VIII
Augentrost	182	blühendes Kraut	VI–X
Baldrian	118	Wurzel	IX–X
Beifuß	238	blühendes Kraut	VII–VIII
Beinwell	102	Wurzel	Frühjahr/Herbst
Birke	212	Blätter	V–VI
Blutwurz	40	Wurzelstock	Frühjahr/Herbst
Brennessel	216	Kraut	V–VI
Brombeere	144	Blätter	V–VI
Brunnenkresse	140	frisches Kraut	Frühjahr
Dost	110	Kraut	VI–VIII
Eberesche	148	Früchte	VIII–X
Ehrenpreis, Echter	24	blühendes Kraut	VI–VIII
Eiche	212	Rinde	III–IV
Erdbeere, Wald-	142	Blätter	V–VI
Esche	232	Blätter	VI–VIII
Frauenmantel	224	Kraut	IV–VII
Gänseblümchen	186	blühendes Kraut	III–X
Gänsefingerkraut	40	blühendes Kraut	V–IX
Goldrute	66	blühendes Kraut	VIII–X
Gundermann	22	blühendes Kraut	IV–VII
Habichtskraut	76	blühendes Kraut	VI–VIII
Hasenklee	86	blühendes Kraut	VI–VIII
Heckenrose	84	Früchte	VIII–X
Heidekraut	96	blühendes Kraut	VII–X
Heidelbeere	98	Früchte	VIII–IX
Himbeere	144	Blätter	V–VI
Hirtentäschelkraut	138	blühendes Kraut	III–X
Hohlzahn, Gelber	60	blühendes Kraut	VII–VIII
Holunder	184	Blüten,	VI–VII
		Früchte	IX
Hopfen	218	weibl. Fruchtstände	IX–X
Huflattich	70	Blüten,	III–IV
		Blätter	IV–V
Johannisbeere, Schwarze	224	Blätter	V–VI
Johanniskraut	46	blühendes Kraut	VI–VII

Heilpflanze	Seite	Pflanzenteil	Sammelzeit Monate
Kamille	190	Blüten	VI–VII
Klette	122	Wurzel	Frühjahr/Herbst
Königskerze	60	Blüten	VII–VIII
Kreuzblume	14	blühendes Kraut	V–VII
Labkraut, Echtes	64	blühendes Kraut	VI–IX
Lavendel	20	Blüten	VI–VIII
Linde	46	Blüten	VI
Löwenzahn	76	Wurzel und Kraut	III–V
Lungenkraut	16	blühendes Kraut	III–V
Mädesüß, Echtes	142	blühendes Kraut	VI–VII
Malve	92	Blätter, Blüten	VI–VII
Nelkenwurz, Echte	38	blühendes Kraut	VI–VIII
Odermennig	38	blühendes Kraut	VI–VII
Pfennigkraut	56	blühendes Kraut	VI–VII
Quecke	206	Wurzelstock	Frühjahr/Herbst
Quendel	116	blühendes Kraut	VI–VIII
Rosmarin	20	Blätter	I–XII
Ruprechtskraut	88	blühendes Kraut	VI–IX
Salbei, Echte	18	Blätter	IV
Sanikel	158	blühendes Kraut	VI
Sauerampfer	220	Kraut	IV–V
Schafgarbe	188	blühendes Kraut	VI–IX
Schlangenknöterich	78	Wurzelstock	Frühjahr/Herbst
Schlehe	144	Blüten	III–IV
Spitzwegerich	236	Blätter	V–VI
Stiefmütterchen	50	blühendes Kraut	V–VIII
Taubnessel, Weiße	180	Blüten	VI–VIII
Teufelsabbiß	24	Wurzel	X–XI
Thymian	116	Kraut	VII–VIII
Veilchen, Wohlriechendes	12	blühendes Kraut	III–IV
Vogelmiere	132	Kraut	I–XII
Wacholder	202	Beeren	X–XI
Waldkiefer	200	Sproßspitzen	V–VI
Wegwarte	26	Wurzel und Kraut	VII–IX
Weißdorn	146	Blüten	V–VI
Wermut	70	blühendes Kraut	VI–VIII
Wiesenklee	86	blühendes Kraut	VI–IX
Wiesensalbei	18	Blätter	IV
Wundklee	44	blühendes Kraut	VI–VIII
Ziest, Echter	108	blühendes Kraut	VII–VIII

Heilpflanzen- und Beschwerdenregister

A

Abführmittel, mildes 144, 156, 218
Abies alba 198
Abszesse 72
Abwehrkräfte, Steigerung 84
Achillea millefolium 188
Ackergauchheil 98
Ackerschachtelhalm 192
Ackerstiefmütterchen 50
Ackerwinde 174
Aconitum napellus 8
Aconitum paniculatum 8
Aconitum variegatum 8
Aconitum vulparia 32
Acorus calamus 208
Adiantum capillus-veneris 194
Adonis aestivalis 80
Adonis flammea 80
Adonis vernalis 34
Adonisröschen, Flammen- 80
Adonisröschen, Sommer- 80
Aegopodium podagraria 160
Aesculus hippocastanum 154
Aethusa cynapium 230
Agrimonia eupatoria 38
Agrimonia procera 38
Akne 50
Alant, Echter 68
Alcea rosea 92
Alchemilla alpina 224
Alchemilla monticola 224
Alliaria petiolata 136
Allium cepa 130
Allium sativum 128
Allium ursinum 128
Alpenampfer 220
Alpen-Frauenmantel 224
Althaea officinalis 92
Anagallis arvensis 98
Andorn, Gemeiner 178
Anethum graveolens 54
Angelica archangelica 230
Angelica sylvestris 168
Anis 162
Anthyllis vulneraria 44
Apium graveolens 166
Appetitanregung 70, 168, 178
Appetitlosigkeit 22, 26, 54, 58, 74, 110, 128, 152, 160, 170, 208, 230, 238
Arctium lappa 122
Arctium tomentosum 122
Arctostaphylos uva-ursi 170
Aristolochia clematitis 28
Armoracia rusticana 138
Arnica montana 72
Arnika 72
Artemisia absinthium 70
Artemisia vulgaris 238
Arteriosklerose, Vorbeugung 128
Artischocke 124
Asarum europaeum 214
Asparagus officinalis 28
Atemwege, Entzündungen 22, 108
Atemwege, Erkrankungen 128
Atemwege, Verschleimung 16, 22, 24, 68
Atriplex hortensis 222
Atriplex prostrata 222
Atropa belladonna 234
Aufrechte Waldrebe 134
Augen, Ermüdung 182
Augentrost, Gemeiner 182
Augentrost, Scheckiger 182
Ausfluß, weißer 180
Ausschläge 132
Avena sativa 206

B

Badezusatz 20, 200, 230
Baldrian, Echter 118
Bandwürmer 48
Bärentraube, Immergrüne 170
Bärlapp, Keulen- 194
Bärlauch 128
Bärwurz 166
Basilienkraut 178
Beifuß, Gemeiner 238
Beine, offene 102
Beinwell, Gemeiner 102
Bellis perennis 186
Benediktenkraut 74
Berberis vulgaris 30
Berberitze 30
Berg-Flockenblume 26
Bergkiefer 200
Berg-Kuhschelle 10
Bergwiesen-Frauenmantel 224
Berufkraut, Kanadisches 188
Beruhigungsmittel 146
Beschwerden der Wechseljahre 224
Besenginster 42
Betula pendula 212
Betula pubescens 212
Bibernelle, Große 162
Bibernelle, Kleine 162
Bilsenkraut 234
Bindehautentzündung 182
Bingelkraut, Einjähriges 226
Bingelkraut, Wald- 226
Birke, Hänge- 212
Birke, Moor- 212
Bittere Kreuzblume 14
Bitterorange 152
Bittersüßer Nachtschatten 104
Blähungen 22, 54, 100, 110, 112, 134, 160, 162, 164, 178, 202
Blasenerkrankung 28, 66, 96, 150, 166, 170
Blauer Eisenhut 8
blutende Wunden, Waschungen 88
Blutergüsse 102
Blutreinigungsmittel 14, 76, 90, 96, 122, 136, 138, 140, 220, 222
Blutwurz 40
Bockshauhechel 88
Bockshornklee 150
Bohne 150
Bohnenkraut 112
Borago officinalis 16
Boretsch 16
Brassica nigra 36
Braunwurz, Knotige 234
Brennessel, Große 216
Brennessel, Kleine 216
Brombeere 144
Bronchitis 12
Bruchkraut, Kahles 222
Brunnenkresse, Echte 140
Brunnenkresse, Kleinblättrige 140
Bryonia cretica subsp. dioica 154
Buchweizen 130

C

Calendula officinalis 72
Calluna vulgaris 96
Caltha palustris 32
Calystegia sepium 174
Capsella bursa-pastoris 138
Capsicum annuum 176
Cardamine palustris 84
Cardamine pratensis 84
Carex arenaria 208
Carum carvi 160
Castanea sativa 214
Centaurea cyanus 26
Centaurea montana 26
Centaurium erythraea 100
Ceratonia siliqua 226
Chamaemelum nobile 190
Chelidonium majus 36

Cichorium intybus 26
Chimaphila umbellata 96
Cirsium oleraceum 74
Citrus aurantium 152
Citrus limon 152
Claviceps purpurea 192
Clematis recta 134
Clematis vitalba 134
Cnicus benedictus 74
Cochlearia officinalis 136
Cochlearia pyrenaica 136
Colchicum autumnale 78
Conium maculatum 164
Convallaria majalis 126
Convolvulus arvensis 174
Conyza canadensis 188
Coriandrum sativum 164
Crataegus levigata 146
Crataegus monogyna 146
Crocus sativus 8
Cucurbita maxima 48
Cucurbita moschata 48
Cucurbita pepo 48
Cupressus sempervirens 202
Cynara scolymus 124
Cynoglossum officinale 104
Cytisus scoparius 42

D

Dampfbad 190
Daphne mezereum 94
Darmbeschwerden 108, 128, 142, 178, 190, 206, 208
Darmentzündungen 190, 210
Darmschmerzen, krampfartige 40, 160
Datura stramonium 176
Depressionen 46
Dictamnus albus 90
Digitalis grandiflora 62
Digitalis lanata 62
Digitalis lutea 62
Digitalis purpurea 118
Dill 54
Diptam 90
Dornige Hauhechel 88
Dost 110
Dotterblume, Sumpf- 32
Drosera anglica 140
Drosera intermedia 140
Drosera rotundifolia 140
Drüsenschwellungen 102
Dryopteris filix-mas 196
Duftlose Kamille 190
Dunkles Lungenkraut 16
Durchblutung, Förderung 200
Durchblutungsstörungen 36, 44
Durchfall 22, 24, 40, 76, 86, 98, 108, 110, 134, 142, 170, 202, 238

E

Eberesche 148
Echinacea angustifolia 120
Echinacea purpurea 120
Echte Brunnenkresse 140
Echte Engelwurz 230
Echte Goldrute 66
Echte Hundszunge 104
Echte Kamille 190
Echte Kastanie 214
Echte Myrte 156
Echte Nelkenwurz 38
Echte Salbei 18
Echte Walnuß 210
Echte Zypresse 202
Echter Alant 68
Echter Baldrian 118
Echter Ehrenpreis 24
Echter Eibisch 92
Echter Feigenbaum 218
Echter Lavendel 20
Echter Safran 8
Echter Steinklee 42
Echter Thymian 116
Echter Ziest 108
Echtes Johanniskraut 46
Echtes Labkraut 64
Echtes Löffelkraut 136
Echtes Mädesüß 142
Echtes Tausendgüldenkraut 100
Edelgamander 106
Efeu 232
Ehrenpreis, Echter 24
Eibisch, Echter 92
Eiche, Stiel- 212
Eiche, Trauben- 212
Einbeere 208
Eingriffeliger Weißdorn 146
Einjähriges Bingelkraut 226
Einschlafstörungen 218
Eisenhut, Blauer 8
Eisenhut, Gelber 32
Eisenhut, Gescheckter 8
Eisenhut, Rispiger 8
Eisenkraut 106
Eiterungen, Umschläge 56
Ekzeme 96, 186, 210
Elymus repens 206
Engelwurz, Echte 230
Engelwurz, Wald- 168
Entschlackung 206, 222
Entwässerung 202, 206
Entzündungen der Atemwege 22, 108
Entzündungen der Haut 190
Entzündungen der Schleimhäute 190
Entzündungen im Magen-Darm-Bereich 190, 210
Entzündungen im Mund 18, 24, 40, 76, 78, 92, 110
Entzündungen im Rachenraum 18, 24, 38, 40, 76, 78, 92, 144, 190
Enzian, Gelber 58
Enzian, Punktierter 58
Enzian, Purpur- 100
Enzian, Ungarischer 100
Ephedra distachya 204
Equisetum arvense 192
Erdbeere, Wald- 142
Erdbeere, Zimt- 142
Erdbeer-Fingerkraut 142
Erdrauch, Gemeiner 80
Erfrierungen 40
Erkältungen 24, 84, 184, 236
Erregung, nervöse 218
Erschöpfungszustände 20
Eryngium campestre 158
Esche, Gemeine 232
Esche, Manna- 172
Eselsdistel 124
Eupatorium cannabinum 120
Euphrasia picta 182
Euphrasia rostkoviana 182

F

Fagopyrum esculentum 130
Färberginster 42
Faulbaum 156
Feld-Mannstreu 158
Feldulme 216
Feigenbaum, Echter 218
Fenchel 54
Fichte 198
Ficus carica 218
Fieber 84
Fieberklee 170
fiebrige Erkrankungen 46, 184
Filipendula ulmaria 142
Filipendula vulgaris 142
Filzige Klette 122
Fingerkraut, Erdbeer- 142
Fingerhut, Gelber 62
Fingerhut, Großblütiger 62
Fingerhut, Roter 118
Fingerhut, Wolliger 62
Finger-Kuhschelle 10
Flachs 12
Flammen-Adonisröschen 80
Flockenblume, Berg- 26
Foeniculum vulgare 54
Föhre 200
Fragaria moschata 142
Fragaria vesca 142
Frangula alnus 156
Frauenhaar 194
Frauenmantel, Alpen- 224
Frauenmantel, Bergwiesen- 224
Fraxinus excelsior 232
Fraxinus ornus 172

Frostschäden 44, 210, 212
Frühjahrskur 220
Frühlings-Schlüsselblume 56
Frühlings-Teufelsauge 34
Fumaria officinalis 80
Furunkel 12, 72, 150

G

Galega officinalis 150
Galeopsis segetum 60
Galium odoratum 186
Galium verum 64
Gallebeschwerden 188
Gamander, Salbei- 58
Gänseblümchen 186
Gänsefingerkraut 40
Gartenkürbis 48
Gartenmelde 222
Gartenpetersilie 230
Gefleckter Schierling 164
Geflecktes Lungenkraut 16
Geißfuß, Gewöhnlicher 160
Geißraute 150
Gelber Eisenhut 32
Gelber Enzian 58
Gelber Fingerhut 62
Gelber Hohlzahn 60
Gemeine Esche 232
Gemeine Kuhschelle 10
Gemeine Nachtkerze 50
Gemeine Pestwurz 70, 238
Gemeine Quecke 206
Gemeine Schafgarbe 188
Gemeine Waldrebe 134
Gemeine Zaunwinde 174
Gemeiner Andorn 178
Gemeiner Augentrost 182
Gemeiner Beifuß 238
Gemeiner Beinwell 102
Gemeiner Erdrauch 80
Gemeiner Löwenzahn 76
Gemeiner Thymian 116
Gemeiner Tüpfelfarn 196
Gemeiner Wolfstrapp 180
Gemeiner Wurmfarn 196
Gemeines Leinkraut 62
Gemeines Seifenkraut 80
Genista tinctoria 42
Gentiana lutea 58
Gentiana pannonica 100
Gentiana punctata 58
Gentiana purpurea 100
Geranium robertianum 88
Germer, Weißer 126
Gesägter Tüpfelfarn 196
Gescheckter Eisenhut 8
Geschwüre 12, 132, 158
Geum urbanum 38
Gewöhnlicher Geißfuß 160
Gewöhnlicher Odermennig 38
Giersch 160
Gift-Hahnenfuß 34
Ginkgo 204
Ginkgo biloba 204
Glechoma hederacea 22
Gliederschmerzen 68
Gnadenkraut 182
Goldrute, Echte 66
Goldrute, Kanadische 64
Goldrute, Riesen- 64
Granatapfelbaum 94
Gratiola officinalis 182
Großblütiger Fingerhut 62
Große Bibernelle 162
Große Brennessel 216
Große Klette 122
Großer Wegerich 236
Großer Wiesenknopf 86
Grüne Minze 112
Gundermann 22
Gurgelmittel 18, 24, 40, 76, 78, 88, 92, 108, 144, 158, 162
Gürtelrose 12

H

Habichtskraut, Kleines 76
Hafer, Saat- 206
Hahnenfuß, Gift- 34
Halsentzündung 88, 158, 162
Halsschmerzen 16
Hängebirke 212
Harnlassen, erschwertes 66, 216
harntreibendes Mittel 96, 142, 206
Harnverhaltung 28, 150, 224
Harnwege, Erkrankungen 206
Haselwurz 214
Hasenklee 86
Hauhechel, Bocks- 88
Hauhechel, Dornige 88
Hauhechel, Kriechende 88
Hautausschläge 158, 186
Hautentzündungen 190, 212
Hautkrankheiten 210
Hautunreinheiten 50, 122, 222, 224
Heckenrose 84
Hedera helix 232
Heidekraut 96
Heidelbeere 98
Heiserkeit 16, 236
Helianthus annuus 68
Helichrysum arenarium 66
Hepatica nobilis 10
Herbstzeitlose 78
Herniaria glabra 222
Herzbeschwerden, nervöse 108, 146, 178
Herzgespann 108
Hieracium pilosella 76
Himbeere 144
Hippophae rhamnoides 228
Hirtentäschelkraut 138
Hohe Schlüsselblume 56
Hohlzahn, Gelber 60
Holunder, Schwarzer 184
Holunder, Trauben- 184
Holunder, Zwerg- 184
Hopfen 218
Huflattich 70
Humulus lupulus 218
Hundspetersilie 230
Hundszunge, Echte 104
Husten 12, 14, 16, 22, 24, 68, 86, 110, 116, 132, 158, 162, 178, 236
Hustentee 56, 60, 70
Hyoscyamus niger 234
Hypericum perforatum 46
Hyssopus officinalis 22

I

Immergrüne Bärentraube 170
Imperatoria ostruthium 168
Insektenstiche 236
Inula helenium 68
Isländisch Moos 192

J

Johannisbeere, Schwarze 224
Johannisbrotbaum 226
Johanniskraut, Echtes 46
Juckreiz 236
Juglans regia 210
Juniperus communis 202
Juniperus sabina 202

K

Kahles Bruchkraut 222
Kalmus 208
Kamille, Duftlose 190
Kamille, Echte 190
Kamille, Römische 190
Kanadische Goldrute 64
Kanadisches Berufkraut 188
Kanton-Rhabarber 132
Kapuzinerkresse 90
Kastanie, Echte 214
Keulen-Bärlapp 194
Kiefer, Berg- 200
Kiefer, Wald- 200
Klatschmohn 82
Kleine Bibernelle 162
Kleine Brennessel 216
Kleinblättrige Brunnenkresse 140
Kleinblütige Königskerze 60
Kleinblütige Nachtkerze 50

Kleines Habichtskraut 76
Kleines Mädesüß 142
Klette, Filzige 122
Klette, Große 122
Knoblauch 128
Knoblauchrauke 136
Knochenverletzungen 102
Knöterich, Schlangen- 78
Knotige Braunwurz 234
Kohl-Kratzdistel 74
Königskerze, Kleinblütige 60
Koriander 164
Kornblume 26
Kratzdistel, Kohl- 74
Kreuzblume, Bittere 14
Kreuzblume, Sumpf- 14
Kreuzdorn, Purgier- 228
Kriechende Hauhechel 88
Kuhschelle, Berg- 10
Kuhschelle, Finger- 10
Kuhschelle, Gemeine 10
Kümmel 160
Kürbis, Garten- 48
Kürbis, Moschus- 48
Kürbis, Riesen- 48

L

Labkraut, Echtes 64
Labkraut, Wirtgens 64
Lamium album 180
Langblättrige Minze 114
Langblättriger Sonnentau 140
Latsche 200
Laurus nobilis 30
Lavandula angustifolia 20
Lavandula latifolia 20
Lavendel, Echter 20
Lavendel, Spik- 20
Leberbeschwerden 188
Leberblümchen 10
Lein, Saat- 12
Leinkraut, Gemeines 62
Leonurus cardiaca 108
Levisticum officinale 52
Lidrandentzündung 182
Liebstöckel 52
Linaria vulgaris 62
Linde, Sommer- 46
Linde, Winter- 46
Linum usitatissimum 12
Löffelkraut, Echtes 136
Löffelkraut, Pyrenäen- 136
Lorbeer 30
Löwenzahn, Gemeiner 76
Lungenkraut, Dunkles 16
Lungenkraut, Geflecktes 16
Lycopodium clavatum 194
Lycopus europaeus 180
Lysimachia nummularia 56

M

Mädesüß, Echtes 142
Mädesüß, Kleines 142
Magenbeschwerden 52, 178, 206, 208, 230
Magenentzündung 40, 190, 210
Magensaftsekretion, mangelnde 100
Magensaftproduktion, Steigerung 152
Magenschmerzen, krampfartige 40, 112, 160
Maiglöckchen 126
Majoran 110
Malva silvestris 92
Malve, Wilde 92
Manna-Esche 172
Mannstreu, Feld- 158
Mariendistel 124
Marrubium vulgare 178
Matricaria recutita 190
Mauerpfeffer, Scharfer 38
Meerrettich 138
Meerträubel 204
Meerzwiebel 130
Meisterwurz 168
Melde, Garten- 222
Melde, Spießblättrige 222
Melilotus officinalis 42
Melissa officinalis 178
Melisse 178
Mentha aquatica 112, 114
Mentha longifolia 114
Mentha piperita 112
Mentha pulegium 114
Mentha spicata 112
Menyanthes trifoliata 170
Mercurialis annua 226
Mercurialis perennis 226
Meum athamanticum 166
Minze, Langblättrige 114
Mistel 220
Mittlerer Sonnentau 140
Monatsblutung, starke 224
Mönchspfeffer 18
Moorbirke 212
Moschuskürbis 48
Mund, Entzündungen 24, 40, 76, 78, 92, 110, 158
Muskelschmerzen 230
Mutterkorn 192
Myrte, Echte 156
Myrtus communis 156

N

Nachtkerze, Gemeine 50
Nachtkerze, Kleinblütige 50
Nachtschatten, Bittersüßer 104
Nagelbettentzündung 150
Nasturtium microphyllum 140
Nasturtium officinale 140
Nelkenwurz, Echte 38
Nerium oleander 102
nervöse Darmbeschwerden 208
nervöse Erregung 218
nervöse Herzbeschwerden 108, 146
nervöse Magenbeschwerden 208
Nierenentzündung 28, 66
Nierenerkrankung 96, 166, 232
Nierensteine 150
Nigella sativa 134

O

Ocimum basilicum 178
Odermennig, Gewöhnlicher 38
Odermennig, Wohlriechender 38
Oenothera biennis 50
Oenothera parviflora 50
offene Beine 102
Ölbaum 172
Olea europaea 172
Oleander 102
Ononis arvensis 88
Ononis repens 88
Ononis spinosa 88
Onopordon acanthium 124
Origanum majorana 110
Origanum vulgare 110
Osterluzei 28

P

Papaver dubium 82
Papaver rhoeas 82
Papaver somniferum 82
Paprika 176
Pappel, Zitter- 210
Paris quadrifolia 208
Pastinaca sativa 52
Pastinak 52
Periode, schmerzhafte 180
Periode, unregelmäßige 180
Pestwurz, Gemeine 70, 238
Petasites hybridus 70, 238
Petersilie, Garten- 230
Petersilie, Hunds- 230
Petroselinum crispum 230
Pfeffer, Spanischer 176
Pfefferminze 112
Pfennigkraut 56
Phaseolus vulgaris 150
Picea abies 198
Pimpinella anisum 162
Pimpinella major 162

Pimpinella saxifraga 162
Pinus mugo 200
Pinus sylvestris 200
Plantago afra 236
Plantago lanceolata 236
Plantago major 236
Pomeranze 152
Polei-Minze 114
Polygala amara 14
Polygala amarella 14
Polygonum bistorta 78
Polypodium interjectum 196
Polypodium vulgare 196
Populus tremula 210
Potentilla anserina 40
Potentilla erecta 40
Potentilla sterilis 142
Preiselbeere 170
Prellungen 102
Primula elatior 56
Primula veris 56
Prunus spinosa 144
Pulmonaria obscura 16
Pulmonaria officinalis 16
Pulsatilla montana 10
Pulsatilla patens 10
Pulsatilla vulgaris 10
Punica granatum 94
Punktierter Enzian 58
Purgier-Kreuzdorn 228
Purpur-Enzian 100
Purpur-Sonnenhut 120
Purpurweide 210
Pyrenäen-Löffelkraut 136

Q

Quecke, Gemeine 206
Quendel 116
Quercus petraea 212
Quercus robur 212
Quitte 148

R

Rachenraum, Entzündungen 24, 38, 40, 76, 78, 92, 144
Ranunculus ficaria 34
Ranunculus sceleratus 34
Rauschbeere 98
Rhabarber, Kanton- 132
Rhabarber, Speise- 132
Rhabarber, Tangutischer 132
Rhamnus catharticus 228
Rheum officinale 132
Rheum palmatum 132
Rheum rhabarbarum 132
Rheuma 36, 200, 216, 224, 230, 232
Ribes nigrum 224
Riesen-Goldrute 64
Riesenkürbis 48
Ringelblume 72
Rispiger Eisenhut 8
Rollkur 190
Römische Kamille 190
Rosa canina 84
Rosmarin 20
Rosmarinus officinalis 20
Roßkastanie 154
Rote Spornblume 118
Roter Fingerhut 118
Rottanne 198
Rubus fructicosus agg. 144
Rubus idaeus 144
Rumex acetosa 220
Rumex alpinus 220
Rundblättriger Sonnentau 140
Ruprechtskraut 88
Ruta graveolens 44

S

Saathafer 206
Saat-Lein 12
Saatmohn 82
Sadebaum 202
Safran, Echter 8
Salbei, Echte 18
Salbei-Gamander 58
Salbei, Wiesen- 18
Salix purpurea 210
Salvia officinalis 18
Salvia pratensis 18
Sambucus ebulus 184
Sambucus nigra 184
Sambucus racemosa 184
Sanddorn 228
Sandsegge 208
Sand-Strohblume 66
Sand-Wegerich 236
Sanguisorba officinalis 86
Sanicula europaea 158
Sanikel 158
Saponaria officinalis 80
Satureja hortensis 112
Sauerampfer 220
Sauerdorn 30
Schafgarbe, Gemeine 188
Scharbockskraut 34
Scharfer Mauerpfeffer 38
Scheckiger Augentrost 182
Schierling, Gefleckter 164
Schlafstörung 118
Schlaftee 218
Schleimhautentzündungen 190
Schmerzbehandlung 46
Schlafmohn 82
Schlangenknöterich 78
Schlehe 144
schleimlösendes Mittel 22
Schlüsselblume, Frühlings- 56
Schlüsselblume, Hohe 56
Schöllkraut 36
Schonkost 206
Schwalbenwurz 174
Schwarze Johannisbeere 224
Schwarzer Holunder 184
Schwarzer Senf 36
Schwarzkümmel 134
schweißtreibendes Mittel 46, 142, 184
schrundige Haut 12
Scrophularia nodosa 234
Sedum acre 38
Seidelbast 94
Seifenkraut, Gemeines 80
Sellerie 166
Senf, Schwarzer 36
Senf, Weißer 36
Silybum marianum 124
Sinapis alba 36
Solanum dulcamara 104
Solidago canadensis 64
Solidago gigantea 64
Solidago virgaurea 66
Sommer-Adonisröschen 80
Sommerlinde 46
Sonnenblume 68
Sonnenhut 120
Sonnenhut, Purpur- 120
Sonnentau, Langblättriger 140
Sonnentau, Mittlerer 140
Sonnentau, Rundblättriger 140
Spanischer Pfeffer 176
Spargel 28
Speiserhabarber 132
Spießblättrige Melde 222
Spik-Lavendel 20
Spitzwegerich 236
Spornblume, Rote 118
Spülungen 190
Stachys officinalis 108
Stechapfel 176
Steinklee, Echter 42
Stellaria media 132
Stiefmütterchen 50
Stiefmütterchen, Acker- 50
Stieleiche 212
Stockrose 92
Strohblume, Sand- 66
Succisa pratensis 24
Sumpfdotterblume 32
Sumpf-Kreuzblume 14
Sumpfschaumkraut 84
Symphytum officinale 102

T

Tangutischer Rhabarber 132
Tanne, Rot- 198
Tanne, Weiß- 200
Taraxacum officinale 76

Taubnessel, Weiße 180
Tausendgüldenkraut, Echtes 100
Teucrium chamaedris 106
Teucrium scorodonia 58
Teufelsabbiß 24
Teufelsauge, Frühlings- 34
Thymian, Echter 116
Thymian, Gemeiner 116
Thymus pulegioides 116
Thymus vulgaris 116
Tilia cordata 46
Tilia platyphyllos 46
Tollkirsche 234
Traubeneiche 212
Traubenholunder 184
Trifolium arvense 86
Trifolium pratense 86
Trigonella foenum-graecum 150
Tripleurospermum inodorum 190
Tropaelum majus 90
Tüpfelfarn, Gemeiner 196
Tüpfelfarn, Gesägter 196
Tussilago farfara 70

U

Übelkeit 112
Ulme, Feld- 216
Ulmus minor 216
Umschlag, heißer Brei- 150
Umschläge bei Augenermüdung 182
Umschläge bei Durchblutungsstörungen 36, 44
Umschläge bei entzündeten Wunden 78
Umschläge bei Eiterungen 56
Umschläge bei Frostbeulen 44
Umschläge bei Geschwüren 158
Umschläge bei Hautentzündungen 212
Umschläge bei Hautausschlägen 158
Umschläge bei schlecht heilenden Wunden 40, 44, 72, 186, 236
Ungarischer Enzian 100
Urginea maritima 130
Urtica dioica 216
Urtica urens 216

V

Vaccinium myrtillus 98
Vaccinium uliginosum 98
Vaccinium vitis-idaea 170
Valeriana officinalis 118
Veilchen, Wohlriechendes 12
Verbascum thapsus 60
Verbena officinalis 106
Veratrum album 126
Verdauung, Förderung 36, 136, 168, 178, 188
Verdauungsstörungen 22, 24, 52, 54, 58, 70, 74, 110, 112, 116, 128, 162, 238
Veronica officinalis 24
Verschleimung der Atemwege 16, 22, 24, 68
Verstauchungen 102
Verstopfung 12
Vincetoxicum hirundinaria 174
Viola arvensis 50
Viola odorata 12
Viola tricolor 50
Viscum album 220
Vitex agnus-castus 18
Vogelbeere 148
Vogelmiere 132
Völlegefühl 26, 164

W

Wacholder 202
Wald-Bingelkraut 226
Wald-Engelwurz 168
Walderdbeere 142
Waldkiefer 200
Waldmeister 186
Waldrebe, Aufrechte 134
Waldrebe, Gemeine 134
Walnuß, Echte 210
Waschungen 72, 96, 122, 132, 180, 210
Wasserdost 120
Wasserminze 112, 114
Wassersucht 150, 212, 224
wassertreibende Mittel 64, 150, 166, 232
Wechseljahre, Beschwerden 224
Wegerich, Großer 236
Wegerich, Sand- 236
Wegerich, Spitz- 236
Wegwarte 26
Weide, Purpur- 210
Weinraute 44
Weißdorn, Eingriffeliger 146
Weißdorn, Zweigriffeliger 146
Weiße Taubnessel 180
weißer Ausfluß 180
Weißer Germer 126
Weißer Senf 36
Weißtanne 198
Wermut 70
Wiesenklee 86
Wiesenknopf, Großer 86
Wiesensalbei 18
Wiesenschaumkraut 84
Wilde Malve 92
Winterlieb 96
Winterlinde 46
Wirtgens Labkraut 64
Wohlriechender Odermennig 38
Wohlriechendes Veilchen 12
Wolfstrapp, Gemeiner 180
Wolliger Fingerhut 62
Wundbehandlung 46, 86, 88, 132
Wunden, entzündete 78
Wunden, eitrige 56
Wunden, schlecht heilende 40, 44, 56, 68, 102, 110, 186, 236
Wundklee 44
Wurmfarn, Gemeiner 196
Wurmmittel 48

Y

Ysop 22

Z

Zahnfleischentzündung 88
Zaunrübe, Zweihäusige 154
Zaunwinde, Gemeine 174
Ziest, Echter 108
Zimt-Erdbeere 142
Zitrone 152
Zitterpappel 210
Zweigriffeliger Weißdorn 146
Zweihäusige Zaunrübe 154
Zwergholunder 184
Zwiebel 130
Zypresse, Echte 202

Ein GU-Naturführer

Redaktionsleitung: Hans Scherz
Lektorat: Doris Schimmelpfennig-Funke, Maria Grabinger
Herstellung: Helmut Giersberg
Zeichnungen: Heinz Bogner
Einbandgestaltung: Heinz Kraxenberger
Reproduktion: Graphische Anstalt E.Wartelsteiner
Satz und Druck: Appl, Wemding
Bindung: Auer, Donauwörth
ISBN 3-7742-4235-6

Auflage	9. 8. 7. 6.
Jahr	98 97 96 95

Der Autor:
Dr. rer. nat. Dieter Podlech. Professor am Institut für Systematische Botanik an der Ludwig-Maximilians-Universität München. Mitarbeiter am botanischen Standardwerk »Hegi, Illustrierte Flora von Mitteleuropa«, Mitautor des »GU Naturführer Blumen«.

Die Fotografen
Angegeben sind Seitenzahl und Bildnummer (*kursiv* gesetzt):
Bellmann: Seite 39/*39*, 111/*133*, 209/*266;* de Cuveland: Seite 161/*201;* Danesch: Seite 127/*157;* Daudt: Seite 103/*123*, 143/*176*, 147/*183*, 219/*283;* Diedrich: Seite 239/*313*, *314;* Dinter: Seite 151/*189;* Eigstler: Seite 11/*3*, 23/*18*, 33/*31*, 77/*85*, 127/*154*, 155/*193*, 231/*299;* Eisenbeiss: Seite 2/*3*, 15/*9*, 19/*13*, 59/*62*, 67/*73*, 85/*97*, 119/*144*, 147/*181*, 171/*213*, 173/*219*, 215/*277;* Finkenzeller: Seite 13/*5*, 97/*114*, 153/*191;* Garnweidner: Seite 31/*28*, 43/*44*, 59/*63*, 127/*156*, 161/*202*, 163/*204;* Harms: Seite 105/*126*, 229/*295;* Helo: Seite 95/*110*, 171/*214*, 193/*244*, 203/*257*, 231/*301;* König: Seite 83/*94*, 95/*109*, 127/*155*, 131/*161*, 135/*165*, 151/*190*, 167/*209*, 171/*216*, 185/*235*, 237/*308*, *309;* Krebs: Seite 89/*102*, 141/*174*, 181/*229*, 189/*239;* Layer: Seite 87/*101*, 103/*121*, 175/*222*, 177/*224*, 197/*249;* Lippert: Seite 223/*288;* Marktanner: Seite 21/*16*, 129/*158;* Neumeier: Seite 63/*69;* Pforr: Seite 79/*87*, 189/*238*, 229/*297;* Photo-Center: Seite 57/*60*, 83/*93*, 93/*107*, 109/*130*, 111/*134*, 117/*141*, 185/*234*, 213/*274;* Pott: Seite 71/*79*, 87/*99*, 99/*115*, *117;* 133/*163*, 137/*167*, 197/*250*, 213/*272*, 219/*281;* Reinhard: Seite 9/*2*, 11/*4*, 21/*15*, 23/*19*, 25/*21*, 27/*22*, *23*, 33/*32*, 35/*33*, *35;* 39/*40*, 45/*47*, 47/*49*, 51/*54*, 59/*64*, 63/*68*, 67/*74*, 75/*84*, 79/*89*, 81/*92*, 85/*96*, 91/*104*, *105;* 101/*119*, *120;* 103/*122*, 105/*127*, 109/*131*, 123/*149*, 131/*162*, 133/*164*, 137/*168*, 139/*171*, *172*, 141/*173*, 143/*175*, 145/*179*, 155/*195*, 157/*197*, *198*, 159/*200*, 169/*211*, 173/*217*, 177/*225*, 181/*230*, 205/*259*, 209/*268*, 211/*269*, 223/*287*, 225/*291*, 229/*296*, 233/*304*, 235/*307*, 237/*310*, 239/*311*, *312;* Reuter: Seite 13/*7*, 19/*12*, 31/*28*, 93/*106*, 125/*152*, *153*, 149/*185*, 173/*218*, 179/*227*, 219/*282*, 233/*302;* Riedmiller: Seite 199/*252*, *253*, 201/*254*, 203/*256*, 217/*278;* Schacht: Seite 153/*192;* Scherz: Seite 21/*17*, 31/*29* 47/*50*, 51/*53*, 53/*55*, *56*, *57*, 55/*59*, 61/*66*, *67*, 69/*77*, 71/*80*, 73/*81*, 85/*98*, 93/*108*, 99/*116*, 103/*124*, 115/*138*, 119/*143*, 123/*150*, 129/*159*, 135/*166*, 145/*177*, *178*, *180*, 171/*215*, 175/*220*, *221*, 189/*240*, 191/*241*, 207/*264*, *265*, 211/*271*, 215/*275*, *276*, 231/*300*, 233/*303*, 235/*305;* Schimmitat/Angerer: Seite 9/*1*, 13/*6*, 17/*11*, 25/*20*, 29/*26*, 31/*30*, 35/34, 39/*41*, 41/*42*, *43*, 43/*45*, 61/*65*, 63/*70*, 65/*71*, 67/*75*, 79/*88*, 81/*91*, 83/*95*, 95/*111*, 97/*113*, 99/*118*, 107/*128*, 117/*140*, 119/*145*, 121/*146*, *147*, 123/*148*, 137/*169*, 139/*170*, 147/*182*, 149/*187*, 155/*194*, 157/*196*, 159/*199*, 163/*203*, 167/*208*, *210*, 183/*232*, 185/*223*, 203/*258*, 207/*263*, 209/*267*, 211/*270*, 213/*273*, 217/*280*, 223/*289*, 225/*290*, *292*, 227/*293*, 229/*298;* Schmelzenbach: Seite 81/*90*, 119/*142;* Schrempp: Seite 15/*8*, 19/*14*, 45/*48*, 55/*58*, 69/*76*, 71/*78*, 73/*82*, 75/*83*, 89/*103*, 105/*125*, 107/*129*, 109/*132*, 113/*135*, *136*, 115/*139*, 125/*151*, 131/*160*, 149/*186*, 151/*188*, 163/*205*, 165/*206*, *207*, 169/*212*, 177/*223*, 179/*226*, *228*, 183/*231*, 187/*236*, *237*, 193/*245*, *246*, 195/*247*, *248*, 205/*260*, *261*, *262*, 221/*284*, *285*, 235/*306;* Vonarburg: Seite 37/*37;* Wothe: Seite 17/*10*, 37/*36*, 43/*46*, 65/*72*, 95/*112*, 115/*137*, 149/*184*, 191/*242*, 201/*255*, 217/*279;* Zettl: Seite 29/*24*, *25;* 37/*38*, 49/*51*, *52*, 57/*61*, 77/*86*, 87/*100*, 227/*294*
Seite 193/*243* mit freundlicher Genehmigung der Firma Sandoz AG, Nürnberg.

Blüten- und Kelchformen

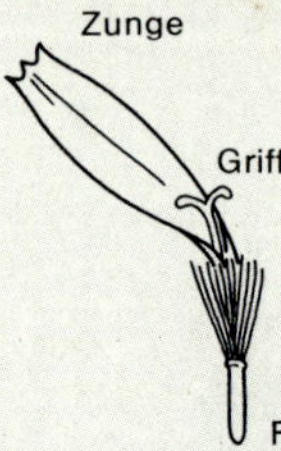

Zungenblüte

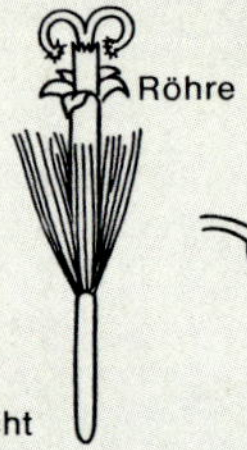

Röhrenblüte

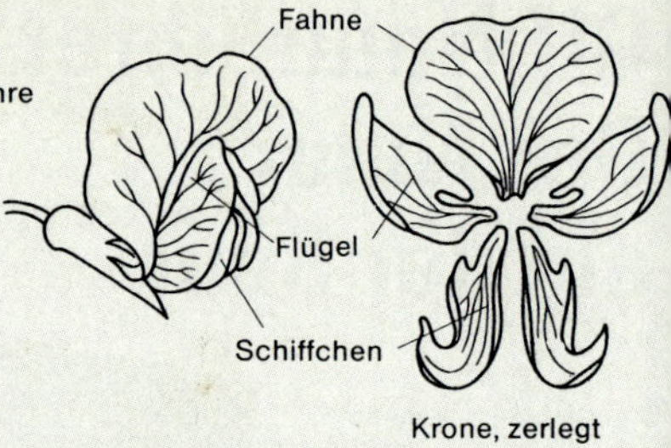

Schmetterlingsblüte

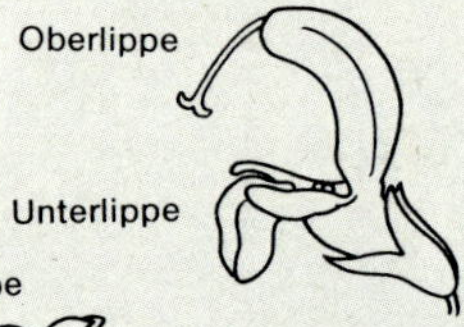

Lippenblüte

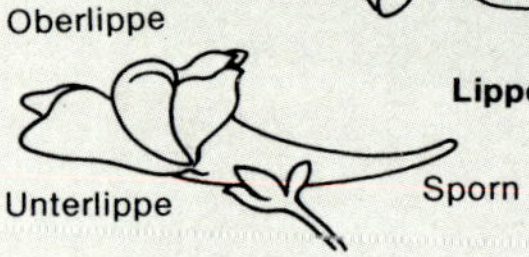

Rachenblüte mit Sporn

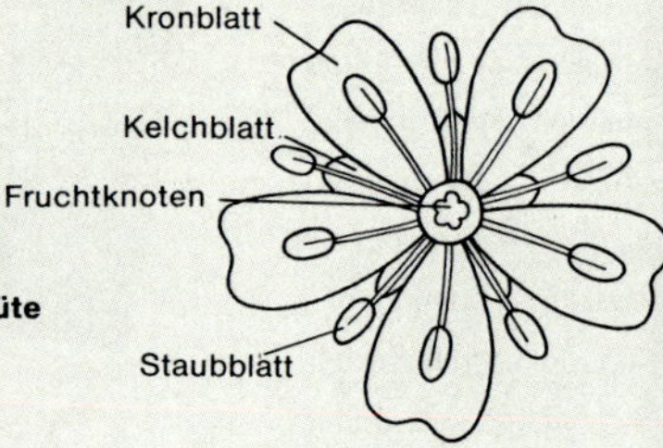

Blüte in Aufsicht

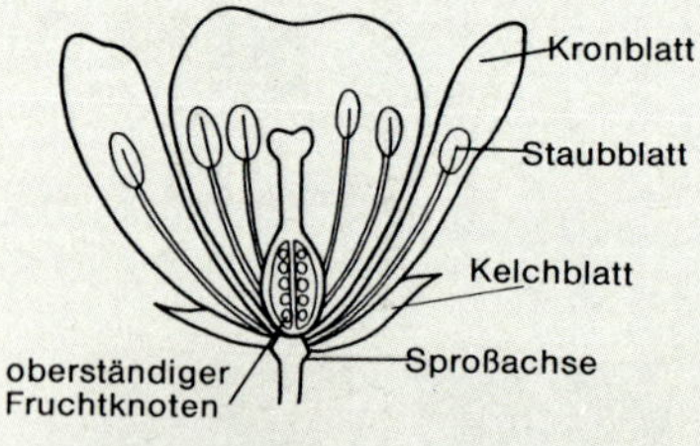

Blüte mit freien Kelch- und Kronblättern (Schnitt)

unterständiger Fruchtknoten

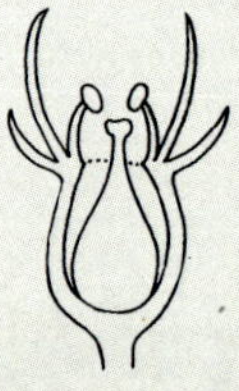

mittelständiger Fruchtknoten

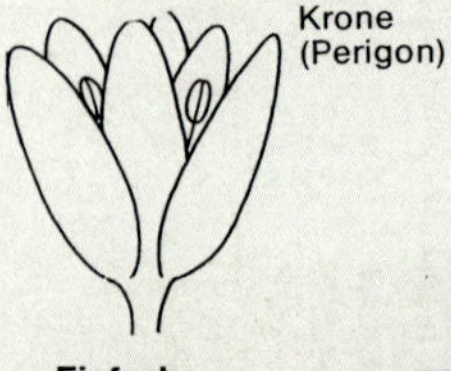

Einfache Blütenhülle

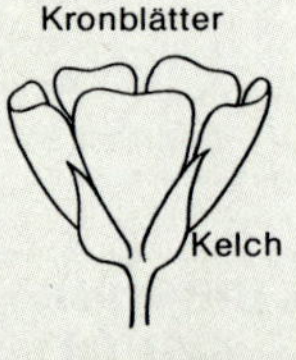

Blütenhülle aus freien Kelch- und Kronblättern

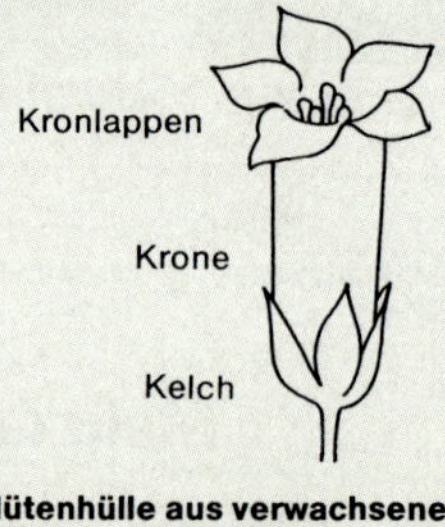

Blütenhülle aus verwachsenen Kelch- und Kronblättern